幼兒科學教育
邁向STEM新趨勢

周淑惠————著

心理出版社

目次

作者簡介　vi

序　vii

第一章　幼兒的科學世界　001

第一節　幼兒的科學經驗　001

一、生活中的科學　002

二、多面向的科學　003

三、好奇與探索的幼兒——猶如小科學家　005

四、利多的科學學習　006

五、小結　007

第二節　幼兒的科學概念　008

一、能推理思考的幼兒　008

二、幼兒的迷思概念　010

三、發人深省的迷思概念　013

四、小結　014

第二章　科學教育的發展趨勢　015

第一節　科學教育的新近發展　015

一、強調探究過程的 NSES　016

二、整合三個向度的 NGSS　018

三、科學教育新近發展之教育意涵　023

四、小結　026

第二節　各國幼兒科學教育的發展　027

一、美國　027

二、英國　028

三、澳洲　031

四、中國　032

五、小結　034

第三章　幼兒科學教育的基本要素　035

第一節　幼兒教育理念下的課程與教學　035

一、幼兒教育的理念　035

二、幼兒教育的課程與教學　039

三、小結　041

第二節　幼兒科學教育的目標、內容與方法　041

一、課程與教學目標　042

二、課程與教學內容　047

三、課程與教學方法　053

四、小結　056

第四章　幼兒科學教育的探索性環境　059

第一節　室內探索環境——區角規劃　059

一、室內區角規劃　060

二、小結　073

第二節　戶外探索環境——遊戲空間規劃　075

一、戶外遊戲區的附加零件　075

二、戶外遊戲區的空間規劃　078

三、小結　087

第五章　幼兒科學教育的課程內容　089

第一節　生命科學　090

一、動物　090

二、植物　095

三、小結　100

第二節　地球科學　101

一、石、沙、土　101

二、水　104

三、空氣　107

四、天氣　108

五、小結　109

第三節　物理科學　110

一、電　110

二、光　112

三、聲音　113

四、磁鐵　114

五、簡易機械　115

六、小結　116

第四節　工程、技術與科學運用（STEM）　116

一、各領域與社會連結　118

二、各領域整合與運用　121

三、小結　125

第六章　幼兒科學課程的設計 I——三大學科領域　127

第一節　幼兒科學課程的設計原則　127

一、依幼兒興趣善定主題　128

二、繪製主題網絡圖規劃課程內涵　132

三、嵌入探究性活動　137

四、正視實驗性活動　140

五、預備情境暨引起動機　141

六、小結　142

第二節　幼兒科學課程的設計示例　142

一、「轉啊轉！」主題課程與活動　143

二、「種子的一生」主題課程與活動　150

三、「光影好朋友」主題課程與活動　157

四、小結　165

第七章　幼兒科學課程的設計 II
——工程、技術與科學運用（STEM）　167

第一節　幼兒 STEM 課程的設計原則　167

一、遵循主題課程設計原則　170

二、選定問題與設計　170

三、探究問題內涵　173

四、分析 STEAM 要素與調整　175

五、小結　175

第二節　幼兒 STEM 課程的設計示例　176

一、主題課程之 STEM 活動示例　176

二、主題課程之 STEM 活動實例　　184

三、三切入點之 STEM 活動實例　　192

四、小結　　199

第八章　幼兒科學課程的實施　　201

第一節　科學課程實施要務　　201

一、課程實施前的要務——預備情境　　201

二、課程實施中的要務——搭構鷹架　　213

三、小結　　221

第二節　鷹架引導的種類與實例　　222

一、鷹架的種類　　222

二、鷹架的實例　　231

三、小結　　234

第九章　幼兒科學教育的結論與建議　　235

第一節　本書結論——應然與實然　　235

一、科學教育應然之道　　235

二、科學教育實然之貌——幼兒科學教育常見問題　　239

三、小結　　245

第二節　本書建議——因應實然的策略與結語　　246

一、因應實然之策　　246

二、結語——全力推展以探究為精神並納入 STEM 的幼兒
科學教育　　248

參考文獻　　251

作者簡介

周淑惠

現任：臺灣清華大學幼兒教育學系／所榮譽退休教授

學歷：美國麻州大學教育博士（主修幼兒教育）

美國麻州大學教育碩士

政治大學法學碩士（公共行政）

經歷：新竹教育大學幼兒教育學系／所教授

新加坡新躍大學兼任教授

澳門大學客座教授

美國北科羅拉多大學研究學者

美國內布拉斯加大學客座教授

美國麻州大學客座學者

新竹師範學院幼兒教育學系／所主任

新竹師範學院幼兒教育中心主任

行政院農業發展委員會薦任科員

考試：公務人員高等考試普通行政組及格

獎勵：臺灣教育部師資培育典範獎（課程與教學）

國科會研究獎勵（甲種）三次

序

我這一生，似乎與「幼兒科學教育」結了深厚的緣分。1992 年，學成歸國之後，整理了博士班期間與歸國後的研究，於 1995、1997 年相繼出版《幼兒數學新論：教材教法》與《幼兒自然科學經驗：教材教法》兩本教科書，奠定接續的研究生涯。此後數年，我將科學與數學所強調的探究精神，擴及運用於統整性的主題課程，陸續出版了數本相關書籍，例如：《幼兒園課程與教學：探究取向之主題課程》、《面向 21 世紀的幼兒教育：探究取向主題課程》、《遊戲 vs. 課程：幼兒遊戲定位與實施》等。

而在 2015 年，我開始注意到各國日益重視、涉及整合科學、技術、工程與數學的「幼兒 STEM 教育」，也發現主題探究課程其實充滿著 STEM 精神，於是 2017 年，在自以為是最後一本著作的《面向 21 世紀的幼兒教育：探究取向主題課程》一書中引薦 STEM 教育。沒有想到在與時俱進與自我成長要求下，即使在 2019 年於清華大學榮譽退休後，又持續在幼兒園現場繼續研究與輔導工作，至今又出版了三本 STEM 相關書籍。在閱讀文獻歷程中，我意識到 STEM 教育已經納入科學教育範疇中，培養 STEM 素養是當代各國的重要教育政策，並延伸至幼兒教育階段。職是之故，我興起重新改寫 1997 年《幼兒自然科學經驗：教材教法》專書之念，並認為是責無旁貸之務，這就是本書《幼兒科學教育：邁向 STEM 新趨勢》的由來。

雖然本書是集結歷年來幼兒園的輔導經驗、行動研究與文獻探討，然而體力已大不如前的我，在日夜撰寫下也持續近一年方才完工；整體而言，身心狀態極其虛脫，對於書的品質恐未完善，在此煩請幼教先進們不吝指教。本書共分九章，重點在提出幼兒科學教育的應然之道——包含教育目標、內容與方法，以及揭示科學教育的最新趨勢——邁向強調運用、解決問題、工程歷程與課程整合的 STEM 教育。全書涉及室內和戶外探索環境如何規劃、

幼兒科學課程如何設計（含 STEM）與幼兒科學課程如何實施（含鷹架引導）等面向。同時，本書也檢視當前幼兒科學教育之實然面貌，並建議因應實然與應然差距之策略。

　　全書的主要亮點是連結理論與實務，不僅說明為何做，而且也提供如何做、示例或實例，例如：提出幼兒科學課程（含 STEM）之設計原則、步驟與示例，並佐以主題概念網絡活動圖、活動教案、STEAM 分析表等；提出鷹架引導之理論與鷹架種類，並舉出運用鷹架的課程實例等。另一亮點則是提供幼兒科學教育的內容專章，以網絡圖呈現與說明重要的科學概念，俾利幼兒教師理解科學概念要義，以規劃課程。

　　每一本書從想法萌芽、現場研究、文獻閱讀，經歷撰寫與思考，到最後出版成書，都是嘔心瀝血的歷程。首先，感謝書中所提及各幼兒園的課程實例或環境照片，例如：新竹親仁科園、新竹天堂鳥、新竹高峰、杭州京杭、順德雅正、曉月湖家禾、西安交大、深圳南山、深圳盛世江南、莞城第一、昆明圓通等幼兒園；特別是大庄國小附幼李如瀅主任的課程實例，讓本書增色不少。本書得以完成，還要感謝我的先生李文政教授的電腦編修工作，並且毫無怨言地分擔家中事務；此外，特別感動的是，心理出版社林敬堯總編輯親自辛苦的校編與潤飾，還有高碧嶸編輯的協助。感恩！

周淑惠

寫於 2022 年 4 月初春

1 幼兒的科學世界

本書書名為《幼兒科學教育：邁向 STEM 新趨勢》，顧名思義，STEM 已納入科學教育範疇成為新趨勢。因此，本書旨在探討科學教育最新趨勢下的課程與教學，包含課程內容、課程設計、課程實施、探索性環境、科學教育現況與因應策略等面向，試圖連結理論與實務，以作為現場幼兒教師實施幼兒科學教育之參考。作為開宗明義的第一章「幼兒的科學世界」，主要目的在增進讀者對科學、幼兒、兩者間關係、幼兒科學概念發展等議題的基本認識，為本書各章節奠下根基，共分為兩節，第一節探討「幼兒的科學經驗」，第二節探討「幼兒的科學概念」。

第一節　幼兒的科學經驗

午睡時刻，孩子在睡眼矇矓中逐漸被轟隆轟隆的雷聲吵醒。在收拾被褥時，一方指著窗外說：「好黑喔！天好黑！」茉莉蹭到窗邊喊道：「下雨了！老師，下雨了！」引發更多幼兒到窗邊圍觀……，點心時間過後雨似乎小了，老師正召集大家坐到團討區時，有孩子發現天邊出現彩虹，大家湧至窗邊觀看，也有的孩子發現太陽出來了。更引發孩子注意的是地面上的一灘灘水窪，沒人理會老師的招喚……，最後在孩子央求下，老師讓大家到戶外去遊戲。

有一群孩子看到土堆上的水流到低窪處形成水窪，很是興奮，有的拿著樹

枝撥弄，有的徒手挖掘，試圖挖渠引水做出一條河流與大的湖泊。有幾個孩子興奮地踩著水窪，使得水花四濺，歡笑聲四起，其中一個孩子發現水窪中的倒影，遂對著水窪扮起鬼臉與動作，引發其他孩子爭相仿效；若君的手帕不小心掉到水窪邊，發現濕了的一角逐漸擴散後，乾脆就用手帕不斷地吸水、擰水到旁邊的硬表層水泥地上。而在水泥地上的孩子，有的用腳、有的用手、有的用樹枝運用水漬畫起圖來，孩子一面開心地畫著，一面說道：「水乾了！水不見了！」齊均索性拿了把掃把畫個盡興……。最後進教室前，老師拿起水管沖洗走廊的泥漬，並要求大家把鞋上的污泥沖洗乾淨，幼兒們在幾次試驗下，終於發現捏緊水管出口才能噴出水柱……。

以上「下雨前後」生活情節流露出幼兒的好奇與探索天性，以及生活與遊戲中充滿自然科學現象——雨前烏雲密布、雨後空中出現彩虹、水往低處流、毛細作用、反射倒影、蒸發現象、水的壓力等。本節即在探討幼兒與科學的關係，以勾勒出幼兒的科學經驗，包含科學是什麼、幼兒特性、幼兒與科學的關係等相關議題，茲分述如下。

一、生活中的科學

如上「下雨前後」情節，科學現象環伺左右，科學是幼兒日常生活的一部分，每天充滿科學的可能性（Bosse et al., 2013; National Science Teacher Association, NSTA, 2014）。再以小欣的一天為例：

晨起吃完烤麵包、優酪乳，迎著燦爛晨曦、和煦微風，進入幼兒園開始了園中生活。上午戶外遊戲時，頂著豔陽穿梭在遊戲場追逐著蝴蝶、捕捉著影子；蹲在泥地上觀察藤蔓爬滿支架的小黃瓜，順便挖掘泥土、觀看螞蟻排隊去哪裡；接著，盡情地遊戲／探索蹺蹺板（槓桿）、溜滑梯（斜坡）等遊具。回教室後，先餵食魚缸的金魚與小烏龜、幫室內植栽澆水；接著，在積木區自建斜坡滾著

彈珠，在益智區建構磁吸性與樂高積木；隨後，在老師協助下把新種植的蔬菜照片在電腦上分類整理……。

　　放學前長長的身影拖在身後，雨後地上的水窪逐漸乾涸；回家路上天色漸暗，看見街道上各式交通工具爭鳴疾駛，發出巨大噪音，也冒出許多黑煙。回到溫暖家中，打開冷氣享受著沁涼；看著媽媽運用烤箱、電鍋、攪拌器等做著晚飯。飯後喝冷飲時，看到加了冰塊的杯外水珠，很是好奇；洗完澡媽媽用吹風機幫忙吹乾頭髮後，讀了一會兒有聲書。睡覺前推窗看見滿天星星的夜空，各家冷氣機仍賣力地吹著、發出嗡嗡吵雜聲。

　　以上是小欣的一天，接觸大自然或與科學原理有關的許多現象或事物，充滿著科學經驗。首先是「生命科學」方面的現象或經驗，如觀察藤蔓爬滿支架的小黃瓜、照顧室內植栽、追逐蝴蝶、觀看螞蟻、餵食金魚與小烏龜等。其次是「地球科學」方面的現象或經驗，如迎著微風、頂著太陽、玩著泥土、捕捉影子、感受空氣污染等。此外也有「物理科學」方面的現象或經驗，如觀察烤箱、電鍋、吹風機、冷氣機等的使用，在積木區架構斜坡滾彈珠與玩磁吸性積木，以及遊戲場體驗蹺蹺板、傳聲筒等遊具等。而家電用品、交通工具、遊戲場遊具設施、區角設備或教具（如電腦、樂高積木等），都是為了滿足人類生活需求，透過「工程」設計製作出來的「技術」產物。可見科學的範疇不僅包含傳統的學科領域——物理、生命與地球科學，還涉及工程與技術層面，這些內涵在幼兒的生活或遊戲經驗中都可直接體驗。

二、多面向的科學

　　有關科學的定義，哲學家自古以來即有「成果（Product）或過程（Process）？」之爭（Dietz & Sunal, 1976），即成果的知識與過程的方法之辯。「科學即成果」視科學為由實驗與觀察結果所發展出的一組相關事實、概念與架構，簡言之即科學探究所獲致之科學知識，而科學知識包括概念（Concept），如聲

音、細胞等，原則（Principles）如熱漲冷縮、牛頓第二定律等，與理論（Theory）如進化論、生態理論、食物鏈理論等。至於「科學即過程」則視科學為一種思考、一種獲致新知識的方式，即一種吾人發現所處周遭世界知識（科學知識）的一種方法，包含觀察、紀錄、推論、比較、實驗、溝通等。

此外，當代許多教育學者認為科學不僅是知識與方法，而且也是一種價值或態度；所謂態度包括好奇、謙卑、懷疑、開放的心靈、客觀、鍥而不捨、對失敗抱持正向態度、避免獨斷或易受騙等，這是科學家於進行科學探索時所採用的法則或抱持的價值（Carin & Sund, 1989）。在現實世界中，科學是科學家運用科學的方法（如以上的觀察、推論、實驗、溝通等），且秉持著科學的態度（如以上的好奇、開放、客觀、鍥而不捨等），最後發現科學的知識（如物理學、化學、地球科學、生物學等）。換言之，科學具多面性（Abruscato, 1988）或多元素（Carin & Sund, 1989），是內容（知識）、方法（程序）與態度（價值）之混合（Cliatt & Shaw, 1992）。

筆者認為以上這三者同等重要，以釣魚譬喻，欲讓幼兒獲得科學知識（即吃到魚貨），必須培養幼兒的科學方法或程序能力（即釣魚能力），還要培養幼兒的科學態度（即喜歡釣魚），在知識爆炸及經常更新的當代與未來人工智能時代，釣魚能力可能更形重要。然而，在現實世界的科學教育中，吾人經常看到教師直接灌輸孩童科學知識，孩童則用記憶、背誦以對，忽略了培養獲得科學知識的方法，即以上釣魚比喻的釣魚方法或程序能力，實屬可惜。

近年來，對於科學是什麼有新的詮釋，更重視多面向意涵，甚至包含「工程、技術與科學運用」層面（Charlesworth, 2016; National Research Council, NRC, 2012, 2013; NSTA, 2014）。美國《K-12 科學教育架構：實踐、跨學科概念與核心概念》（*A Framework for K-12 Science Education: Practices, Crosscutting Concepts, and Core Ideas*）（NRC, 2012）與其執行文件《下一世代科學標準》（*Next Generation Science Standards*, NGSS）（NRC, 2013），將工程、技術等整合於科學教育架構中，與三大科學領域——生命科學、物理科學與地球及太

空科學，並列於課程標準的內涵中。工程泛指對特定的人類社會問題，投入系統性的設計實務以獲得解決方案；技術泛指所有人造系統與程序，不限於當代計算與通訊設施（NRC, 2012）。舉例而言，村莊被河流分隔，為解決兩岸來往交通問題，遂運用相關「科學」知識進行了拱橋橋樑「工程」；而為建造橋樑，則運用許多機械與工具（如挖掘機、起重機等），甚或建造「技術」、手法（如防震技術）等人類智慧結晶。這刻畫了科學的多面涵義——包含工程、技術與科學運用，也確實反映了小欣一天生活所體驗的多面向科學內涵。

三、好奇與探索的幼兒——猶如小科學家

　　幼兒不僅在生活與遊戲中自然地接觸許多科學現象與事物，而且本身極具好奇天性，永遠有問不完的為什麼；更甚的是，其好奇天性促使他們亟欲求得解答、發現為什麼、或獲知行動的可能結果，投入所謂的科學探究或實踐，是個好奇提問者，同時也是行動者與思考者（Worth, 2020），就有如本節開始的「下雨前後」生活情節中幼兒的行為表現。吾人皆知，自新生嬰兒把各種物品放入嘴巴開始（尤其在會爬行後更甚），即在運用各種感覺與肢體探索周遭環境，意欲了解周遭事物是怎麼樣、會怎麼樣（有什麼反應）與為什麼會這樣？是個十足好奇、充滿行動的「探索者」。

　　舉例而言，在樹下無意間發現毛毛蟲時，幼兒會用樹枝撥弄著牠或將其翻轉，查看牠是什麼東西與試看牠的反應如何？面對一灘水窪時，可能會想知道：如果我一腳踩下去，會發生什麼事？水與爛泥會從我的腳趾間滿出來嗎？其他實例不勝枚舉，諸如：挖開泥地螞蟻巢穴，觀察裡面有什麼？地底世界像什麼？拆開發條玩具，查看裡面有什麼？是什麼原因讓它轉動？在燈光前舞弄小手，看看是否能做出比老師大的手影？面對「泡泡都是圓形嗎？」的提問，運用各種器具試看看可否吹出不是圓形的泡泡？在戶外泥地挖渠引水，看看是否能形成落差極大的大瀑布？可以說自然界的任何事物都會引發幼兒的好奇心與探索行為，像這樣在好奇心驅使下，想了解周遭事物並且以行動觀察其反應與了解

為什麼的表現，實與科學家之探究行為相仿，足可媲稱為小科學家或自然科學家（周淑惠，1998；Gopnik et al., 1999; Worth & Grollman, 2003）。

科學現象既然是無所不在生活與遊戲中，幼兒每日自然地接觸廣泛涵義的科學，甚至包含工程與技術等多元層面；而且幼兒具有好奇天性，並有如科學家般地探究周遭事物，可以說科學與幼兒的關係是非常的密切，學習與探究科學是極其自然之事。重要的是，孩子的天生好奇與探索究竟的特性，進一步提供其培養觀察、推論、驗證、比較、溝通等「科學程序能力」的機會（Guarrella, 2021）；而科學程序能力是獲得科學知識的重要能力或方法，對幼兒的科學教育很是重要。職是之故，身為教師或家長必須好好運用幼兒的好奇與行動探索特性，鼓勵其運用科學程序能力，奠定幼兒科學教育的根基。

四、利多的科學學習

學習科學對幼兒的益處甚多，科學學習本身自然連結到其他領域的學習，例如：科學提供了語文與數學技能及概念發展的有目的情境（NSTA, 2014）；在科學探究中自然地整合數學、語文、人際社會等，因為這些學科領域涉及科學的實踐歷程，是科學實踐的關鍵（Worth, 2020）。具體地說，科學實作涉及數學領域，如測量、計數、比較數量多寡或量體大小等；也會觸及語文領域，如查閱圖書以了解現象或驗證推論、記錄觀察或實驗結果、詮釋或表述資訊、討論或溝通探究結果等；當然也牽涉到社會情緒面向，如尊重他人意見、分享與合作、敏覺他人情緒與溝通等。更甚的是，Gelman 等學者研發的科學課程「學前科學之路」（Preschool Pathway to Science, PrePS）證實，不僅可增進科學概念的理解，而且也能促進數學、語文、社會等領域的發展，甚至是全人發展（Gelman et al., 2010），這就是科學統整各領域學習之明證。換言之，雖然在科學課程中科學是焦點，然而在一面學習概念與知識，一面「實作」科學下（提問、觀察、比較、查詢資料、分享、下結論等），就能良好地整合其他課程領域（Bredekamp, 2017）。

科學可統整其他學科領域的學習，而整合性的學習是一種有意義的學習，不僅促進幼兒的理解（周淑惠，2006），又可促進全人發展，對幼兒是為利多。最重要的是，從科學的多面向意涵以及整部人類歷史演進軌跡，在在顯示科學對人類社會進步的重要角色，例如：儲存海量數據的計算機與網路的發明，帶來生活的便捷性，開展了人工智能（AI）新時代；傳輸無遠弗屆的電子通訊設施的發明，帶來新的溝通形式，促進了全球化與地球村的新世界。再者，科學知識與工程、技術的整合運用，可用於解決人類社會諸多問題，例如：疫苗研發解決新冠疫情的嚴重感染問題、新的交通運輸工具解決石油能源短缺問題等；不過，過度運用的結果也伴隨與環境有關的各樣待解決社會問題，例如：地球暖化、空氣污染、水資源污染、土地污染等。在當今即將進入人工智能時代，面對社會的瞬息變動性與高度競爭性，以及各種待解決的社會問題，學習科學特別顯得迫切與重要，是人類社會得以永續與安身立命之道，也是各國國力競爭的基石，故推展幼兒科學教育勢在必行。

五、小結

科學具多面向，它就在生活中，學習科學本就極其自然；況且幼兒天生具備好奇與行動探索的特性，有利於科學探究與學習；再者，科學學習具統整各領域學習之效，對幼兒而言是絕對有所助益之事。值得重視的是，科學帶動著人類社會的進步，也解決人類社會諸多問題。無可否認的是，從遠古茹毛飲血，歷經農業、工業革命，迄今資訊社會正邁入人工智能時代，均拜科學之賜，然而也帶來諸多亟待解決的環境方面社會問題，培養學子具有科學素養就成為全球各國的重要任務。

不過相關研究指出，學前教師對本身的科學知識和教導科學的能力感到不足、緊張（O'brien & Herbert, 2015; Pendergast et al., 2017），對科學的自我效能感低，是為何老師有困難教導科學的可能障礙（Greenfield et al., 2009）。的確，筆者在現場較少看到幼兒教師進行科學教學，Clements 與 Sarama（2016）也提

到教師很少提供科學相關活動，更甚的是孩子所學的少量科學是非高品質的；Greenfield等人的研究也指出幼兒園幼兒的科學準備度明顯低於其他領域。凡此總總，誠屬遺憾，頗值身為教育者的我輩省思。總之，引導幼兒投入科學探究，乃刻不容緩之務。

第二節　幼兒的科學概念

　　學習科學對幼兒是利多之事，幼兒也具好奇與探索特性，然而科學概念的學習尚涉及推理思考能力，本節旨在探討幼兒的推理思考能力如何？能否學習科學？根據 Piaget 的說法，學前幼兒在發展階段上是屬於「前邏輯期」，無法理解與邏輯有關的概念（Piaget & Szeminska, 1952）。Piaget 學派服膺者與過去許多研究紛紛證實幼兒受到知覺與邏輯思考的限制，無法保留事物的不變性（如數量不變、重量不變等），例如：將原本兩排數目一樣的物體中之一排拉長，幼兒就認為兩排物體數目不一樣多，而無法理解數目的不變性。正因為處於「前邏輯期」的幼兒在各方面均是無能的，因此這些學者認為，充滿因果關係、邏輯推理的科學領域似乎不適於幼兒學習。然而，後來的一些研究卻有不同的發現，認為幼兒的能力超乎之前研究所認定，大家似乎低估幼兒的能力，同時幼兒也能發展出一些迷思概念，敘述如下。

一、能推理思考的幼兒

　　晚近一些學者與研究相繼證實學前幼兒是能推理思考、有相當能力的，例如：當兩個事件先於另一個事件發生時，他們通常會正確地感知在物理上較為合理可信的事件，然後將其視為原因（Gelman & Lucariello, 2002）；他們也能追查偶發系列事件，並推論第一個事件最有可能是最重要的原因，這也是成人經常使用的策略（Ahn et al., 2000）。甚至學者還發現，幼兒的能力高於 Piaget 所指稱的事實，是超過吾人所認定（Donaldson, 1978; Gelman et al., 2010; Inagaki,

1992; Saxe et al., 2007），例如：後皮亞傑學派信持「特定領域觀」，認為每一個體的發展在各特定領域是不同的，學前幼兒在其有豐富經驗領域內，會顯現精深的推理模式（Inagaki, 1992），如小恐龍專家甚至超越成人的超凡表現（Chi & Koeske, 1983）。

誠如美國國家研究委員會（NRC, 2007）所發布的《將科學帶入學校：K-8年級的科學學習與教學》（*Taking Science to School: Learning and Teaching Science in Grade K-8*）指出，吾人實在是低估了幼兒的能力，他們有能力運用形成科學思維基礎的廣泛推理程序；而且當幼兒探究周遭世界如何運作時，也能運用探究技能並具有概念學習的能力。這和過去普遍持有的觀點相反，此份文件綜合物理、生物、地球科學等方面的實徵研究，明白指出幼兒的非凡表現：(1)幼兒是具體而簡單化的思想家，他們的思維出奇地複雜，學習科學的基礎已經足夠；(2)進入學校的孩子已經對自然世界有大量了解，可在此基礎上發展他們對科學概念的理解，某些知識領域可能比其他領域更具強大基礎，它們出現得很早並且具有文化普遍性；(3)在學前教育結束時，孩子們可以推理與發展科學推理，但難免受到概念知識、任務性質及他們對自己思維意識的限制（NRC, 2007）。

總之，根據研究顯示，雖然難免受到現階段知能的影響，不過幼兒不僅有能力投入科學實踐與發展概念理解（NRC, 2007, 2012; NSTA, 2014），甚至幼兒園孩子能像工程師一樣地思考（English, 2018），且能有意義地投入工程設計的許多階段，同時也能發展對科學家與工程師工作的理解（Tank et al., 2018）。幼兒經常為滿足自己需求與願望去修正周遭環境，這意謂著他們也可被視為是小小工程師（Evangelou & Bagiati, 2020）。綜而言之，幼兒不僅是個小科學家，同時也是個小工程師，以上研究成果對於以工程整合 STEM 各領域的科學教育新內涵，帶來振奮人心的啟示。

值得注意的是，幼兒經常受到成人用語和生活直觀經驗的影響，也受到發展上特性的限制——有限專注力（焦注於表面現象或凸顯特徵），再加上有限

思考力——瑕疵推理與合理化的結果，綜合發展出對世界如何運作的推論或理論（周淑惠，2003）。亦即為了試圖合理化、「意義化」（Make sense）認知上的衝突，讓周遭世界或現象可預測，以減少不確定性，結果發展出「迷思概念」（Misconception），或稱「另類架構」（Alternative framework）、「天真理論」（Naïve theory）等（Bredekamp, 2017; Gopnik et al., 1999; Worth, 2020）。

　　舉例而言，在生活中幼兒常被告知「地球是圓的」，但是放眼所見都是平坦的地面而不是成人所說是圓的，於是他試著合理化，結果就發展出「地球是由兩個半球體所組成，人類就居住在下半球體的剖面平坦處」的迷思概念，它似是而非，因此筆者將其翻譯為迷思概念，而非錯誤概念。這迷思概念似乎很有道理，頗能彌減幼兒「地球是圓的」的認知差距，它是在生活經驗中建構與推理來的，充分說明幼兒是一個主動思考的個體，而非等待灌輸訊息的空白容器，會在生活中試圖理解周遭事物與現象，並且意義化、合理化自身的認知衝突。

二、幼兒的迷思概念

　　筆者曾採 Piaget 之臨床晤談精神，來探究 5 歲幼兒的內在想法，實際進行方式則仿效 Osborne 所設計的「事件訪談法」，以及 Osborne 與 Gilbert 所設計的「實例訪談法」。整合相關文獻與研究發現後，歸納幼兒常見的迷思概念如下（周淑惠，2002，2003）。這些似是而非的迷思概念對幼兒科學教育是個挑戰，頗值得教師關注。

（一）生命科學

　　孩子最常以會「動」與否來判別是否有生命，會動就具有生命（如火、鐘擺、車子等），不會動就不具有生命（如靜止的蛋或種子等），這是很直覺的想法。

1. 動物

　　「動」是判斷動物的最重要特徵，幼兒多認為大型陸地動物，例如：農場牲畜、動物園動物或是家中寵物，才是動物，通常有四條腿、較大的軀體、居住在陸地上、有毛覆體，並會產生叫聲；因此，體積小的蚯蚓、蜘蛛常不被視為動物，蝙蝠常被當作鳥類，海豚則被當成魚類。換言之，幼兒的動物屬哺乳類，牠和鳥類、魚類、昆蟲類屬於同一分類層級。

2. 植物

　　幼兒會以是否固定不動、生長於土中來判別植物，亦即是否有根、莖、葉來判別是不是植物，像樹就是典型的植物，這是很生活化、直覺化的知識。像草、青菜、蘿蔔、玫瑰經常不被視為植物，它們是草類、蔬菜類、花類，均與植物屬於同一分類層級。

（二）地球科學

1. 地球

　　兒童對地球的概念理解有四個發展層級，學前幼兒通常是屬第一、二層級，可以看出是意義化認知衝突的結果：(1)我們居住的地球是平坦的，不是圓球體——地球是圓的可能是因為從空中看地球，有被海洋包圍著如大餅狀圓形的陸地、有如山岳起伏的圓丘狀、像是道路蜿蜒的彎轉狀；(2)地球是由兩個半球體所組成，人類就居住在下半球體的剖面平坦處；(3)地球是被無限制太空包圍的圓球體，但無地心引力，例如：南極的無蓋水瓶的水會掉入南極太空中，遠離地球；(4)地球是被太空所包圍的圓球體，萬物皆向地心墜落。

2. 空氣

　　幼兒對於空氣無所不在的認知，並非完全理解。他可能會掛在口中說空氣

無所不在、到處都有空氣，但當被問及鼻孔裡、嘴巴裡有否空氣存在時，有相當多的幼兒認為沒有空氣，也有不少幼兒認為耳朵裡、紙盒中、瓶子裡、桌子底下、吸管中是沒有空氣的，並非真正理解到處皆有空氣。

3. 蒸發

兒童對於自然界蒸發現象的解釋，隨年齡發展有四個層級，學前幼兒通常在第一、二個層級，可以看出是受生活直觀經驗的影響：(1)消失不見──水就是不見了、消失了、沒有了；(2)水跑入其他物體──水跑到盤子裡面、地板裡面、海綿裡面，亦即盤子、地板、海綿把水吸走了；(3)蒸發到雲「容器」之中──水看不見了，它住在雲這個容器裡面，把雲當作容器看待（水蒸氣有水的特性，如存在與重量，需要一個容器裝著），並不認為蒸氣構成了雲；(4)水的狀態改變（液態變氣態形成雲）──水被蒸發了，散布到空氣中，它的狀態由液態的水變成氣態的蒸氣，就形成天上的雲，有完整的水狀態改變概念。

（三）物理科學

1. 光影

幼兒視光及光源與光的效果等同，非空間中一個移動的實體，因此當問及光在哪裡時，幼兒會指著燈泡（光源）或桌面的陽光（光的效果），而沒有「光直線前進」的概念。當幼兒看到影子時，他不會想到：光這個實體在空間中行進遇到阻礙物，他只會注意到物體與影子的形狀是相似的。

2. 電路

兒童對電路、電流現象通常有幾種有趣的解釋，發展至具迴路概念則已進入科學層次：(1)單極模式──燈泡發亮只需一根電線接在電池的正極，使電流從電池流出，然後接到燈泡的底座；(2)電流相遇模式──要使燈泡發亮，需二根電線各接在電池的二端（正、負極），使二股電流由電池流出，然後在燈泡

處相遇，二股電流相撞產生火花，使燈泡發亮，是直覺似是而非的有趣想法；(3)電流耗弱模式（燈泡發亮會消耗電流，因此電流就耗弱了）──要使燈泡發亮需要二根電線，其中由正極流出的電流經燈泡發亮消耗後，在回程時在另一條電線上的電流就會減弱；(4)迴路模式──要使燈泡發亮要有電池、燈泡與二根電線（迴路三要素：電器用品、導電體、電源），當電流由電池正極的電線流出至燈泡，在回程上的電流還是不變並未被耗弱，也就是電流由電池流出與通過燈泡後所流出的電流是一樣多。

3. 齒輪

有關齒輪之力的傳動，概念發展層次如下，若能理解齒輪組運作系統，則已達科學層次：(1)原始知覺層次──聚焦在沒有作用的一些外顯特徵，如因為這個是圓的，或注意施力處與自己的作用即自己在把手上的行動，如因為把手在這邊，它就這麼轉；(2)齒牙「相連」層次──孩童在 6 歲開始會注意齒輪的牙齒是相連或不相連，他們開始理解一個牙齒如何推動另一個牙齒，使齒輪轉動的道理；(3)齒牙「相咬」層次──不僅了解齒牙相連，而且還了解齒牙是緊鎖相咬的，開始思考不同尺寸齒輪的速度以及齒輪運轉的方向；(4)齒輪組運作系統層次──8、9 歲的孩子開始思考數個齒輪可以組成一個運作系統，一般要等到孩子了解運作系統後，他才會解釋為什麼三個齒輪連成一圈時會無法運轉，而四個齒輪連成一圈卻可自由運轉之理。

三、發人深省的迷思概念

從以上描述，可見幼兒的迷思概念具有聚焦外表可觀察現象與立基於直覺想法的「天真直覺性」、更動答案呈現未成熟發展與無系統狀的「脆弱不穩性」、在個別概念與發展潛能上互異的「個別差異性」，以及在生活經驗中建構與推理來的「建構思考性」（周淑惠，2003）。其實，很多成人也還具有迷思概念，其中建構思考性充分說明幼兒是一個會主動思考非被動收受的個體，

它會在生活中試圖理解周遭現象與事物，並且意義化、合理化自身的認知衝突，因為幼兒有不矛盾自己的一個內在需求，會調整認知想法，以消除與外在資訊不一致的狀態（Forman & Kaden, 1987）。但是，在有限的知識、資訊與能力下，以及受到成人世界用語的影響，才會發展出瑕疵推理與另類有趣的迷思概念。職是之故，我們不該把幼兒當成不會思考只待灌輸的小人兒。

以上這些另類觀點，是幼兒在生活與遊戲中，基於直覺與現有知能自然建構的，Vygotsky（1991）稱之為「日常概念」或「自發概念」，此相對於在學校所正式學習的「科學概念」。然而，幼兒以上的這些日常理解對學校科學概念的發展，具有重要影響，二者相互作用與影響，在發展過程中科學概念被日常概念所修正，日常概念也被科學概念的學習所改變（Bodrova & Leong, 2007）。正因為迷思概念是幼兒在生活中思考與建構出來的，幼兒以它為仲介學習學校的科學概念，勢必影響正式科學概念的建構。因此，Fleer（1993）所言甚是，身為教師者必須先行關注孩子可能的日常概念，事先預防設法引導孩子走向科學概念；而當老師了解幼兒的迷思概念並於教學時預先考量、計畫，幼兒就愈能克服迷思概念（Kambouri, 2011）。

四、小結

綜而言之，幼兒本身具有好奇與以行動探索的小科學家特質，以及具有修正周遭環境事物以滿足需求的小工程師特質，確實能理解一些簡單的因果邏輯關係與運用工程思考，具有相當能力。然而，會推理思考的幼兒在現有知能限制下，也會從生活直觀經驗中建構有趣的科學迷思概念，這天真的理論與正式的科學概念是交互影響而發展的，因此身為教育者的吾人宜積極面對與引導。

2

科學教育的發展趨勢

欲了解幼兒科學教育要如何教，除了必須了解幼兒的科學經驗和科學概念外，還要積極認識當前科學教育的發展趨勢，方能擁有最新觀點以指引施教。而想要了解科學教育的當今趨勢，就不能不了解近年來身為龍頭、帶動發展風向的美國科學教育相關文件的規定。這些文件都是建立在學術與研討基礎上，尤其是《K-12 科學教育架構：實踐、跨學科概念與核心概念》（註：K-12 係指幼兒園到高中階段）與其執行文件《下一世代科學標準》（NGSS），打破了傳統對科學的思維，納入工程與技術於傳統科學教育架構中，而這樣的趨勢也逐漸為各國所認同，顯現於教育政策上。本章除了第一節科學教育的新近發展，第二節則探討各國幼兒科學教育的發展，以提供有關科學教育的全面觀點。

第一節　科學教育的新近發展

1960 年代 Piaget 理論興起，認為人類是基於「省思」自己的「操作行動」而學習的；即人類知識的獲得是一個活躍的過程，為了解一項物體或事物之運作，不僅要操作它也要轉換它〔即「變換」（Transform）物體的狀態〕，並且要觀察、省思物體轉換所引起的改變，才能獲得知識（Piaget, 1970, 1976）。也就是說，「知識的源起，在於主體自身與物體間的緊密交互作用」。不僅非常

強調積極活躍地投入環境中與事物互動，而且也著重學習者必須反思自己的行動（Piaget, 1976），例如：兒童一定要親自調整木板以各種斜度滾過球、觀察球的不同滾落速度與距離、省思自己的斜度調整與球滾落狀態間的關係，才能體會其中的因果關係，而非坐等他人灌輸被動地接受知識。

職是之故，1960 年代後提倡學習者內在心智主動建構的「建構主義」（Constructivism）教學，如河濱街（Bank Street）與高瞻（High Scope）等課程，遂逐漸取代傳統行之多年的被動接受「直接教學」（Direct instruction）形態的課程。隨著時日發展，1980 年代後在科學領域教學方面已經日漸確立學習者親身建構的「探究教學」（Inquiry teaching）地位，並成為美國科學教育標準的重要精神。近年來，更在所重視的探究基礎上強調「實踐」（Practice），並且納入工程等學科於科學教育的內涵架構中，本節即在探討科學教育的新近發展，詳述於下。

一、強調探究過程的 NSES

1996 年，美國國家研究委員會（NRC）頒布《國家科學教育標準》（*National Science Education Standards*, NSES），大肆提倡科學過程（Process）—探究（Inquiry）的重要性，其要義為：「探究涉及觀察、提問、查書與其他資料以了解已知、計畫調查行動、依據實驗證據檢視已知部分、運用工具以蒐集與分析及解釋資料、提出解答與解釋及預測、並溝通結果的一個多面向活動」（NRC, 1996, p. 23）。顯然 NSES 所謂之探究涉及科學家研究自然世界，以了解或回答疑惑的技能——觀察、推論、預測／實驗、溝通等，也就是獲得科學知識過程中的重要方法，學界所謂的「科學程序能力」（Scientific process skills）（周淑惠，1998；Charlesworth, 2016; Guarrella, 2021）。

2000 年，NRC 又頒布補充書籍《探究與國家科學教育標準：教與學的指引》（*Inquiry and the National Science Education Standards: A Guide for Teaching and Learning*）。該書指出，NSES 的顯要特徵是以探究為焦點，而探究涉及科

學家研究與了解自然世界的重要能力，學生應運用於學習上，教師也應運用於教學上，讓學生經歷這些程序與能力而獲得科學概念；此外，並明確指出探究教學的五個共同成分，即五個步驟或階段——投入（Engage）、探索（Exploration）、解釋（Explanation）、擴展（Elaboration）與評量（Evaluation）（NRC, 2000, p. 35）：

1. 投入：學生投入一個科學問題、事件或現象，與其已知相連結，或與其想法產生衝突，或激發其學習更多。
2. 探索：學生透過操作經驗探索想法，形成與測試假設，解決問題，或對其觀察提出解釋。
3. 解釋：學生分析與解釋數據資料，綜合想法，建立模型，藉教師或其他科學知識來源，澄清概念與解釋。
4. 擴展：學生延伸其新理解與能力，並運用其所學於新情境。
5. 評量：學生與老師回顧與評量其所學內涵與是如何學到的。

以上五個步驟因每個英文字都是以 E 為開頭，故簡稱「5E 探究教學」。具體地說，是透過引起動機、認知衝突等引發學生好奇而投身探究行動中；接著於所設計的探索歷程中，運用舊知能產生新想法或蒐集資料回答所欲探究問題；繼而解釋所蒐集資料或探究後對概念的理解。有時教師也會引導孩子邁向更深的理解，即教師挑戰與延伸學生的概念理解與知能，學生則運用其理解於新的情境；最後教師鼓勵學生評量其理解與知能，也藉機評量教學目標之達成情形。

而這探究教學五個步驟即為 Bybee 與他的同僚基於多方研究，在「生物科學課程研究」（Biological Sciences Curriculum Study, BSCS）發展出的「5E 教學模式」。此模式最早源自於 1960 年代 Atkin 與 Karplus 所提出的「學習環」（Learning cycle），並且運用於科學課程改進研究計畫（Science Curriculum Improvement Study, SCIS），BSCS 加以修正成 5E 教學模式（Bybee et al., 2006）。這段 5E 探究教學的歷史演進，明顯可見探究萌芽於 1960 年代建構主義興起之際，歷經數十年的發展終於確立其在科學教育上的地位。

二、整合三個向度的 NGSS

2012 年，NRC 在科學家、心理學家與教育學家共同努力下，頒布《K-12 科學教育架構：實踐、跨學科概念與核心概念》（NRC, 2012），提出了三個向度的學習與教學；第二年這個架構的執行文件《下一世代科學標準》（NGSS）（NRC, 2013）問世。同樣都是科學教育的最高文件，NGSS 及其母文件與 1996 年所發布的 NSES，最大的不同處在於 NSES 是單向度的教與學，特別強調探究過程；而 NGSS 及其母文件則是三向度交織的架構——科學與工程實踐（Scientific and engineering practices）、跨學科概念（Crosscutting concepts）、學科核心概念（Disciplinary core ideas），圖 2-1-1 是筆者整理自 NGSS 與其母文件的三個向度及其內涵。

依據 NGSS 及其母文件內涵，以下分別說明三個向度的意義，及其所顯現有別於 NSES 的特徵。

（一）三個向度

1. 向度一「科學與工程實踐」——在探究基礎上強調科學與工程實踐

科學不只是反映當前世界理解的一組知識，它也是用來建立、擴展和完善該知識的一組「實踐」（Practice）（NSC, 2012, p. 27）；簡言之，科學是一組知識，也是獲得知識的一組方法。雖然科學實踐的結果是「回答問題」，通常是以知識、理論或公式等加以解答，工程實踐的結果是「解決問題」，通常以成品、建物、技術或具體方案等加以解決，不過科學實踐與工程實踐的程序步驟大多類同。如圖 2-1-1 有八項步驟，都是社群產生知識的一組方法，其中二項有些微差異：第一項科學是提出問題，而工程是定義問題；第六項科學是建構解釋，而工程是設計解決方案。至於為何要把科學與工程實踐並列於三向度架構中，主要是因為工程等學科已納入科學內涵中，而實踐則是科學家與工程師獲知與解決問題的重要方法。

圖 2-1-1　NGSS 及其母文件之三向度與內涵

學科核心概念	
生命科學 　LS1：從分子到有機體：結構與程序 　LS2：生態系統：互動、能源與動力 　LS3：遺傳：特質的繼承與變異 　LS3：生物進化：統一與多樣性	**地球與太空科學** 　ESS1：宇宙中的球的位置 　ESS2：地球的系統 　ESS3：地球與人類活動
物理科學 　PS1：物質與其互動 　PS2：運動與穩定：力量與互動 　PS3：能源 　PS4：波及其在資訊傳輸中的運用	**工程、技術與科學運用** 　ETS1：工程設計 　ETS2：工程、技術、科學與社會的 　　　　連結

科學與工程實踐	跨學科概念
1. 提出問題（科學）與定義問題（工程） 2. 發展與運用模型 3. 規劃與執行調查 4. 分析與解釋資料 5. 運用數學與計算思考 6. 建構解釋（科學）與設計解決方案（工程） 7. 從證據中進行論證 8. 獲得、評估與溝通資訊	1. 型式 2. 因果關係：機制與解釋 3. 尺寸規模、比例與數量 4. 系統與系統模型 5. 能源與物質：流動、循環與守恆 6. 結構與功能 7. 穩定與變化

　　NSES 強調獲得科學知識的探究過程，即運用所謂的科學程序能力；而 NGSS 及其母文件則使用實踐一詞而非技能，主要是凸顯「從事科學研究不僅需要技能，而且需要特定於每一項實踐的知識」（NRC, 2012, p. 30）。因為 NSES所強調的探究，在過去以來已經在整個科學教育社群以多種不同方式被解釋，為了「更佳地說明科學探究的意涵以及它所需的認知、社會和身體實踐的範圍」（NRC, 2012, p. 30），所以 NGSS 及其母文件以實踐取代 NSES 的探究，即強調每項實踐不只需要能力，還涉及相關知識、心智思考、語言對話、社群交流與身體行動。雖然兩個文件以不同的方式表述，科學探究的理念不僅還存在於 NGSS 及其母文件中，反而更加地重視，因為這些實踐是科學社群產生知識的方法或步驟，期望學生在學習科學時能直接經驗這些實作行動。

2. 向度二「跨學科概念」——建立協調、深化與全面的科學知識

　　NGSS 及其母文件除了主要的學科核心概念外，還推崇跨學科概念。它是指能運用於許多學習經驗與課程領域、且重複出現於各年級的概念，例如：重複有規律的型式（Pattern）、因果關係、系統與系統模型、結構與功能、穩定與變化等七項（如圖 2-1-1 所示）。跨學科概念提供學習者連結不同學科知識成為協調的科學觀點之組織架構（Bosse et al., 2013; NKC, 2012, p. 83），例如：型式可在不同的學科裡發現——生命科學（如發芽、生長、開花、結果的循環）、地球科學（如日出、日落與春、夏、秋、冬的循環）。此外，跨學科概念也可以提供用於探索與解釋現象的一組視框或思考工具，幫助學習者從各個不同角度去觀察或思考現象，獲取較全面觀點（Duncan & Cavera, 2015），例如：人體疾病可從結構與功能去探究，也可從因果關係去解釋，當然也可從系統與模型去理解有機體內的複雜交互作用。綜上所述，這些跨學科概念是跨學科間的共通語言，幫助學生體認在不同情境中的現象其實是相關的，屬於相同的概念；而且對相同情境也能提供不同的視角，讓學生加深理解，最後建立協調、深化與全面的科學知識。

3. 向度三「學科核心概念」——納入工程等學科於科學內涵中

　　在資訊爆炸時代，科學教育的角色不是去教導所有的事實知識，而是去準備學生具有足夠的核心知識，以便之後他們能自行獲得其他資訊（NRC, 2012, p. 31）。因此，NGSS 及其母文件選擇具廣泛重要性的核心概念，這些核心概念與學生生活經驗、興趣有關，或是可連結到社會與個人關注問題上，例如：地球與人類活動、運動與穩定、能源、從分子到有機體、工程設計等概念。他們共可歸類為四個領域——生命科學、地球與太空科學、物理科學，以及工程、技術與科學運用；前三者是傳統科學的三學科，在 NGSS 及其母文件中明確地納入了工程、技術與科學運用共四個學科領域，亦即工程、技術與傳統科學的三學科並列為學科核心概念，如圖 2-1-1 所示。

（二）整合的三向度架構

　　NGSS 及其母文件提出了三個向度，重要的是，這三個向度是整合的架構——透過實踐行動與跨學科概念來學習學科核心概念，強調實踐行動與內容知識在學習上是相互作用，二者都很重要，即在情境中學習與運用。具體地說，標準中的每一項核心概念都有三個面向的內涵，如表 2-1-1 幼兒園至二年級的學科核心概念「工程設計」（K-2 ETS1）所示：「科學與工程實踐」向度的內涵為提出問題與定義問題、發展與運用模型、分析與解釋資料；「跨學科概念」向度的內涵為結構與功能；「學科核心概念」向度的內涵為定義與界定工程問題、發展可能的解決方案、完善設計方案（https://www.nextgenscience.org/sites/default/files/K-2DCI.pdf）；這三個向度及其內涵彼此交互作用，共同形成了如表 2-1-1 上層對學生的三項具體表現期望。

　　表 2-1-1 清楚顯示，表現期望是概念與實踐用語交織陳述，非常具體，所以是可加以測量的；相對地在 NSES 中，則是比較含糊籠統的陳述，幾乎無法評量，例如：NGSS「運動與穩定：力量與互動」核心概念（K-PS2）的表現期望是：「規劃與執行一項研究，去比較不同力度或方向的推與拉力，對於物體運動的影響（K-PS2-1）」、「分析資料，去確定以推或拉改變物體速度或方向的設計方案，是否如預期般運作（K-PS2-2）」（如表 2-1-2 的 NGSS K-2 學科核心概念與表現期望彙整表）；相對地，NSES 則是「所有學生應該發展做科學探究所需能力」或「發展對科學探究的理解」（Texley & Ruud, 2018）。而正因為NGSS 是整合三個向度的設計，在情境中學習與運用，方能實現具體的表現期望目標。

表 2-1-1　NGSS K-2 學科核心概念——工程設計

表現出理解的學生能夠做到：

K-2-ETS1-1. 提問、觀察與蒐集有關人們想改變的情境資訊，以定義一個簡單的問題，此問題可透過發展一個新的或改良的物體或工具加以解決。

K-2-ETS1-2. 發展一個簡單的草圖、繪畫或物理模型，以說明物體的形狀如何助其發揮解決特定問題所需的作用。

K-2-ETS1-3. 從解決同一問題所設計的兩個物體之測試中分析資料，以比較二者表現的優劣點。

上述的表現期望是使用 NRC《K-12 科學教育架構》中的下列要素發展而來的

科學與工程實踐	學科核心概念	跨學科概念
提出問題與定義問題 建立於先前經驗與進展到簡單的描述性問題。 ・基於觀察的提問，以發現更多自然和／或人造世界的資訊。（K-2-ETS1-1） ・定義一個簡單的問題，這問題可透過新或改良的工具或物體而加以解決。（K-2-ETS1-1） **發展與運用模型** 建立於先前經驗與進展到包括運用與發展模型（如圖示、繪畫、透視畫、戲劇、物理複製、故事版），以表徵具體的事件或設計的解決方案。 ・發展一個基於證據的簡單模型，以表徵一個提議的物體或工具。（K-2-ETS1-2） **分析與解釋資料** 建立於先前經驗與進展到蒐集、記錄與分享觀察。 ・從測試一個物體或工具中分析資料，以確定其是否如意圖般地運作。（K-2-ETS1-3）	**ETS1.A：定義與界定工程問題** ・人們想要改變或創造的情境可以當成要透過工程解決的問題而加以處理。（K-2-ETS1-1） ・提問、觀察與蒐集資訊對思考問題是有幫助的。（K-2-ETS1-1） ・在開始設計解決方案前，清楚的了解問題是很重要的。（K-2-ETS1-1） **ETS1.B：發展可能的解決方案** ・設計是可以透過草圖、繪畫與物理模型來傳達，這些表徵在對他人溝通問題解決方案的想法，是有用的。（K-2-ETS1-2） **ETS1.C：完善設計方案** ・因為一個問題總是有多於一種以上的可能解決方案，去比較與測試設計方案，是有用的。（K-2-ETS1-3）	**結構與功能** ・自然與設計的物體之形狀和結構穩定性與它的功能是有關的。（K-2-ETS1-2）

三、科學教育新近發展之教育意涵

以上探討美國 K-12 科學教育的新近發展，以下則進一步分析此波發展的教育意涵，包括教育內容、教育方法與教育目標三個層面，以作為探討幼兒科學教育的具體教學之參照。

（一）科學教育內容層面——納入 STEM 於科學教育中

NGSS 的創舉是將工程等學科統整在科學教育的架構中，誠如在 NGSS 網站的附件 A「NGSS 的概念轉變」中所言，不僅在教導科學各學科時，提升工程設計的層級與科學探究等同，而且賦予工程及技術核心概念地位，與其他科學的主要學科等同（https://www.nextgenscience.org/resources/ngss-appendices）。也就是說，除了科學與工程實踐是每一個核心概念的三個向度之一外，也將工程與技術納入傳統科學學科（生命科學、地球與太空科學、物理科學）中與之並列。在 NGSS 及其母文件《K-12 科學教育架構》中，工程泛指「為獲得人類特定問題解決方案的任何系統性設計實踐」，技術泛指「所有類型的人造系統與流程」（NRC, 2012, p. 11）；而當「工程師運用他們對自然世界與人類行為的理解，去設計滿足人類需求與願望的方案，技術就產生了」（NRC, 2012, p. 12）。

在 NGSS 中強化工程的地位，無異說明了 STEM 的四個領域——科學、數學、工程及技術與日常生活的相關性，也等於明白納入 STEM 於科學教育中（https://www.nextgenscience.org/three-diensions）。STEM 代表四個英文字的第一個字母的集結——S 是科學（Science）、T 即技術（Technology）、E 乃工程（Engineering）、M 為數學（Mathematics）。工程既是設計與創造人造產物的一個知識體系，也是解決問題的一個歷程，它運用了科學、數學及技術工具的概念（NAE & NRC, 2014）；Stone-MacDonald 等人（2015）也提及，工程是系統化地運用數學、科學、技術與創造力，以解決問題的歷程；簡而言之，只要

運用工程（E）程序，自然會整合科學（S）、技術（T），甚至數學（M）等領域，此即STEM教育。總之，在NGSS的科學教育內涵中，除了傳統生命科學、地球與太空科學、物理科學三學科外，也納入工程、技術與科學運用，整合STEM 教育於其中；從表 2-1-1 幼兒園到小學二年級的學科核心概念「工程設計」，也可以看出 NGSS 明顯蘊含 STEM 教育。

（二）科學教育方法層面——強調實作中學習

NGSS 及其母文件在探究基礎上強調實踐，而且認為科學的內容知識與獲得知識所需的實踐必須整合，即讓學生積極投入實踐並運用跨學科概念，來深化學科領域中核心概念的理解（NRC, 2012, p. 10），最後則期望學生做到以概念與實踐用語交織書寫的具體表現期待或目標。因為投入實踐可以幫助學生了解科學知識的發展，並且了解工程師的工作以及科學與工程的關係（NRC, 2012, p. 42），所以在設計幼兒園到十二年級的科學教育經驗時，內容知識與實作行為必須交織編結（NRC, 2012, p. 11），讓學生能在實踐中獲得知識，並且以此來評量孩童的學習成果。

筆者將NGSS中幼兒園階段的學科核心概念與表現期望，整理成表 2-1-2，從表中的各表現期望可明顯看出NGSS凸顯「實作」（Doing）科學之特徵。這些表現期望清楚地整合實作行為與知識，二者交織以評量幼兒是否能運用實踐來建構內容知識，非常具體可見。誠如NGSS網站附件F「NGSS科學與工程實踐」所指，學生不僅要知道科學概念，且也要能運用理解透過「科學探究」的實踐去研究自然世界；或者是透過「工程設計」的實踐去解決有意義的問題，有如真實世界的科學家或工程師（https://www.nextgenscience.org/resources/ngss-appendices），所有表現期望都是著眼於實際運用，能知道或理解科學概念，同時也能實作科學從事科學探究的實踐。在實踐行動中學習科學知識，乃著重理解與運用，而非脫離情境、毫無意義的記憶與背誦式學習，相對地讓知識更有情境意義，更加富有印象，更能深化理解，並且能激發好奇心與學習興趣。

表 2-1-2　NGSS K-2 學科核心概念與表現期望彙整表

學科核心概念	表現理解的學生能做到
K-PS2 運動與穩定： 力量與互動	K-PS2-1. 規劃與執行一項研究，去比較不同力度或方向的推與拉力，對於物體運動的影響。 K-PS2-2. 分析資料，去確定以推或拉改變物體速度或方向的設計方案，是否如預期般運作。
K-PS3 能源	K-PS3-1. 運用觀察，以確認陽光對地球表面的影響。 K-PS3-2. 使用工具與材料，去設計與建構一個能減少陽光對地區溫暖效果的結構。
K-LS1 從分子到有機體： 結構與程序	K-LS1-1. 使用觀察，去描述植物與動物（含人類）生存所需的型式。
K-ESS2 地球的系統	K-ESS2-1. 使用與分享當地天氣狀況的觀察，以描述一段期間的規律型式。 K-ESS2-2. 在證據支持下，去建構動植物為滿足需求會改變環境的論述。
K-ESS3 地球與人類活動	K-ESS3-1. 運用模型，去表徵不同動植物需求與其所居住地方間的關係。 K-ESS3-2. 提問，以獲取天氣預報的目的是準備、回應惡劣天氣的資訊。 K-ESS3-3. 溝通解決方案，以減少人類在區域環境上，對土地、水、空氣和（或）其他生物的影響。
K-2-ETS1 工程設計	K-2-ETS1-1. 提問、觀察與蒐集有關人們想改變的情境資訊，以定義一個簡單的問題，此問題可透過發展一個新的或改良的物體或工具加以解決。 K-2-ETS1-2. 發展一個簡單的草圖、繪畫或物理模型，以説明物體的形狀如何助其發揮解決特定問題所需的作用。 K-2-ETS1-3. 從解決同一問題所設計的兩個物體之測試中分析資料，以比較二者表現的優劣點。

資料來源：筆者整理自 https://www.nextgenscience.org/sites/default/files/K-2DCI.pdf

（三）科學教育目標層面——著重知識運用與解決問題

　　以上強調在實踐中學習科學知識，認為科學知識與獲得知識所需的實踐必須整合，不僅顯示了科學知識是重要的教育目標，而且也指出運用是重要目標——運用實踐行為以獲取科學的內容知識，以及運用科學知識以解決生活中的

問題。筆者非常認同《K-12 科學教育架構》所言，教育應該協助學生認識科學與工程學習的重要作用——因應與解決當代人類社會所遭遇的問題與挑戰。顯而易見的，《K-12 科學教育架構》之所以將工程與技術併入，乃認為工程與技術可讓學生測試正在發展的科學知識，並將科學知識運用於生活中的實際問題上，當學生認識科學、工程與技術間的交互作用關係時，可增加學生對科學的理解與興趣（NRC, 2012）。

　　NGSS 網站附件 A 明白指出，學習科學與工程，可藉由運用正在發展的科學知識，去解決實際的問題，而深化對科學的理解；將工程與技術統整於科學課程，可賦權學生運用所學於日常生活中，而於長大之後，就有潛能面對整個社會更大問題，設法加以解決（https://www.nextgenscience.org/resources/ngss-appendices）。總之，科學、工程、技術等學科領域對於整個社會與地球環境具有重大影響與貢獻，學習含括 STEM 教育的科學領域知識，強調知識的運用與解決實際生活中的問題，在當代與未來人工智能社會愈發顯得重要，是科學教育的重要目標。

四、小結

　　自 1960 年代進入建構主義後，在科學教育上日漸確立探究教學的重要地位，1996 年的 NSES 甚至明確指出探究教學的五個共同成分——投入、探索、解釋、擴展、評量。2013 年，三向度整合設計的NGSS及其母文件《K-12 科學教育架構》有別於NSES的單向度，勾勒科學教育的最新發展——在原本NSES探究基礎上強調實踐，即科學社群產生知識的方法或步驟；著重實踐與內容知識交織並重，並明確地納入工程等學科領域於科學教育，確立代表科學、技術、工程與數學整合性「STEM 教育」的地位。此波發展在教育方面的意涵包含三方面：教育目標上著重運用與解決問題，教育內容上納入STEM於科學領域中，教育方法上強調於實作中學習科學知識。此一美國幼兒園到高中階段科學教育的新發展，似乎已逐漸引領各國科學教育界與幼兒教育界的科學教育。

第二節　各國幼兒科學教育的發展

上節探討以美國為首的科學教育新近發展，以及分析這波發展在教育上的意涵，本節則論述世界各國幼兒教育中的科學教育發展概況，主要包含美國本身、英國、澳洲、中國等重要文件、法規或政策，讓讀者更加理解幼兒科學教育的趨勢走向。

一、美國

美國自 NGSS 及其母文件《K-12 科學教育架構》發表後，2014 年代表美國幼兒教育界最具影響力的全美幼兒教育協會（National Association for the Education of Young Children, NAEYC）公開背書全美科學教師協會（National Science Teacher Association, NSTA）所發表的「全美科學教師協會立場聲明：幼兒科學教育」（*NSTA Position Statement: Early Childhood Science Education*）。該聲明認同涵養幼兒好奇心的價值與重要性，主張在理解 NGSS 下，提供聚焦於科學內容與實踐的經驗。科學經驗是幼兒日常遊戲及與人互動的一部分，教師必須提供一個鼓勵提問、計畫調查與討論發現的學習環境（NSTA, 2014）。

最重要的是，該聲明指出當幼兒探查世界萬象如何運轉時，有能力發展概念上的理解與運用推理及探究技能，即有能力從事科學實踐，所以要強調八項科學與工程實踐的學習。幼兒需要從事科學探究的多元機會或經驗，建議教師準備好讓孩子投入科學探究的豐富、正向與安全之探索環境，仔細規劃開放、探究為基礎的活動，以引領與聚焦孩子的興趣與能力，並且強調成人在幼兒學習科學的核心及重要角色（NSTA, 2014）。換言之，在幼兒教育界具高影響力的 NAEYC 完全贊同與支持 NGSS 及其母文件的最新觀點。

2020 年，NAEYC 歷經各方專家多次研討修訂，頒布指導幼兒教育的最新版立場聲明《合宜發展的實務》（*Developmentally Appropriate Practice*），簡稱

DAP，涵蓋的對象自出生開始到 8 歲。其中，兒童發展與學習原則中的第三項指出：「遊戲促進快樂學習，培養自我管理、語文、認知與社會能力，及各學科內容知識，對所有孩子是很重要的」。這裡的遊戲並非放任的遊戲，也非教師掌控的遊戲，而是位於二者間的引導式遊戲，因孩子的遊戲與探索難以劃分，在遊戲中探索，也在探索中遊戲，所以 NAEYC 的發展與學習原則所強調的是「引導式探究」（NAEYC, 2020, p. 9）。

至於有關幼兒 STEM 教育的現況，自 NGSS 在科學教育中賦予 STEM 重要位置外，2016 年教育部發布《STEM 2026：STEM 教育創新的一個願景》（*STEM 2026: A Vision for Innovation in STEM Education*）報告，提出八大挑戰任務，明確指出從幼兒時期就要開展 STEM 教育，即將 STEM 教育融入既有幼兒教育體系中（US Department of Education, 2016）；接著，進而與健康及人類服務部共同提供幼兒 STEM 資源——《讓我們說、讀、唱 STEM》（*Let's Talk, Read and Sing about STEM!*）給一般家庭與教育者，以支持學前時期 STEM 教育（US Department of Health and Human Service, 2016）。2018 年底，美國科學與技術委員會（National Science and Technology Council, NSTC），又發布五年計畫《規劃成功之路：美國 STEM 教育策略》（*Charting a Course for Success: America's Strategy for STEM Education*），目標為建立 STEM 生態系統環境，讓所有美國人都終身受惠於高品質 STEM 教育，掃除 STEM 文盲，並使美國成為 STEM 創新的全球領袖（NSTC, 2018）。

二、英國

2021 年，英國教育部頒布最新修訂版《幼年基礎階段法定架構：出生至 5 歲孩童的學習、發展與照顧標準》（*Statutory Framework for the Early Years Foundation Stage: Setting the Standards for Learning, Development, and Care for Children from Birth to Five*），簡稱 EYFS，是 5 歲前幼兒階段教育之最高指導法規。此法規指出有效的教與學之三個原則是：(1)遊戲與探索——讓孩子探查與體驗事

物、試試看；(2)積極學習——如果遭遇困難，孩子會專注與持續地嘗試，並能享受成就感；(3)創造與批判性思考——孩子擁有並能發展自己的想法、連結不同的想法與發展操作事物的策略（UK Department for Education, 2021a, p. 16）。可見探究、創造、解決問題是 EYFS 幼兒階段教與學很重視的指導原則。

EYFS 指出，發展與學習的七個領域是：溝通與語言、體能發展、個人及社會及情緒發展、文學閱讀、數學、理解世界、表達藝術與設計。其中，理解世界係指引導孩童意義化他們的物理世界與社區，培養對文化、社會、技術與生態上多樣性的周遭世界之理解，此份文件基本上認為人類世界包含自然世界與人為社會世界，二者間關係密切。EYFS 針對自然世界的學習目標為：(1)探索周遭自然世界，觀察與繪畫動植物；(2)藉由體驗與閱讀，知道周遭自然世界與對比環境的異同；(3)了解周遭自然世界的重要過程與變化，包括四季與物質狀態的改變（UK Department for Education, 2021a, pp. 14-15）。

此外，英國教育部也頒布《發展至關重要：幼年基礎階段的非法定課程指引》（*Development Matters: Non-statutory Curriculum Guidance for the Early Years Foundation Stage*），對四大領域提供各年齡層的學習內涵與如何支持孩子學習的例子（UK Department for Education, 2021b）。筆者簡要節錄 3 至 4 歲的學習內涵與支持例子如表 2-2-1 所示，俾利讀者更加了解其內容與如何教學。從英國的這兩份文件，清楚可見幼兒科學教育強調親身體驗的探究與解決問題，如觀察、比較、操作、提問、查找書籍與網上資料等，與美國 NGSS 及其母文件所主張的實踐與解決問題大抵相同。

雖然兩份文件上並沒有提到 STEM，但是已經關注到人為世界與自然世界的密切關係，事實上在 2015 年英國政府已經關注 STEM 政策，曾投入巨資於 STEM 相關師資的培訓計畫。2017 年英國脫歐後，發表《建立我們的產業策略綠皮書》（*Building Our Industry Strategy: Green Paper*），提出十項主軸建設，意欲打造具高競爭力的工業與經濟國家；其中特別指出正視企業短缺 STEM 人才問題，投入大量資金改善一般民眾的基本技能與建立科技教育系統等（UK

HM Government, 2017）。總之近年來，英國不遺餘力地投入 STEM 政策，如大量培訓 STEM 教師、建立科學學習網絡、舉辦科技大賽與啟動高教 STEM 計畫等。

表 2-2-1　英國《發展至關重要》3 至 4 歲學習內涵與支持例子之節錄

3 至 4 歲的學習內涵	如何支持學習的例子
·運用所有感官於自然素材的操作探索	·提供有趣的自然環境，讓幼兒在戶外自由探索。 ·蒐集供探究與討論的自然素材（如種子、石頭等）與工具（如放大鏡、有放大鏡 APP 的平板電腦），並鼓勵孩子談論看到什麼。
·探索具有異同屬性的材料	·示範觀察、調查與提問的技巧。 ·計畫與介紹新詞彙，鼓勵孩子運用於討論他們的發現與想法。
·探索事物如何運作	·提供機械設備讓孩子玩弄與探究，如發條玩具、滑輪等。
·種植種子與照顧生長中的植物	·呈現與解釋自然材料的生長、變化與腐爛，如可讓孩子觀察隨時日成長與腐爛的種子與球莖；讓孩子照顧動物並探索生命周期像是毛毛蟲或雞蛋孵化。
·了解植物與動物生命周期的主要特徵	·計畫與介紹與探究內涵有關的新詞彙，當孩子照顧動植物時鼓勵他們運用於討論。
·開始理解、尊重與照料自然環境及所有生物的需要性	·鼓勵孩子查閱書籍、網上資源，以支持其探索並擴展知識與思考方式。
·探索與討論幼兒可以感受到的不同力量	·吸引孩子注意到「力」，如當在水面壓住塑膠船時，水往上推；我們可以拉扯鬆緊帶、折斷樹枝，但卻無法彎曲金屬棒；磁鐵的吸引力與相斥力。 ·計畫與介紹與探究內涵有關的新詞彙，並鼓勵孩子使用它。
·談論材料與所注意到的變化之間的區別	·提供幼兒機會去改變物質的狀態，如烹煮活動結合不同的食材，然後冷凍或加熱；將冰塊放在陽光下，然後撒鹽看會發生什麼事。 ·探索不同物質如何浮與沉。 ·探索如何透過某些材質發光，但有些則不能；探索影子。 ·計畫與介紹與探究內涵有關的新詞彙，並鼓勵孩子使用它。

資料來源：筆者整理自《發展至關重要：幼年基礎階段的非法定課程指引》（UK Department for Education, 2021b）

三、澳洲

2019 年，澳洲政府頒布最新修訂版《歸屬、現狀和形成：澳洲幼年學習框架》（*Belonging, Being & Becoming: The Early Years Learning Framework for Australia*），簡稱 EYLF，是 0 至 5 歲最高指導法定文件。吾人從其所倡的原則中，大致可看出整份文件強調經驗性學習、遊戲中學習與解決問題。八項教學原則之一是透過遊戲而學習，「遊戲提供一個支持性的環境，讓孩子可以提問、解決問題與進行批判思考」（Australian Government Department of Education, Skills and Employment, 2019, p. 17）。同時，此份文件也指出，教師要有意圖地教學，運用諸如示範、開放提問、質疑、解釋、分享思考與解決問題等策略，以擴展孩子的思考與學習（Australian Government Department of Education, Skills and Employment, 2019, p. 18）。

此外，在五項學習成果中的第四項「兒童是自信而投入的學習者」，也可看出澳洲政府對幼兒發展與學習的期望目標──孩子發展學習的情性，如好奇、合作、自信、創造力、堅持、想像、彈性等；孩子發展一系列技巧與程序，如解決問題、探究、實驗、假設、推理與調查等；孩子透過與人、地、科技、自然與加工過材料的連結而學習（Australian Government Department of Education, Skills and Employment, 2019, p. 37）。整份文件對幼兒教育提出原則性的主張，但沒有說明各領域教學的內涵與方法，無法看出幼兒科學教育是如何進行，不過吾人仍可意會澳洲政府對幼兒科學教育的立場與培育目標是探究與解決問題，當幼兒在遊戲時教師則提供引導性支持。

然而，澳洲政府投入許多經費與人力，將 STEM 教育向下延伸至學前階段，甚至與 EYLF 連結，例如：教育與訓練部於 2015 年規劃了數位學習資料庫「學習潛能」（Learning Potential），涵蓋嬰兒至高中階段，有網路版與手機 APP 版（https://www.learningpotential.gov.au/）。2018 年，由教育部資助 Canberra 大學發展「澳洲幼年學習 STEM 方案」，簡稱 ELSA（Early Learning STEM Australia）（https://elsa.edu.au/about/），是以遊戲、探索為基礎的 STEM 數位學習方案（Logan et al., 2017），與 EYLF 連結，能促進學前幼兒投入 STEM 學習並建立幼兒教師的能力。另外，2019 年還正式推動長達五年的幼兒 STEM 教育計畫——概念性遊戲實驗室（Conceptual PlayLab），由澳洲 Monash 大學教授 Marilyn Fleer 主持，目標是建立一個以遊戲與想像為基礎，以形塑幼兒 STEM 概念的「概念性遊戲世界」（https://www.monash.edu/conceptual-playworld/home）。

四、中國

2012 年，中國教育部發布幼兒學習與發展最高指導文件《3-6 歲兒童學習與發展指南》，在文件前面說明處指出實施指南要把握四方面，其中第三項「幼兒的學習是以直接經驗為基礎，在遊戲和日常生活中進行的。要珍視遊戲和生活的獨特價值……支持和滿足幼兒通過直接感知、實際操作和親身體驗獲取經驗的需要……」，以及第四項「……要充分尊重和保護幼兒的好奇心和學習興趣，幫助幼兒逐步養成積極主動、認真專注、不怕困難、敢於探究和嘗試、樂於想像和創造等良好學習品質……」（中國教育部，2012，頁 2）。

至於學習領域共有五個：健康、語文、社會、科學、藝術，而科學領域包含科學探究與數學認知。「幼兒的科學學習是在探究具體事物和解決實際問題中，嘗試發現事物間的異同和聯繫的過程……。幼兒科學學習的核心是激發探究興趣，體驗探究過程，發展初步的探究能力……充分利用自然和實際生活機會，引導幼兒通過觀察、比較、操作、實驗等方法，學習發現問題、分析問題和解決問題……」（中國教育部，2012，頁 32）。筆者綜合科學探究的目標與教學建議如表 2-2-2 所示。綜上可見，中國的幼兒科學教育是在遊戲與生活基礎上，去探究與解決問題，也強調教師引導幼兒探究。

表 2-2-2　中國《3-6 歲兒童學習與發展指南》科學探究的目標與教學建議

目標	教學建議
1. 親近自然 喜歡探究	1. 經常帶幼兒接觸大自然，激發其好奇心與探究欲望。 2. 真誠地接納、多方面支持和鼓勵幼兒的探索行為。
2. 具有初步的 探究能力	1. 有意識地引導幼兒觀察周圍事物，學習觀察的基本方法，培養觀察與分類能力。 2. 支持和鼓勵幼兒在探究的過程中積極動手動腦尋找答案解決問題。 3. 鼓勵和引導幼兒學習做簡單的計畫和記錄，並與他人交流分享。 4. 幫助幼兒回顧自己探究過程，討論自己做了什麼，怎麼做的，結果與計畫目標是否一致，分析一下原因以及下一步要怎樣做等。
3. 在探究中 認識周圍 事物和現象	1. 支持幼兒在接觸自然、生活事物和現象中積累有益的直接經驗和感性認識。 2. 引導幼兒在探究中思考，嘗試進行簡單的推理和分析，發現事物之間明顯的關聯。 3. 引導幼兒關注和了解自然、科技產品與人們生活的密切關係，逐漸懂得熱愛、尊重、保護自然。

資料來源：筆者整理自《3-6 歲兒童學習與發展指南》（中國教育部，2012，頁 32-37）

　　在 STEM 教育方面，整個國家政策是很重視的，甚至也施及幼兒教育階段。2017 年初，中國教育部頒布《義務教育小學科學課程標準》，倡導跨學科的 STEM 學習方式，提倡項目學習、問題解決教學。同年年中，中國教育科學研究院在成立 STEM 教育研究中心的基礎上，召開第一屆 STEM 教育發展大會，並發表《中國 STEM 教育白皮書》（中國教育科學研究院，2017），以及啟動中國 STEM 2029 創新行動計畫。2018 年，又發布《STEM 教師能力等級標準》與召開《STEM 課程標準》專家論證會。目前，一些省市已將 STEM 教育列入地方教育重點工作，鼓勵開展課題研究，包含幼兒園層級，如廣東省、江蘇省等。

五、小結

綜上所述，可見世界各國的幼兒科學教育，也大致反映科學探究、實踐與重視解決問題的教育目標，並強調遊戲中學習與教師的引導。雖然在重要課程文件上，尚未將 STEM 納入幼兒科學教育內涵中，但是許多國家政府或多或少已投入大量經費於發展 STEM 教育或培育相關人才，甚至將 STEM 教育向下延伸至學前教育階段。

2012 年，臺灣教育部頒布《幼兒園教保活動課程暫行大綱》，並於 2017 年正式成為幼兒園課程最高指導文件《幼兒園教保活動課程大綱》。此份文件實施通則中指出，「重視幼兒自由遊戲，及在遊戲中學習的價值，讓幼兒得以自主的探索、操弄與學習」（教育部，2017，頁 8）。整份課綱有六大領域：身體動作與健康、認知、語文、社會、情緒、美感，認知領域含生活環境中的數學、自然現象與文化產物三個學習面向（教育部，2017，頁 31）。三項認知能力包括蒐集訊息、整理訊息及解決問題；認知領域「自然現象」的課程目標有：蒐集自然現象的訊息、整理自然現象訊息間的關係、與他人合作解決生活環境中的問題。可見臺灣的課綱也重視探究或實踐、解決問題（教育部，2017，頁 31-33）。

在課綱中雖沒有提及 STEM 教育，事實上少數大專校院幼兒教育學系已經開設 STEM 相關科目，教保人員研習中也出現 STEM 知能培訓。值得一提的是，2019 年教育部開始推動十二年國教，其三大核心素養之一即為自主行動，課程則新設科技領域……，可以說十二年國教提供 STEM 或自造者教育的發展空間與契機（方朝郁，2018；朱珮禎、曾淑惠，2018），讓幼兒階段的 STEM教育可向上銜接，這是可喜的現象，然而筆者認為在幼兒教育階段仍有努力的空間，將於本書第九章的結論與建議中論述。

3

幼兒科學教育的
基本要素

上一章探討位居科學教育龍頭角色的美國之新近發展與各國幼兒科學教育的最新發展。不過,吾人皆知幼兒教育階段非常不同於其他階段的教育,如小學、中學等,有其理念或最高指導原則,這些理念或原則也指導著其下的幼兒科學教育的施行,所以極有必要探討幼兒教育理念下的課程與教學。本章第一節遂先探討幼兒教育理念下的課程與教學,第二節進而整合前一章科學教育的最新趨勢,提出幼兒科學教育的應然目標、內容與方法,即幼兒科學教育的基本要素。

第一節　幼兒教育理念下的課程與教學

幼兒教育一向持有一些重要理念或原則,指導著各領域的課程與教學。本節首先探討這些理念或指導原則,其次提出依據這些理念所形塑的課程與教學實務樣貌。

一、幼兒教育的理念

幼兒教育一向關注兒童身心的全面發展,著重有如學習社群的社會性建構,

並且推崇遊戲／探究在學習上的價值，以下分別探討這些被奉為圭臬的教育理念。

（一）全人發展

幼兒教育非常重視全人均衡發展，因為兒童的生理、心理、智能各方面是相輔相成、交互影響，共同作用後發展為一個個體，筆者將其間關係比如一個三足鼎立的動態對流迴路，形成錯綜複雜的關係（周淑惠，2006）。亦即人的生理影響心理，心理影響智能……；反之，心理也會影響生理，生理也會影響智能……；在另一方面，智能也會同時影響心理與生理，而心理也會同時影響智能與生理……。如此交互且共同影響、持續動態作用著，例如：語言發展遲緩勢必影響認知學習與人際社會關係，甚至造成情緒不佳進而影響生理健康……。因此，全人各方面必須均衡的發展，培養完整兒童（The whole child）是幼兒教育一向服膺的信念。

再從腦神經科學的角度而言，人的腦部是高度相互關聯的器官，它的多元功能是以相當協調的方式而運作。在人的一生歷程中，認知、情緒與社會能力是必然地交織糾纏，情緒上安和與社會能力提供認知的一個有力基礎，他們同時也共同形成人類其他發展的根基（National Scientific Council on the Developing Child, 2007）。換言之，幼兒的各領域發展是彼此關聯且統合的，幼兒時期各方面健全發展都可能是未來成功的必要條件，身、心、靈均衡發展是幼兒教育之最高指導原則。

從上一章第二節世界各國幼兒教育的重要文件，就可確知全人發展是幼兒教育的最高宗旨，例如：美國 NAEYC 最新版的立場聲明 DAP，第二項兒童發展與學習原則指出：「孩子所有領域的發展——體能、認知、情緒、社會、語文都很重要，每個領域間彼此相互支持」（NAEYC, 2020, p. 9）。英國教育部最新版的 EYFS 指出，發展與學習有七個領域，他們都很重要並且是相互連結的（UK Department for Education, 2021a, p. 7）。澳洲政府最新版的 EYLF，意

識到身、心與靈的連結性，注意孩子各方面的發展，所以提出八項教學方法，第一項是「整合性教學法」（Holistic approach）（Australian Government Department of Education, Skills and Employment, 2019, p. 16）。

（二）社會文化論（社會建構論）

近年來，兒童發展與學習學術派典逐漸轉移至 Vygotsky（1978）之「社會文化論」——高層次的心智功能源自於社會與社會互動的結果，在社會互動中透過相互主體性或共享理解，形塑個體的心智思維（Berk, 2001）；此一理論指出社群共構的學習方式，挑戰幼教界一向所持的黃金假定——開放自由的遊戲對幼兒是最合宜的，以及教師在幼兒遊戲中扮演不干預角色（Edwards et al., 2010; Fleer, 2010）。筆者綜合社會文化論的主要觀點為：(1)社群共構——幼兒雖然具有建構知識的能力，但是人類的心智生活源起於社會，並在社會中與人共構而獲得知識；(2)鷹架引導——幼兒具有潛能發展即「近側發展區」，教學必須提供鷹架引導，以創造幼兒的近側發展區，提升其發展；(3)語文心智工具——語文為個人內在與社會之心智橋樑，即溝通、表徵與探究的工具，仲介幼兒的學習（周淑惠，2017a）。

社會文化論逐漸成為各國幼教重要文件所立基的理論，例如：美國NAEYC（2009）第三版的 DAP，其教學決定核心考量除了舊版的二項——孩子發展與學習及個別差異外，明顯地加入孩子所處的社會文化情境，成為重要指導架構。這重要架構也持續出現在最新版，如第一項行動指導方針「建立一個關愛且公平的學習者社群」（NAEYC, 2020, p. 15），強調每個社群中的成員都被珍視且相互支持；第二項行動指導方針「與家庭建立互惠性夥伴關係，促進社區聯繫」（NAEYC, 2020, p. 18）。另外，澳洲的 EYLF 明白指出：社會文化論是幼教工作者可運用的理論觀點，及提供發展與學習社會文化情境的重要性（Australian Government Department of Education, Skills and Employment, 2019, p. 12）。澳洲政府之所以提出整合性教學法，除意識到全人發展外，也意識到孩子、家庭、

社區的連結性以及互惠關係與學習夥伴的重要性，所以認為學習是一個社會活動，珍視合作性學習與社區參與（Australian Government Department of Education, Skills and Employment, 2019, p. 16）。

（三）遊戲／探究

遊戲是幼兒的重要生活內涵，也是主要的學習方式，對幼兒的價值無限。筆者曾綜合文獻，歸納遊戲的作用為：(1)情緒／社會發展——包含社會、情緒與道德三個面向，其實質作用為促進自我管理與調節情緒、遠離自我中心並能觀點取代、增進社會性技巧與利社會行為；(2)認知發展——包含促進概念與知能發展，激發想像、創造與解決問題能力，以及增進其他認知能力三大方面；(3)語言發展——包含口說語文表現與書面語文表現兩方面；(4)體能發展——包含大小肌肉兩方面（周淑惠，2013）。正因為遊戲的多元價值，所以一向為幼教學者所尊崇。

從世界各國幼兒教育的重要文件，就可確知遊戲／探究是幼兒教育所認同的主要教與學方式，例如：美國 NAEYC 最新版的 DAP，第三項兒童發展與學習原則指出，遊戲促進快樂學習，培養自我管理與各領域知能，對所有孩子是很重要的（NAEYC, 2020, p. 9）。英國最新版的 EYFS 指出有效的教與學三原則中，第一項就是遊戲與探索——孩子探查與體驗事物、試試看（UK Department for Education, 2021a, p. 16）。澳洲 EYLF 的八項教學原則之一是透過遊戲而學習，指出遊戲提供一個支持性的環境，可擴展孩子的思考以及增強求知學習的慾望（Australian Government Department of Education, Skills and Employment, 2019, p. 17）。

值得注意的是，遊戲與探索往往相生相隨、緊融密織，很難劃分，例如：幼兒初次接觸新玩具或到一新鮮遊戲環境時，禁不住立即投入遊戲的誘惑，通常是一面遊戲一面探索，在遊戲的氛圍下探索著，同時也在探索的氛圍下遊戲著，旁觀者也很難分辨他到底是在遊戲還是在探索，像是幼兒原本在滑梯上向

下滾著小球，後來找到二塊木板，遂搭在石頭上形成斜坡，繼續滾著球；過程中，幼兒不時地調整木板的斜度，也加入其他物件（如小石頭、彈珠等），歡笑聲不斷。針對以上遊戲情節，無怪乎有所謂的「探索性遊戲」或「遊戲是一種廣泛的探索」等說法，但重要的是，探索與遊戲行為聯合發生後，往往能產生創造行為（周淑惠，2011；Cecil et al., 1985; Wood & Attfield, 2006）。

從探究的角度而言，它包含一連串的細部行為——觀察、推論、預測、紀錄、訪談、驗證、溝通等科學程序能力，在遊戲中也會出現這些行為或運用這些能力，例如：幼兒拿到手電筒時通常會很興奮地把玩、四處亂照，當見到手電筒拿近拿遠，所投射出物體的影子也會跟著變化大小時，在好奇心驅使下，可能形成「推論」或「預測」，然後用行動去「驗證」他的想法——不斷地對著物體把玩手電筒，將手電筒或物體調近、調遠或從不同角度操作，「觀察」與「比較」投影的效果，最後將其發現大聲宣布或手舞足蹈地宣示（溝通）。說實在的，這個孩子在遊戲中探索著，也在探索中遊戲著。

二、幼兒教育的課程與教學

以上三項理念著實引領與形塑幼兒教育的課程與教學，分述如下。

（一）課程

在重視全人發展、培養完整兒童的理念下，自然提倡關注各領域發展的統整性課程，而圍繞於生活中孩子感興趣的議題而組織的統整性課程，就是「主題課程」，它提供了不同領域學習目標的連結基礎（Bredekamp, 2017）。這個主題通常寬廣包含多個概念，是一個有中心論點的組織架構，乃透過網絡圖的繪製而整合相關概念與各領域活動，使具「統整性」（Beane, 1997; Krogh & Morehouse, 2014）。美國的 DAP 第七項兒童發展與學習原則指出，孩子以整合各學科領域方式學習（NAEYC, 2020, p. 12）；澳洲的 EYLF 在全人發展基礎上提出的整合性教學法，即主張統整性的課程與教學（Australian Government Department of Education, Skills and Employment, 2019, p. 16）。

其實，主題課程的特性還有「探究性」，相對於傳統把學科知識當成教育的目的，統整性主題課程較把知識當成「教育的工具」，孩子一面探究、一面運用知識並獲得知識，知識成為蒐集資料、理解與解決問題的工具（Beane, 1997）。而只有當學科知能助益於研究議題上的理解，與協助孩童理解他們的學習，才是真正應有的統整（Krogh & Morehouse, 2014）。亦即真正統整的主題課程是學科知能於主題探究歷程中，得以發展與運用的課程；若於主題課程中提供真正探究機會，孩子一面探究、一面運用與發展知能，自然會到達課程統整的境界。綜上所述，筆者將主題課程定義為：通常是師生共同選定與生活有關且含涉多學科面向的議題或概念，作為學習之探討主題，並且設計相關的學習經驗，試圖「探索」、「理解」該主題，及「解決」探究過程中相關的問題，以「統整」該主題脈絡相關的知識與經驗。它的特徵是探究性與統整性，有名的義大利瑞吉歐、美國方案、臺灣主題探究課程等皆屬之（周淑惠，2017a，頁5）。

（二）教學

上述主題課程乃立基於強調社群共構、鷹架引導等重要理念的社會文化論（建構）（周淑惠，2006，2017a）。由於幼兒教育重視遊戲／探究的價值，在教學實務上非常強調幼兒的遊戲／探究；然而，在社會建構論的理念指導下，主張師生共構的遊戲，或是在遊戲／探究中施以鷹架引導，而非完全放任孩子自由遊戲／探究，即所謂的「引導式遊戲／探究」（Guided play/inquiry）。也就是誠如 Yelland（2021）所言，目前普遍認為幼兒時期的課程與教學，最好發生在教師搭鷹架支持幼兒學習的遊戲情境。

美國 NAEYC（2009）第三版的 DAP 核心考量之一是，提供挑戰與可實現的經驗，以激發幼兒的近側發展區潛能；教學是有意圖的，明示為幼兒搭構學習鷹架的必要性，以促進孩子的發展與學習。此一重要理念也出現於最新版的

第三項兒童發展與學習原則——當孩子被挑戰超越目前能力時，發展與學習向前躍進，而教師提供支持或鷹架是有效教學的關鍵。又如澳洲的 EYLF 提出「有意圖的教學」（Intentional teaching），乃意識到學習發生於社會情境中，且互動與對話對於學習至關重要，所以建議積極地透過有價值與挑戰性的經驗來促進幼兒的學習，並且運用諸如示範、開放提問、質疑、解釋、思考分享與解決問題等鷹架策略，以擴展孩子的思考與學習（Australian Government Department of Education, Skills and Employment, 2019, p. 18）。

三、小結

幼兒教育一向崇尚全人發展、社會建構、遊戲／探究的理念，指導著它的課程與教學實務。首先在課程上，傾向採用來自生活中、幼兒感興趣、具探究性與統整性的「主題課程」，它是透過網絡圖的繪製以整合主題概念與各領域活動。其次在教學上，主張實施遊戲／探究性教學，不過在社會文化論影響下，強調師生共構遊戲內涵或是提供引導鷹架，以提升幼兒的發展，所以基本上重視「引導式遊戲／探究」。這樣的課程與教學主張自然影響著幼兒科學教育，即幼兒科學教育是具統整性與探究性主題課程中的一部分，實施引導式遊戲／探究教學。

第二節　幼兒科學教育的目標、內容與方法

本節綜合科學教育的最新發展、各國幼兒科學教育的現狀，並試圖在幼兒教育理念及課程與教學框架下，提出幼兒科學教育應該如何實施，即幼兒科學教育的課程與教學要素——目標、內容與方法，俾利實務工作者參考。目標代表要達到什麼境界或期望幼兒做到什麼，即「為什麼」教；內容係指要教「什麼」給幼兒，方法則是指在這些目標與內容下，要「如何」教給幼兒。

一、課程與教學目標

教育部十二年國教 108 課綱以「核心素養」作為課程發展的主軸，以落實課綱的理念與目標，它是指「一個人為了適應現在生活及面對未來挑戰，所應具備的知識、能力與態度」（https://12basic.edu.tw/12about-3-1.php），傳達培養全人的概念。而知識、能力與態度類同在課程與教學目標所慣用的認知、技能與情意用語，幼兒科學教育的目標主要在「培養科學素養人」，所以又可分為認知、技能與情意三項目標，如圖 3-2-1 所示，這三項目標猶如三角錐的三面撐起幼兒科學教育椎體，三者缺一不可，分述如下。

圖 3-2-1　幼兒科學教育的目標

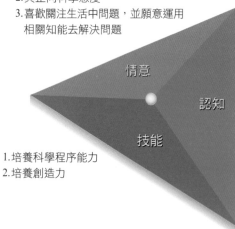

1.喜歡探究與愛護、欣賞自然
2.具正向科學態度
3.喜歡關注生活中問題，並願意運用相關知能去解決問題

情意

認知

技能

1.獲得科學知識
2.認識 STEM 與運用知識
3.解決生活中問題

1.培養科學程序能力
2.培養創造力

（一）認知目標

幼兒科學教育的認知目標是指獲得科學知識、認識 STEM 與運用知識、解決生活中問題。首先，獲得科學知識係指幼兒在「充足經驗」與「實踐行動」

（運用探究能力：觀察、比較、紀錄、推論、實驗、溝通等）下所獲致的知識，而且能再次複製行動以表徵與溝通知識，相對於密集聽講與背誦下所得的知識，是真正理解的狀態。其次在認知目標上，除傳統三學科的科學知識外——生命科學、地球科學與物理科學，也期望幼兒能認識 STEM 是什麼。STEM 是透過設計、製作與精進的「工程程序」，並運用與整合幾個領域知識，來解決生活中的問題，所以幼兒還必須能運用所學的相關知識於所遭遇問題上，設法加以解決。

　　認識 STEM 與運用知識成為科學教育的重要目標，即幼兒要能歷經工程程序並運用與整合知識以解決問題，實作 STEM。吾人皆知認知領域有六個層次——記憶、了解、運用、分析、評鑑、創造，幼兒實作STEM不僅要了解知識，而且也要運用相關知識於生活中問題，最後產生製作物解決問題。而在解決問題的歷程中，幼兒必須辨識情境以定義所遭遇的問題、發展可能的解決方案，並評比各解決方案；在選定方案後，還得經過實作與測試階段；最後還必須設法優化改良。整個過程涉及認知領域的較高層次：運用、分析、評鑑、創造，所以幼兒科學教育的認知目標是高層次的活學知識、活用知識與解決問題，而非低層次記憶、背誦式的「死」知識。

　　整部人類歷史的進步就是一部創造發明史，然而人們若欲創造發明，則必須仰賴「科學」知識的運用並透過「工程」程序加以實現，例如：擴增實境（AR）技術的問世是工程師運用影像原理與電腦科學而研發的；顯微鏡的出現是運用光學原理而發明的。亦即僅僅著重於科學或科學知識是不夠的，科學知識要能被實際運用，並與其他學科領域整合，如工程設計、數學計算、技術運用等，方能產生具體成果有所創造發明，這就是認識STEM與運用知識的價值，人類社會得以進步的主因。幼兒階段若能開始關注生活中問題並運用相關知識透過工程程序加以解決，將來才有可能有能力關注社會中各項重大問題並試圖解決。

（二）技能目標

　　幼兒科學教育的技能目標主要是指獲得科學知識的方法，強調過程中運用的技能，也就是所謂的「科學程序能力」或探究能力。在今日知識爆炸與不斷更新的時代，而且社會問題層出不窮，讓幼兒擁有求知探究的能力更形重要。筆者曾歸納相關文獻，提出適合幼兒的主要探究能力為觀察、推論、預測／實驗（驗證）、溝通；不過，在觀察、實驗（驗證）的過程中還可能涉及其他程序能力的運用，如事物的比較、分類、排序、紀錄、測量、查找資料、運用數字、運用時空關係等（周淑惠，1998），例如：「觀察」葉片時，發覺多有不同，於是將其以照相機「紀錄」下來，以便回教室後進行進一步「比較」並進行「分類」；水窪消失「實驗」（驗證）中，將不同時間（早上來園、正中午）、空間（太陽下、陰涼處）所「紀錄」的結果加以「比較」，並也「比較」「實驗」（驗證）前的「預測」與「實驗」結果，這也涉及「運用時空關係」。

　　科學程序能力或探究能力與美國 NGSS 及其母文件的科學「實踐」，都是指獲得科學知識的方法，前者純粹從求得科學知識的技能角度表述，例如：觀察、推論、實驗、比較等；而實踐則較以求得科學知識的步驟順序陳述，例如：提出問題、規劃與執行調查、建構解釋，以及獲得、評估與溝通資訊等，不過它也夾雜著探究技能，例如：「使用數學與計算思考」。誠如第二章第一節所述，實踐是在探究的基礎上，不僅強調需要技能，在實際運作時還涉及知識、心智思考、社群交流及身體行動，筆者以為其實是更加地重視探究行動，期望學生在學習科學時能在社群氛圍中思考與親身體驗這些實踐，即在實踐行動中獲得科學知識。

　　筆者認同Charlesworth（2016）提出的幼兒科學探究程序（步驟），將其稍加修改為完整的五個步驟：(1)「計畫」簡單的調查或實驗；(2)「執行」簡單的調查或實驗；(3)「蒐集」調查或實驗資料；(4)「解釋」所蒐集的資料；(5)「溝通」調查或實驗結果。重要的是，在探究過程的每個步驟，都或多或少地必須

運用以上幾項科學程序能力，表 3-2-1 清楚顯示無論是筆者所贊同的基於 Charlesworth 之五項科學探究程序，或者是臺灣《幼兒園教保活動課程大綱》的認知領域目標、美國 NGSS 的科學與工程實踐，都需在探究歷程中運用相關的探究能力，即科學程序能力。

表 3-2-1　幼兒科學探究程序及科學程序能力

科學探究程序或步驟		
Charlesworth 科學探究程序	幼兒園課綱 認知目標	NGSS 科學與工程實踐
計畫簡單的調查或實驗	蒐集訊息	提出問題（科學）與定義問題（工程）
執行簡單的調查或實驗	整理訊息	發展與運用模型
蒐集調查或實驗資料	解決問題	計畫與執行調查
解釋所蒐集的資料		分析與解釋資料
溝通調查或實驗結果		使用數學與計算思考
		建構解釋（科學）與設計解決方案（工程）
		從證據中進行論證
		獲得、評估與溝通資訊
科學程序能力		
觀察、推論、預測／實驗（驗證）、溝通 測量、比較、分類、排序、紀錄、查找資料、運用時空關係、運用數字等		

資料來源：筆者自行整理

　　讓幼兒運用探究能力或實踐行動以獲得科學知識，是很重要的，可以說科學知識是實作出來的，知識是活躍建構的，例如：幼兒自行調整兩塊或更多木板的斜度，去觀察、實驗、比較並下結論有關彈珠滾動的速度、距離與木板斜度的關係；或者是幼兒自行調整自製陀螺的重心高低、力臂長短，去觀察、實驗、比較並下結論有關陀螺轉動的時間與重心、力臂的關係。如上的遊戲情節，從自己行動中學習與獲得科學知識，不僅讓幼兒的學習更加深刻富有印象，而且更能深化理解，帶來有意義的學習效果，甚而也帶給幼兒學習的樂趣。

　　此外，認識 STEM 與運用知識、解決生活中問題也是科學教育的重要認知

目標，所以工程實踐也是重要的技能目標。工程實踐與科學實踐非常類似，其差異在於：一個是提出問題，一個是定義問題（困境或需求）；一個是建構解釋，一個是設計解決方案。筆者則將工程實踐簡化為「設計（確認目標、計畫與選擇）、製作（動手做、測試）與精進」三大程序（周淑惠，2020），而在工程實踐的過程中，同樣也需運用科學程序能力或探究技能，如表 3-2-1 所示。STEM 已納入科學教育中，筆者認為 Guarrella（2021）所言甚是，在解決問題的 STEM 情境中，更能整合科學程序能力，例如：在工程過程中要「比較」、「預測」、「測試」工程設計；在技術方面要運用科學的工具與數位產物「觀察」，運用照相機與攝影機「紀錄」並線上「溝通」；在數學方面要「分類」、「排序」、以圖表「紀錄」與「溝通」等。職是之故，將科學程序能力或探究力稱之為「解決問題能力」，也不為過。

　　由於運用與整合相關知識，最後產生製作物解決問題的 STEM 教育，無異於生產「創造」，當然必須運用創造力——變通力（想法的質變）、流暢力（想法的量變）、獨特力、精進力，所以除了探究能力之外，它也是幼兒科學教育的重要技能目標。獨特力是與眾不同的能力，有別於窠臼、俗套或眾人之見。前三項類同「擴散思考能力」，即能往四面八方思考不受侷限；而精進力即所謂的優化、完善的能力，使作品或產物精益求精更上一層樓，必須運用「聚斂思考能力」方能達成，有別於以上三項能力。

　　至於流暢力與變通力的區別在於前者係指想法的數量多，後者乃指想法的質量類別多。基本上，個體必須具備彈性、變通的心態與思維，方能產生多元類別想法（周淑惠，2011），例如：當問及影印機印壞的回收白紙可以做什麼？除了想出可「反面直接利用」（當計算紙、墊油膩的飯盒、玩○×○×遊戲等），及可「摺製」成有用物品（可搧風的紙扇、裝餐中骨頭的紙盒、可玩的紙球或紙飛機等）外，還想到可「裁剪」成其他物品（鏤空的窗花、剪成紙條黏成串圈門簾、裁成紙條編織圖案等），甚至是「撕開」使用（當喜慶灑花用、當燃火引紙），「揉搓」成有用之物（丟人的紙團或無聊時的投籃遊戲、裝入

包裹空隙中的防撞隔墊），或「攪打」成紙漿（做再生紙）等數個類別想法，那麼變通力就算高。

（三）情意目標

　　幼兒科學教育的目標不僅要讓幼兒知道如何從實作行動中獲得科學知識（認知與技能），而且也要培養幼兒喜歡求知探究，具有正向科學態度。情意目標主要是指培養幼兒的科學情操與態度，包括好奇、發問與喜歡探究之心，對自然環境的愛護與欣賞，以及客觀、審慎、堅毅、合作、開放等的正向科學態度。此外，運用知識、解決問題是幼兒科學教育重要的認知目標，所以在情意面向也要培養幼兒喜歡關注生活中問題，並願意運用相關知識與能力去解決這些問題（與 STEM 結合），這在當代與未來社會是很重要的。筆者以為，喜歡關注與運用知識於解決生活中問題，讓知識是鮮活的運用狀態，在努力行動中可見運用的成果或實際問題被解決，對幼兒而言是非常富有情境與意義性，足可激發濃烈的學習興趣。

　　以上認知、技能、情意三項目標對幼兒科學教育都很重要，吾人期望幼兒喜歡探究與愛護及欣賞自然，並能秉持正向科學態度，在實踐行動中運用科學程序能力與創造力，去獲得科學相關知識；更樂見幼兒喜歡關注生活中問題，並且願意運用相關知能去實作 STEM，以解決問題。三項目標缺一不可，猶如欲吃富有優質蛋白質的魚貨，則必須喜歡釣魚並具有釣魚能力，方能愉快地釣到魚與吃到魚。

二、課程與教學內容

　　承前一章當代科學教育的內容已納入「工程、技術與科學運用」（STEM），筆者曾整理幼兒科學教育合宜的教學內容，包括生命科學（動植物）、地球科學（生存環境）、物理科學（自然力量）（周淑惠，1998），今

再匯入當代趨勢的STEM，成為四大領域內涵，如圖 3-2-2 所示。圖中四大領域下含各項概念，如物理科學包含電、光、聲音、磁鐵與簡易機械，而每項概念下都還有次概念，如光概念下有功用、影子形成、反射與顏色等次概念。事實上，這四大領域甚至各領域下概念、次概念間是相互關聯的，例如：動物與植物是交互影響的：動物為植物傳宗接代、植物是動物的食糧、動物以植物為家；動植物均孕育於地球環境中，地球環境遭受人類破壞而反撲；物理科學（自然力量）影響人類生活，人類也運用科學原理改變自然環境……。以下簡述這四大領域內容，並於第五章分節闡述。

（一）生命科學（動植物）

生命科學是研究生物的特性、涉及生長及變化的生命周期與生物的環境。後皮亞傑學派認為幼兒具有一些先天的認知結構，可以促進學習如生物，因為幼兒可以用自己的例子加以推論印證（Inagaki, 1992），所以動物、植物這些易學易懂的領域可作為幼兒科學探索的出發點。幼兒對於小動物天生充滿好奇與流露情愛，不少幼兒家中豢養貓、狗、兔等寵物，或有飼養金魚、鳥、烏龜等的經驗，探究動物主題對幼兒而言，是具有高度興趣且是非常具體的經驗。

在另一方面，植物是幼兒生活環境中相當熟悉之物，不但每天所見有植物（如室內盆栽、公園植株、遊戲場老樹等），而且也食用各種植物（如蔬菜、水果、種子），探究植物主題對幼兒而言，有相當多的舊經驗可作為學習參照點、易於理解，且其食用及實用功能足可促動幼兒的探索興趣。然而，動植物彼此依存、關係密切，在探討動物或植物時，也應順帶含括「動植物間關係」。適合幼兒探討的動植物基本概念，將於第五章幼兒科學教育的課程內容深入探討。

（二）地球科學

地球科學係研究地球上物質的特性、地球的變化，以及太陽對地球的影響

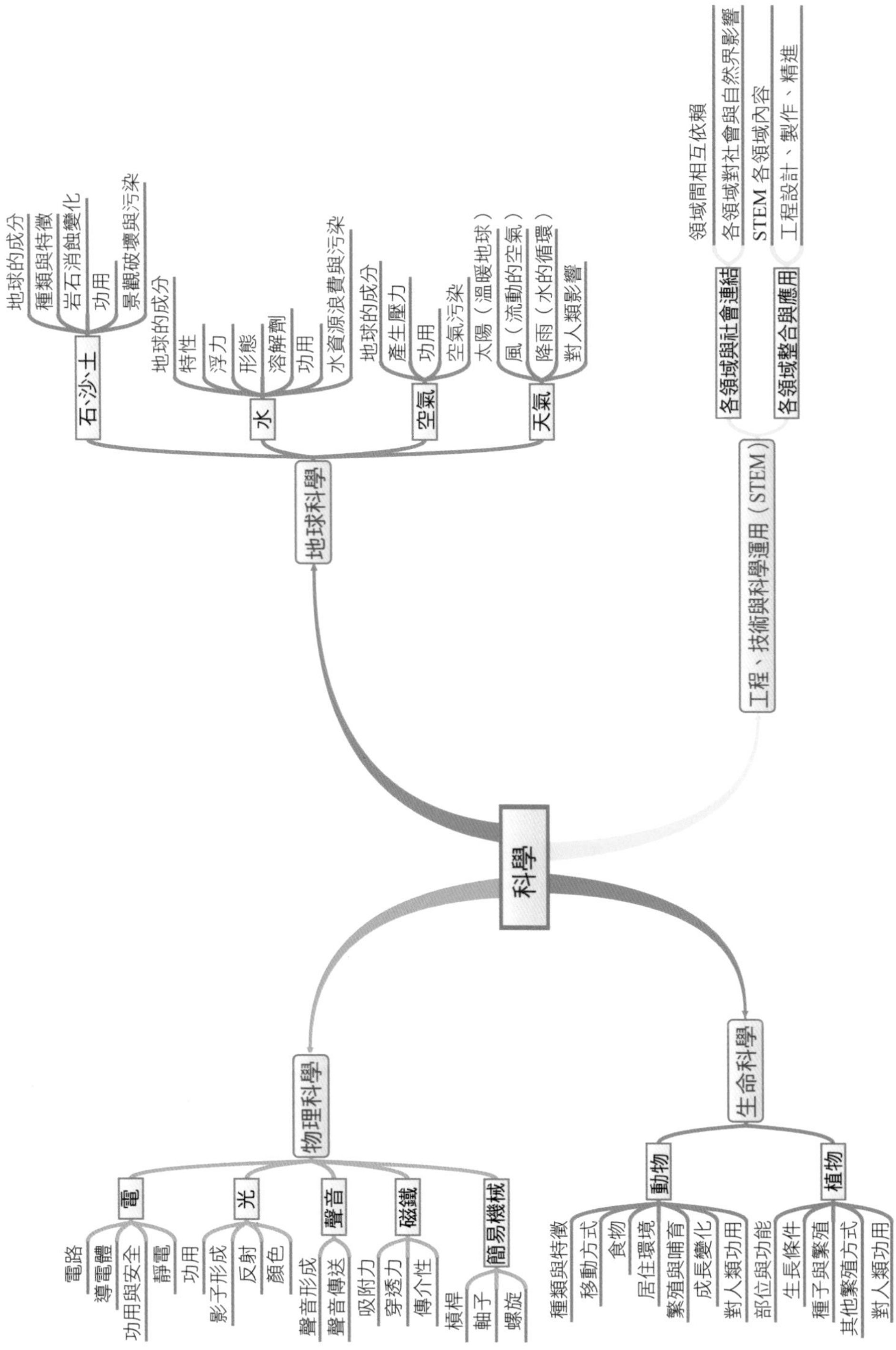

圖 3-2-2　幼兒科學教育的教學內容

科學

地球科學

石、沙、土
- 地球的成分
- 種類與特徵
- 岩石消蝕變化
- 功用
- 景觀破壞與污染

水
- 地球的成分
- 特性
- 浮力
- 形態
- 溶解劑
- 功用
- 水資源浪費與污染

空氣
- 地球的成分
- 產生壓力
- 功用
- 空氣污染

天氣
- 太陽（溫暖地球）
- 風（流動的空氣）
- 降雨（水的循環）
- 對人類影響

工程、技術與科學運用（STEM）

各領域與社會連結
- 領域間相互依賴
- 各領域對社會與自然界影響

各領域整合與應用
- STEM 各領域內容
- 工程設計、製作、精進

物理科學

電
- 電路
- 導電體
- 功用與安全
- 靜電
- 功用

光
- 影子形成
- 反射
- 顏色

聲音
- 聲音形成
- 聲音傳送

磁鐵
- 吸附力
- 穿透力
- 傳介性

簡易機械
- 槓桿
- 軸子
- 螺旋

生命科學

動物
- 種類與特徵
- 移動方式
- 食物
- 居住環境
- 繁殖與哺育
- 成長變化
- 對人類功用
- 部位與功能

植物
- 生長條件
- 種子與繁殖
- 種子繁殖方式
- 其他繁殖方式
- 對人類功用

作用。人類生存於地球之上，其表面被多元物質所覆蓋，包括固體的土地地貌，如高山、沙漠、島嶼、峭壁等，約占地表面積十分之三；液體的水域，如溪、河、湖泊與海洋等，約占地表面積十分之七；以及地表之上由許多氣體所圍繞的大氣層。這些覆蓋物不僅形成美麗的地理景觀，也是人類與萬物賴以維生的場所，對人類太重要了。幼兒每日腳踩「土地」（土壤、沙、石頭）、飲用「清水」、呼吸「空氣」、享受溫暖「陽光」，而陽光、空氣與水的交互作用形成天氣狀況，影響人類環境與生活至鉅。以上這些景觀與自然現象伸手可及，對幼兒而言非常具體且易於探究，而且幼兒均喜歡玩沙、玩水、享受陽光或製造影子等。

　　整個地球環境對人類實在太重要了！然而它已遭受嚴重破壞，如空氣污染、水資源浪費與污染、水土侵蝕與污染等，更甚的是「溫室效應」所引發的諸多連帶性問題，將對地球環境造成難以回復的災難，如何保護我們的生存環境成為當前重要課題。態度、觀念、習慣、情操的養成非一蹴可幾，環保必須從幼兒階段開始做起，此無怪乎近幾年來，各國的科學課程除強調科學探究外，更著重科學、科技、社會三者間關係，培養學童關注、探討與整個社會有關之議題。總之，在當前整個地球環境遭受污染、破壞之際，實有必要讓幼兒探討、關注我們的生存環境，以養成愛護環境之心。適合幼兒探討的地球環境基本概念有四：石、沙、土，水，空氣，及天氣，將於第五章詳細探討。

（三）物理科學

　　物理科學主要研究各種物質或物體的特性與其運動的規律。聲音、光、電是大自然界的能量，可以提供各種動力、推動或改變物體的狀態；磁鐵則具有磁力，是一種能吸引或排斥物體的力量，這些都是大自然界的自然現象，與人類生活密切相關，頗值探討。此外，人類運用機械、藉轉換能量或力量來替人類節能、省力，許多複雜的機械均由簡易機械原理所構成，是生活上所不可或缺的，均是頗值幼兒探討的主題。

　　幼兒生性好奇、熱衷探索，想發現日常生活中的物體為何及如何發生作用，自出生後就一直以各種感官與肢體探索周遭環境與物體的特性，例如：以手震動物體，會發出聲音，且金屬材質聲音特別響亮；以不同力度推或拉物體，會影響物體運動的速度與距離；調整物體與光源的距離，會致使影子變大變小等。於是在好奇的探索行動中逐漸理解簡單的因果關係，所以探究以上物理科學的內涵對幼兒而言，是很符合天性自然的行動。適合幼兒探討的物理科學基本概念有五：聲音、光、電、磁鐵、簡易機械，將於第五章深入探討。

（四）工程、技術與科學運用（STEM）

　　工程、技術與科學運用即所謂的 STEM，包含二個面向：首先是各領域與社會連結，即領域間是相互依賴與彼此成就的，共同對社會、自然界具有影響，含正面與負面的作用；其次是這幾個領域透過工程程序（設計、製作、精進）而整合與運用，以解決人類所面臨的問題。筆者以為，實作 STEM 運用所學於解決生活中問題，可為日後解決人類社會問題而奠基，例如：當幼兒為讓寵物快樂嬉戲，於是透過工程程序完成平衡穩固的寵物貓遊戲高臺或小倉鼠的遊戲樂園後，看到自己運用探究能力與學科知識的成果，一定會充滿成就感；這樣的經驗不僅加深相關知識的理解，獲致解決問題能力，而且也會充滿學習的興趣，更加關注生活中問題，有利於日後關注與解決社會中問題。至於幼兒科學的內容包含運用知識與解決問題的 STEM，是基於以下幾項理由的（周淑惠，2018b，2019）。

1. 培養幼兒解決問題的能力

　　筆者很認同美國《K-12 科學教育架構》的觀點：教育應協助學生認識科學與工程在應對當代人類社會問題與挑戰上，是很有作用與幫助的（NRC, 2012）。的確，當今人類社會有諸多問題有待解決，例如：如何產生充足與替代的能源、如何預防與治療疫情與傳染疾病、如何供給乾淨的水與食糧、如何解決全球氣候暖化與環境變遷等問題。所以在科學教育中，協助幼兒尋找生活

或遊戲中的問題，並鼓勵幼兒運用科學等知識與工程程序加以解決，是相當重要的部分，可為未來解決社會問題之能力而預備。

2. 預備人工智能時代所需能力

當今人類社會不僅充滿各項嚴重問題，而且逐步邁進快速變遷與動盪不安的人工智能時代中，許多工作將被人工智能所取代。凡此種種，吾人必須省思、探索與開創解決之道，筆者曾綜合文獻歸納出探究力、創造力與合作共構力為急迫需求的時代能力（周淑惠，2017a，2020）。STEM 教育正可培養此三種能力，因為 STEM 教育乃以「探究」為主要精神（周淑惠，2017a，2020；Barbre, 2017; Moomaw, 2013），其核心活動——運用工程設計產生製作物，即是一個強調「合作」的「創造」生產歷程；而在創造的歷程中，個體必須運用「探究」能力蒐集資料、尋求原因與測試，以期解決問題並精進製作物，著實符合未來時代的三項能力需求。職是之故，提倡 STEM 教育有其時代意義性，況且全球 STEM 人才短缺已是不爭的事實（Marrero et al., 2014）。

3. 順應幼兒好奇與探究天性

幼兒科學教育的內容包含 STEM，其實正好順應幼兒好奇並以行動探究的天性，符應大腦發展關鍵期的需求（周淑惠，2020）。更甚的是，有許多研究證實幼兒階段學習 STEM 的利多與可行性，例如：它可強化幼兒對學習 STEM 能力的自信、觸發對 STEM 的欣賞（Campbell et al., 2018）；它可讓孩子積極投入活動、使用 STEM 語彙與分享，因此宜將 STEM 學習經驗引入幼兒教室（Tippett & Milford, 2017）。

基於 STEM 教育可培養個體未來時代所需的能力，預備未來公民的解決問題能力，進而可促進國家的競爭力，再加上STEM學習對幼兒的利多與可行性，無怪乎許多國家（如美國與澳洲），已將其向下延伸至嬰幼兒階段。重要的是，

以上四大領域的科學教育內容，應如何組織並呈現給幼兒？在上一節所述幼兒教育框架下，幼兒科學教育宜以幼兒感興趣、源自生活中並具探究性與統整性的主題課程，來組織與設計課程，將於第六、第七章詳細探討。

三、課程與教學方法

前述章節歸納當代科學教育的方法為實踐行動（探究）中學習，而在幼兒教育理念下所推崇的教學是引導式遊戲／探究。的確，遊戲／探究是幼兒學習的主要方式，考量幼兒階段的能力，教師必須輔以合宜的鷹架引導，即幼兒科學教育的教學方法是「引導式遊戲／探究」，此也為美國 NAEYC 背書的「全美科學教師協會立場聲明：幼兒科學教育」所贊同（NSTA, 2014）。以下是在引導式遊戲／探究下，筆者認為對幼兒科學教育的實施具有支持性之重要策略。

（一）規劃探索性環境

幼兒以遊戲／探究認識周遭世界進而建構知識，環境可謂是足以影響教與學的第三位教師（Edwards et al., 2012），因此幼兒科學教育首要刻意準備安全、健康且豐富的探索性環境，讓幼兒有機會從事科學探索（NSTA, 2014）。環境含室內活動室與戶外遊戲場，在活動室方面要規劃學習區（簡稱區角），提供探究工具、素材等讓幼兒觀察、蒐集、組織與表徵證據資料。由於當前科學教育強調運用，融入以製作物解決問題的整合性 STEM 內涵，所以各個區角或多或少與之相關，如科學角、積木區直接相關，而創作區、木工區、益智區等也有一些相關性，也須安排相關材料與工具。

科學源之於自然世界，與大自然密不可分，所以戶外遊戲環境也可像室內一樣規劃成多元區域，讓幼兒安心探索並建構知識，而且要準備可自由拼組、運用並解決遊戲中各項問題的「附加零件」（Loose parts），包括人造物與自然物，也含回收物，這些素材在 STEM 教育上有著關鍵作用。有關室內、戶外環境的規劃與區角（域）內涵，對幼兒科學教育甚為重要，將另闢第四章一、二

節分別詳述。

（二）提供聚焦性經驗

　　幼兒是以各種感官與行動去探索環境，以滿足好奇心並尋求解答，因此幼兒科學教育要滿足以上需求，讓幼兒沉浸在大自然與科學現象發生的情境中，並且提供可親身體驗、與材料充分互動的操作性經驗（NSTA, 2014）；此相對於學習脫離場域或現象情境的隔靴搔癢式聽講、觀看，導致幼兒誤以為現象發生是老師的魔術（Charlesworth, 2016）。因為唯有沉浸在自然中，才能驚艷自然現象的神妙；只有把玩操作，才能見證科技產物的神奇；唯有行動試驗，才能認識物體的特性與理解因果關係。尤其當代科學教育已經融入 STEM 內涵，強調運用知識、透過工程程序以產生製作物並解決問題，更離不開具體性經驗的提供。

　　此外，所提供的經驗是必須植基於孩子的興趣而加以擴展，而且是能被進一步深入探究（Bredekamp, 2017; Worth & Grollman, 2003）。因為孩子在完全理解或抓住概念要義前，需要一段時間去反思與沉澱，知能的建立是需要長久時間的（NSTA, 2014），提供充分的探索時間並能以不同角度、素材、方式深入探究，是非常必要的。就此具探究與統整特性的主題課程，如方案（項目）、瑞吉歐等，是較佳的選擇（Bosse et al., 2013），因為這些整合相關概念與領域活動的課程，容許幼兒對感興趣的議題或現象，從不同面向做長久且深入的探究。有如上一節所述，具探究與整合性的主題課程也是幼兒教育理念下所推崇的課程形態，而且也符合一向強調探究的科學教育與著重整合及運用的 STEM 主張。因此，教師要根據幼兒的興趣選定主題，預先設計相關經驗性活動，或者是追隨幼兒的興趣萌發課程內涵；而無論是預設或萌發的課程，都需具備整合性與探究性，能從不同面向深入探究以聚焦幼兒的經驗。

（三）確保實作性探究

科學即探究，探究是科學學習的主要焦點（Charlesworth, 2016），雖然不同的學者提出不盡相同科學探究技能或是實踐行動（周淑惠，1998；Charlesworth, 2016; Gelman et al., 2010; Greenfield et al., 2009; Guarrella, 2021; Lange et al., 2019; NRC, 2013），但是強調「做」（Doing）或實作科學是大家共同的訴求，幼兒科學教育的不二法門，就是讓幼兒實際運用探究行動建構科學知識。此外，STEM 已經納入科學範疇中，除了科學實踐外也包含工程實踐，幫助幼兒定義問題發展工程實踐，讓他們可以在探究行動下，運用科學等相關知識，設計解決方案以解決問題，也是很重要的。

筆者以為，幫助幼兒發展科學實踐或探究技巧，培養能自行探索並解答疑惑的能力，於當代社會生活非常的重要，科學學習不再是接收與記憶知識，而是在於讓幼兒親身力行探究程序以建構知識。事實上，科學程序能力的發展是相互支持的，一項技能的發展支持著另一項技能的發展，例如：觀察或實驗時以紙筆或照相記錄，提供了比較、討論、解釋能力的發展平臺；比較異同點帶來分類能力的發展；紀錄預測事項有助於驗證、比較（比較預測與實驗／驗證結果的差異）能力的發展等（Guarrella, 2021）。針對各項科學程序能力間的相互發展性，讓幼兒多加運用這些探究能力，不僅能達到熟能生巧的目的，而且也激發其他能力的發展契機，甚至促進工程實踐，以解決問題。以上確保實作性探究將反映於第六章幼兒科學課程的設計原則與示例中。

（四）提供引導性鷹架

在幼兒教育社會建構論的理念下，傾向師生共構的遊戲或在遊戲／探究中施以鷹架引導。幼教界廣為相信，幼兒的課程與教學最好是在遊戲情境，並由教師從中提示與搭建鷹架（Yelland, 2021）；誠如 Worth（2020）所言，發展科學知識或理解不僅要透過直接經驗，而且也要透過孩子與他人的關係，如與成

人或同儕合作、分享思考、互相傾聽與辯論彼此想法，即在社群中共構。尤其是八項實踐（探究行動）需要密集的語言與教室對話，建立科學知識是一個具社會性的公共活動，也就是實踐的運作高度依賴社群，當學生從事實踐時，教師必須給予鷹架支持（Duncan & Cavera, 2015）。不僅科學實踐依賴社群共構或鷹架，而且誠如NSTA（2014）指出，成人在幼兒科學教育上扮演一個核心且重要的角色，成人支持孩子的遊戲，同時也引導注意力、組織經驗、支持幼兒的嘗試，以及調節學習資訊的複雜度與難度，在在需要成人的引導。尤其是雖然幼兒有能力推理思考，但卻建構似是而非的迷思概念，因此 Fleer（1993）揭示幼兒科學教育鷹架論，指出身為教師者應針對這些可能的迷思概念，設法讓幼兒避免建構迷思概念的情境，或是幫助幼兒理解正確的科學概念。

再者，幼兒雖然天生好奇與會探索周邊世界，但是科學性的探究技巧或探究工具的使用，都需要時間去發展與練習，這都必須有賴教師的引導協助（Fleer, 1993; Gelman et al., 2010; Guarrella, 2021; Worth, 2020）；特別是當前科學教育除了探究以回答問題、建構知識外，還納入以工程程序產生製作物、解決問題的 STEM，更需教師提供合宜的引導鷹架。在科學遊戲／探究中的鷹架影響幼兒的探究與建構甚鉅，故另闢第八章詳述，例如：鷹架在主題課程中的運作、鷹架種類、鷹架實例等。

四、小結

綜合本節所述，幼兒科學教育的目標、內容與方法如表 3-2-2 所示，有關幼兒科學教育的課程與活動設計、課程實施的準備事項與教學互動等，均以此為依據，將反映在接續幾章的探討內涵中，並舉實例說明，以連結理論與實務。

表 3-2-2　幼兒科學教育的目標、內容與方法

教育目標	認知	1. 獲得科學知識 2. 認識 STEM 與運用知識 3. 解決生活中問題
	技能	1. 培養科學程序能力（觀察、推論、驗證、溝通等）（即解決問題能力） 2. 培養創造力（流暢、變通、獨特、精進力）
	情意	1. 喜歡探究與愛護、欣賞自然 2. 具正向科學態度 3. 喜歡關注生活中問題，並願意運用相關知能去解決問題
教育內容 （以主題課程組織）		1. 生命科學 2. 地球科學 3. 物理科學 4. 工程、技術與科學運用（STEM）
教育方法 （引導式遊戲／探究）		1. 規劃探索性環境 2. 提供聚焦性經驗 3. 確保實作性探究 4. 提供引導性鷹架

資料來源：筆者自行整理

4

幼兒科學教育的
探索性環境

環境是足以影響教與學的第三位教師（Edwards et al., 2012），環境規劃對幼兒的教與學擔負重大角色。綜合前述章節顯示，探究取向的課程與教學是科學教育的重要方法，因此準備一個豐富可探索的環境讓幼兒投入，就顯得特別重要。筆者極為認同，有效的科學教學始於規劃與組織環境（Bredekamp, 2017; Worth, 2020），以下探討室內探索環境（主要指各班的區角）與戶外探索環境（主要指戶外遊戲場）宜如何規劃。

第一節　室內探索環境——區角規劃

　　一個較為開放的幼兒教室（活動室）通常會規劃一些學習區域，又稱興趣區、興趣中心、角落或區角等，它是一個自我幫助（Self-help）的環境，可讓幼兒依照個別需求與個體當下興趣及狀態差異，自由選擇任一區角與玩教具，以回應幼兒遊戲探索的「個別差異性」（每位幼兒間的行為表現均不同）與「內在個別差異性」（Intra-individual difference）（每位幼兒在一天內各時段、各空間的表現均不同），因此區角的主導性是相對低於團體或分組活動。這些差異性表現在三方面：(1)學習類型——探索建構、精熟練習、好奇觀察與解決問題；

(2)社會接觸——獨自遊戲、合作遊戲與平行遊戲；(3)指導方式——自我指導、合作指導、平行指導、他人指導（Day, 1983）。也就是區角的目的是讓幼兒依自身需求自由選擇遊戲區域與內容。

一個幼兒活動室內區角的種類與數量，教師可依實際的空間條件（如座落位置、面積大小、格局形狀、出入口、水源、儲藏空間等）、幼兒特質（如年齡層、個性、興趣、能力等）與人數、課程需要（如課程形態、主題目標、所要鼓勵遊戲行為與種類等）、經費與資源多寡、教師興趣與專長等，作統整與彈性規劃（田育芬，1987；周淑惠，2008）。筆者曾統整文獻，歸納幼兒學習環境的規劃通則為：遊戲探索、多元變化、健康安全、溫馨美感、互動交流、彈性潛能；基於此通則，區角的設計原則為：做整體性多元區域規劃、依同鄰異分配置原則、示明確界線與內涵、設流暢動線、具綜覽視線、重安全考量、創彈性可變設計、應情境布置（周淑惠，2008，2020）。科學教育內涵既然融入 STEM，所以本節以含 STEM 探索的較全面視角來探討室內探索性環境的規劃。各班則可整合考量上述實際狀況、規劃通則與原則、STEM 探索等因素，彈性規劃區角與內涵。

一、室內區角規劃

在幼兒活動室空間中較常出現的學習區角有益智區、積木區、扮演區、圖書區、創作區、科學區等。有些區角與科學教育較為直接相關，如科學角、積木區，也有區角具有一些相關性，如益智區、創作區、木工區、戲劇區、圖書區等。也就是每個區域或多或少與融入 STEM 的科學教育相關，以下分別說明如何規劃。

（一）科學區

又稱為探索區、科學探索區、科學與數學區等。因為科學內涵涉及甚廣，含生命科學、地球科學、物理科學與 STEM，職是之故，本區通常會安排次區域，如植物角、動物角、沙與水箱角、焦點興趣角、探究工具與材料角、涉及

科學原理或 STEM 的各類科學玩教具角等。以下說明科學區各個小角落的配置與內涵。

1. 動物角

　　動物角可以設置魚缸或養殖箱（如養金魚、小烏龜、蝌蚪、寄居蟹等）（圖 4-1-1a、4-1-1b）、昆蟲箱（如暫時豢養的鍬形蟲、毛毛蟲等）、寵物籠（如小兔子、天竺鼠、小倉鼠等），讓幼兒於照顧小動物中，也能觀察、探究動物的生長、變化與習性。因為動物生長需要陽光與空氣，排泄物與異味要易於消散，也需便於戶外清理，所以最好將動物角設置於窗邊臺面上或門口附近。

圖 4-1-1a　動物角養殖箱　　　　　　圖 4-1-1b　動物角魚缸

2. 植物角

　　於活動室設植物角的目的是為了美化環境、淨化空氣等作用，當然也是為了便於幼兒觀察與探究植物的生長與特性。植物角（圖 4-1-2a）可以種植種子發芽植物，如綠豆芽、苜蓿芽等；葉片發芽植物，如非洲菫（圖 4-1-2b）、秋海棠等；走莖發芽植物，如吊蘭、草莓等；塊莖發芽植物，如馬鈴薯等；或是種植水耕蔬菜、插水即活的萬年青；或是插放鮮花等，讓幼兒親手栽植、照料。不過，植物生長需要陽光、空氣，所以最好將植物角設置於窗邊臺面上。窗邊還可以貼上玻璃紙或懸掛、擺放裝色水的透明瓶，產生一些光影色彩變化，也能帶來美的感受（圖 4-1-2c、圖 4-1-2d）。

圖 4-1-2a　植物角

圖 4-1-2b　植物角的非洲菫

圖 4-1-2c　窗上的玻璃貼紙

圖 4-1-2d　色水透明瓶

3. 沙與水箱角

　　筆者非常喜歡美國麻州大學 Skinner Lab School 活動室內的帶輪可四處推動之沙與水箱（圖 4-1-3a、圖 4-1-3b、圖 4-1-3c），可方便幼兒隨時探索沙與水的特性或是沙與水的混合狀態，同時也可解決戶外空間不足無法設置沙坑與小水塘的問題。建議附加漏斗、容器、模型、滴管、鏟子、篩盤、可組裝的透明PVC管、花灑等玩沙與水玩具，增加遊戲的豐富與複雜性。但是，沙與水箱容易滋生細菌，需要通風、陽光照射與定期清理、更換，所以最好設置於鄰近出入口處，方便推至戶外清理、陽光消毒，同時也便於推至別班使用。沙與水箱平日不用時，將蓋子蓋上就可當觀察紀錄桌使用（圖 4-1-3d）。

圖 4-1-3a　沙與水箱

圖 4-1-3b　水箱

圖 4-1-3c　沙箱

圖 4-1-3d　水箱變成觀察紀錄桌

4. 焦點興趣角

　　此角可以放置與主題相關的實物，以引起探究動機，例如：「小機械大妙用」主題可以陳列開瓶器、開罐器、披薩輪刀、手搖鑽等，甚至是壞掉的削鉛筆機、發條玩具等，讓幼兒探究齒輪、槓桿、輪軸等原理；「交通工具」主題可以陳列各種玩具模型汽車、船隻、飛機、繪本等；「動物的家」主題可以陳列鳥巢、蜂窩、寄居蟹與其貝殼等。此外，配合季節變化的一些自然物，如枯枝、蘆葦、松果、蟬殼、飄落的楓葉、特殊紋路的石頭等，亦可陳列於此讓幼兒探究。

5. 探究工具與材料角

　　此角是科學探究或實驗時的一些基本工具與材料之陳列角落，例如：溫度計、天平、量尺、量杯、手電筒、放大鏡、光桌、各式鏡片（圖 4-1-4a）、滴管、漏斗、培養皿、電路組、螺絲釘與帽、紀錄板等，甚至是可供幼兒查詢資料的平板電腦、圖鑑、小百科全書、手機等，可供記錄的照相機、錄音機等，均可陳列於此角內。建議可善加利用手機中的 APP 來探究植物、小昆蟲等。

圖 4-1-4a　科學區探究工具：鏡片

6. 科學玩教具角

　　此角備有具科學原理的玩教具，諸如市售的齒輪建構組、坡軌組合（圖 4-1-4b）（註：坡軌亦可用紙捲、寶特瓶、PVC管等讓幼兒於網格上自行組裝，如圖 4-1-4c）、磁力建構片（棍）、樂高積木組合（與齒輪、輪軸、滑輪、槓桿原理結合的樂高組）等，可以放在桌面、地面操作，或是安裝在牆面或櫃背，讓幼兒探究、創意操作與組裝，完成一個能產生某種效果的製作物（如讓彈珠

滾落至定點的坡軌裝置，或是運用滑輪、齒輪可將物體上下運載的吊車）。這些玩教具不僅可讓幼兒體驗人類智慧結晶的多元「技術」產品，而且還可讓幼兒歷經「工程」的設計、製作與精進活動，體驗物理科學中的諸多原理，如簡單的結構力學、斜坡、磁力，以及輪軸、滑輪、齒輪等簡易機械。

圖 4-1-4b　安裝於牆面的坡軌組合　　圖 4-1-4c　幼兒自行組裝的坡軌（親仁幼兒園）

　　此角還可備有編程玩教具，讓孩子運用簡單程式指令，如前行、左轉或右轉等，使玩具產生一定效果或解決問題（如吃到起司、擊倒物品、找到寶藏等），從中體驗空間推理、邏輯思考、計數等，涉及技術、科學、工程、數學等面向，例如：老鼠機器人（吃起司）（Robot Mouse）、蜜蜂機器人（Bee Bot）、OZOBOT（可順著軌道線路走）、多節毛毛蟲編碼（Code-a-Pillar）（毛毛蟲的每節上有一個指令鍵，幼兒須將各節指令排序，即連結成依指令行走的毛毛蟲）等玩教具。甚至是不插電（Computer Science unplugged, CS unplugged）的編程教具，如機器跑跑龜（Robot Turtles）等。當然此區也可陳列教師與幼兒運用「科學」原理、透過「工程」程序共同製作的教具，例如：運用磁力原理製作的釣魚遊戲、利用電路原理製作的配對遊戲（圖 4-1-5a）或手眼協調教具、利用輪軸原理製作的小汽車，以及運用反作用力原理製作的打槳快艇（圖 4-1-5b）、風力車等。

圖 4-1-5a　動物與食物配對　　　　　　圖 4-1-5b　打槳快艇

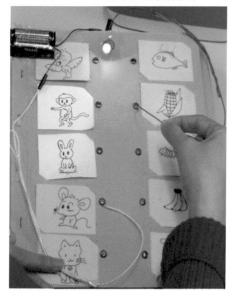

（二）積木區

又稱之為建構區、操作區、大肌肉發展區等。此區通常備有常見的不同材質積木，如木質的單位積木、Kapla積木（圖 4-1-6a）、炭燒積木、紙質的磚塊積木（圖 4-1-6b）、膠質的樂高積木，或可連接或組裝的 PVC 管等。在科技進步的今日也有較為特殊設計的積木，如配合彈珠能建構成軌道的 Cuboro（圖4-1-6c）積木、配合鏡片可建構物體的大型鏡子探索積木、具有磁力的大型磁力建構片（棒）、結合齒輪的大型齒輪探索積木等。這些積木不僅能讓幼兒體驗人類智慧結晶的多元「技術」產品，重要的是讓幼兒歷經「工程」活動，體驗物理科學中簡單的結構力學、斜坡及物體運動、齒輪系統運作、光的反射等。更甚的是，可以運用涉及比例、計算、空間推理等的「數學」，以及運用平衡、韻律、變化與張力等的「美感」原則於建構活動中，與 STEAM 結合，例如：建構各式橋樑、高樓、坡軌（可滾球、彈珠、圓柱體積木等）、高速公路、具高架纜車的遊樂園、動物園、創意小屋等。

圖 4-1-6a　單位與 Kapla 積木

圖 4-1-6b　紙質的磚塊積木

圖 4-1-6c　可建構彈珠軌道的 Cuboro 積木

圖 4-1-6d　組合軌道與牆邊圖書

　　建議此區保留較大空間，讓幼兒可盡情地延伸建構並保留作品一段時間，以供進一步改善優化。而為了創意建構，建議此區還須提供多元配件，例如：各種人物、交通工具、動物、小球、彈珠、可組合的軌道等。此外，亦須提供相關繪本或小百科全書，如橋樑、大樓、高速公路等（圖 4-1-6d），供幼兒於工程建構時隨時參閱，以及擺放設計草圖紀錄紙等，供幼兒於建構前先行思考、設計。

（三）創作區

又稱之為藝術區、美勞區、工作區等。此區與運用工程程序、產生製作物以解決問題的 STEM 教育有些關係。有些幼兒園限於空間，將創作區與木工區結合。本區大致可分為三個部分。

1. 材料角

創作區宜提供多元材質，像是各種受畫材質，如圖畫紙、棉紙、蠟紙、色紙、壓克力版、石頭、蛋殼等；各種作畫材質，如鉛筆、蠟筆、水彩、壓克力顏料、麥克筆、毛筆、彈珠（滾珠畫）、磁鐵（磁鐵畫）、鐵沙（鐵沙畫）、蠟燭（滴蠟畫）、懸吊的鐘擺裝置（鐘擺畫）等。立體工的材質更為多元，如棉線、毛線、黏土、塑膠板、毛根、冰棒棍、牙籤、吸管、木片、木條、鐵片、鐵絲、磁鐵、鋁箔紙、玻璃紙等。這些立體工的創作也可運用多元的回收材料，如紙盒、紙箱、紙杯、紙盤、紙捲、竹籤、寶特瓶、鐵罐、棉布、線軸、麻繩等。

孩子從以上材料可以感受不同材質物體的特性，例如：鋁箔紙會導電、蠟紙不吸水、蠟油乾後變成固體、壓克力顏料乾後具防水性等；並且也體驗一些科學原理或現象，例如：作畫於棉紙與棉布上的毛細作用，運用磁鐵創作磁鐵雕或鐵沙畫的磁力原理，運用滴瓶懸吊創作鐘擺畫的鐘擺原理並感受物體運動的軌跡，運用寶特瓶與竹籤製作車子的輪軸原理等。而當運用科學原理與工程程序產生製作物時，必定涉及整個製作物結構的平衡穩固，整個歷程充分結合科學、技術、工程等領域。

2. 工具角

工具角宜提供裁切釘鑽工具，例如：剪刀、美工刀、雕刻刀、打洞機、裁紙機、小鑽、手搖鑽、鐵鎚、板鋸、弓鋸等，尤其是與木工區結合的活動室，

後面幾項工具不可或缺；也必須提供膠黏或連接工具，例如：膠帶、膠水、白膠、釘鎚、兩腳釘、釘書機、木頭膠、熱熔膠、螺絲釘帽等。此外，一些特殊創作工具，如供立體創作的 3D 列印筆、編織用的簡易模具或勾針、刮畫用的刮刀、滴蠟畫用的滴管等，也要備於此角。在老師叮嚀安全使用規則與提供示範鷹架下，幼兒適度運用這些工具是沒有問題的，如圖 4-1-7a 至圖 4-1-7d 新竹市大庄國小附幼的幼兒一樣。

圖 4-1-7a　幼兒使用工具

圖 4-1-7b　幼兒使用工具

圖 4-1-7c　幼兒使用工具

圖 4-1-7d　幼兒使用工具

3. 保護與清潔用具角

例如：在操作黏土工或進行糨糊畫時，鋪在桌面、防止桌面汙穢的防汙墊、托盤等；切割紙張或其他物品時，墊在桌面、防止桌面刮傷的保護墊；創作活動後清潔桌面用的抹布、小掃把等；創作時穿在身上、保護外衣潔淨的防護圍兜等。

（四）木工區

此區與運用工程程序以產生製作物解決問題的 STEM 教育，也很有關係。木工區因容易產生噪音，通常多安排在比鄰或連接活動室的另一空間（圖 4-1-8a）、寬闊的走廊邊（圖 4-1-8b）或戶外開放空間專區（圖 4-1-8c）、專門的室內空間，是室內創作角的延伸，有些幼兒園限於空間與創作角結合。此區除各式木頭、木片、木條、甘蔗板、竹條、鐵片、鐵絲等材料外，還必須要有裁切釘鑽的各種工具，例如：板鋸、線鋸（鋸弧度用）、手搖鑽、電鑽、鐵鎚等，以及膠黏連接工具，例如：木頭膠、熱熔膠槍、釘子、螺絲釘帽、角鐵等。值得注意的是安全第一，因此防護工具，如保護眼睛的透明硬膠眼罩、工作手套、工作圍裙、防止吸入塵屑的口罩等，不可或缺。

圖 4-1-8a　比鄰活動室的木工區（天堂鳥幼兒園）

圖 4-1-8b　寬闊走廊邊的木工區（高峰幼兒園）

圖 4-1-8c　戶外的木工區（莞城第一幼兒園）

（五）益智區

又稱之為小肌肉操作區、手眼協調區、認知發展區等。為配合科學教育內涵，除原有的拼圖、串珠、釘板、七巧板、牌卡、盤面、棋類遊戲等外，宜加重小型建構遊戲類教具，讓幼兒體驗科學原理與工程建構，例如：小樂高、齒輪組、坡軌組、磁力棒、百變巧拼、編程遊戲等，即上述科學區中的科學玩教具。

（六）戲劇區

又稱之為娃娃家、家政區、扮演區等。此區具統整各領域作用，因為孩子為了戲劇演出（人身戲劇、傀儡臺、光影戲等），必須製作道具、戲服，布置舞臺，產生音效或特定視覺效果，這就涉及運用「科學」原理、「工程」程序、「技術」手法、「數學」知能，與 STEM 教育接軌。因此，除了傀儡臺（或從圖書區借用）與較為開放的道具，如布塊、塑膠布、垃圾袋、紙箱、透明片等之外，很多材料都可從各個區角支援，如創作區、木工區、積木區等，也可直接在其他區角製作、改裝，例如：大庄國小附幼的幼兒們將傀儡臺改良成影偶戲臺（圖 4-1-9a、圖 4-1-9b），甚至自製影偶戲臺演出（圖 4-1-9c、圖 4-1-9d）。

圖 4-1-9a　改良傀儡臺成影偶臺

圖 4-1-9b　製作影子棒偶

圖 4-1-9c　自製影偶臺

圖 4-1-9d　自製影偶臺嘗試投影

（七）圖書區

又稱之為語文區、故事區、讀寫區等。為了配合科學教育內涵，圖書區當然必須陳列正在進行主題的科學相關繪本、圖鑑或小百科，引發幼兒查找、觀察與探究科學現象，例如：下雨前後天空與環境變化的《下雨了》、小種子因風力飛揚一生境遇的《小種籽》、地球環境變化的《小房子》、毛毛蟲蛻變為蝴蝶的《好餓的毛毛蟲》、涉及槓桿原理的《在圓木橋上搖晃》等。此外，亦

可加入激發幼兒解決繪本中問題的 STEM 活動相關繪本，例如：《母雞蘿絲去散步》（問題：為了防止狐狸入侵農莊，如何幫母雞或農場設計防衛機關？），《機械如何運轉：逃出動物園》（*How Machines Work: Zoo Break*）（問題：如何幫助各種動物逃出動物園？）（圖 4-1-10a），《三隻山羊嘎啦嘎啦》（問題：為使山羊不受怪獸威嚇，如何幫助山羊另造一座橋？）。除了相關科學圖書外，其他像是電腦、平板等探究工具（圖 4-1-10b），錄音機、耳機、有聲圖書等有關「技術」產物，也應在此區陳列。

圖 4-1-10a　《逃出動物園：機械如何運作？》

圖 4-1-10b　幼兒上網查詢電腦資料

二、小結

綜合上述，可知科學區的內涵涉及廣泛，包括：動物角、植物角、沙與冰箱角、焦點興趣角、探究工具與材料角、科學玩教具角等；至於其他每個區角或多或少與科學教育均有相關，因為科學教育內涵已經納入 STEM，如創作區、木工區、益智區等，尤其是涉及物理科學相關活動的積木區，例如：設計與空間推理、方位、速度有關，且能接住球的坡軌；搭蓋與結構力學有關，且結構體平衡穩固的橋樑、高樓、高速公路等建物。綜合各區所涉及與科學教育相關的區角素材，大致可分為以下幾類：

1. 各類玩教具

　　涉及建構遊戲（各類操作、軌道、磁力、探索等積木）、科學原理（輪軸、齒輪、滑輪等）、編程（含軟、硬體）、AR、益智等類玩教具。

2. 供探究及製作的工具與材料

　　STEM 教育的核心精神是探究，提供幼兒探究工具是必要考量，例如：電腦、平板、手機、觀察紀錄用（照相機、錄音機等）等供探究的工具。此外，提供各種製作工具（如剪裁鑽鋸、膠黏連接、測量、繪圖等）、多元製作材料（如紙材、布料、黏土、塑楞板、冰棒棍、毛根、鐵絲、木板、木塊等），以及各類回收再利用材料（如紙箱、紙盒、紙捲、寶特瓶、布塊、線繩等），以產生製作物並解決問題，也是很重要。

3. 運用科學原理的自製玩教具

　　例如：運用磁力、電路、反作用力、輪軸、聲音、空氣等科學原理，師生所共同製作的玩教具。

4. 相關圖書與繪本

　　涉及科學原理或現象及與 STEM 相關的繪本、圖鑑或小百科等。

5. 保護與清潔用具

　　包含在安全第一考量下的保護用品與區角環境清潔的維護用具等。

6. 供觀察的動植物

　　例如：小倉鼠、金魚、小烏龜等小動物與各種室內無毒植栽。

第二節　戶外探索環境——遊戲空間規劃

幼兒科學教育除了可在室內區角進行外，戶外遊戲場是最直接接近大自然的可探索場域，宜在課程中整合地運用；因為科學與 STEM 根源於大自然，當孩子親近自然，STEM 知識就綻放了（Wiedel-Lubinski, 2020）。如上一節所述，幼兒學習環境的規劃通則為：遊戲探索、多元變化、健康安全、溫馨美感、互動交流、彈性潛能，筆者基於此通則並綜合文獻，提出戶外遊戲場規劃與設計原則為：做整體性多元區域規劃、設組織各區的循環且分支動線、重自然景觀與微氣候、創挑戰、創意與想像情境、保留白或彈性空間、重安全與定期維護（周淑惠，2008）。值得注意的是，戶外遊戲場的空間規劃，必須統整考量面積與方位、室內外空間關係、自然與人為環境條件、所欲強調的遊戲行為、經費多寡等，與室內空間同宜做整體性的多元區域規劃。

誠如 Essa（1992）所言，戶外區域品質的提升，也可像幼兒活動室內區域劃分一樣，創造一些明確的學習區域。戶外遊戲場通常規劃的區域有：組合遊戲結構區、自然種植區、沙／土水與地形變化區、硬表層區、草坪嬉戲區、動物觀察區等空間。其實，在戶外遊戲空間中，每個區域或多或少均與融入 STEM 的科學教育相關，主要是因為整個空間充滿陽光、空氣、水、沙／土、植物等自然元素，再加上搭配運用多元「附加零件」，讓幼兒於大自然環境的遊戲／探索中，也能在豐富的遊戲內涵下解決遊戲中的問題，並從中體驗生命、地球與物理科學及 STEM 經驗。以下首先介紹戶外遊戲空間的靈魂角色——附加零件，其次探討戶外遊戲空間各區域的規劃與內涵。

一、戶外遊戲區的附加零件

「附加零件」的原文是 Loose parts，其意是環境或戶外遊戲場中可移動的材料或物件，且可供自由操作與組合，最早是由 Nicholson（1971）所提出，其

後在幼教界廣被運用，包括人造物與自然物，也含回收物（Frost, 1992; Rivkin, 1995），筆者將其翻譯為附加零件。它可自由拼組、運用並解決遊戲中各項問題，激發廣泛多樣的遊戲形式，在 STEM 教育上具關鍵作用。

（一）人造物

人造物附加零件的類別不勝枚舉，包括玩教具、工具、材料、用品（含回收再利用物）等，例如：各種物品（纜線軸、輪胎、木箱、塑膠箱、紙箱、寶特瓶、奶粉罐等），各種工具、用具或機械（鏟子、槌子、水桶、水管、花灑、漏斗、篩子、鍋盆、滑輪等），各種材料（磚塊、木板、木條、布塊、泡棉塊、紙捲、PVC 管、毯子、垃圾袋、塑膠布、塑膠繩、麻繩等），有輪玩具（小手推車、三輪車、滑板車、玩具卡車、怪手卡車等），一般玩具（球、娃娃、機器人、大積木等）。建議園方或教師平日可以分類蒐集，豐富幼兒遊戲的可能性。

這些人造物可以單項運用或與其他人造物拼組、製作成其他有用物品，圖 4-2-1a 是由保特瓶組成的兩座坡軌與一些白色 PVC 管，後面一盒盒裝的是 PVC 管組裝接頭，可以銜接管子；圖 4-2-1b 是附近沙坑中可供操作的附加零件。這些附加零件可用來豐富遊戲內涵或解決遊戲上的問題，例如：豎立數個大輪胎，可蓋成爬行的隧道；木板可以搭成溜滑梯或滾球的坡道，也可用來搭建小水道上的棧橋；麻繩與木條或輪胎結綁，可掛在樹上做成盪鞦韆，增加遊戲的歡樂；PVC 管或寶特瓶可組裝成多入口的坡軌，以滾動彈珠、混和色水，或可引水至某處形成嬉戲的小水塘；不同材質的鍋盆或容器可以掛在格架上，讓幼兒自行探索與組裝成叮咚牆。

圖 4-2-1a　附加零件（深圳南山幼兒園）　圖 4-2-1b　附加零件（深圳南山幼兒園）

（二）自然物

　　自然物附加零件的種類繁多，舉凡有年輪的樹幹、漂流木、樹枝、大長豆莢、大芭蕉葉、竹籬、稻草、蘆葦、沙、土、石頭、松果、椰子、野果、蜂窩、鳥巢等皆是。單純地探索這些自然物，能帶給幼兒珍貴的自然科學經驗。完全利用自然物或與以上多元人造物附加零件結合，可以玩出許多STEM相關遊戲，例如：運用樹枝交叉擺置加上濕泥土，可建蓋成天然小土厝；樹枝與布塊或繩索結合，可蓋出遊戲小屋；大輪胎四周立上樹枝、大芭蕉葉子，可成為堡壘基地等。

　　近便的附加零件具有視覺上的提醒作用，因此筆者衷心建議有意進行STEM教育的幼兒園，在戶外空間的小水道旁、小山坡底、涵洞邊、大樹下、沙坑中、草坪上、大型組合遊具結構周遭、硬表層多功能區裡等，都可擺放特意蒐集的各種附加零件，使之便於幼兒隨手運用，以豐富遊戲的內涵、解決遊戲中問題或進行 STEM 探究。不過這些附加零件，尤其是五花八門的人造物容易形成視覺亂象，要設有合宜、近便且分類收藏的儲藏空間，一方面方便幼兒隨時拿取運用，一方面增進整體遊戲環境的美感與整潔。

二、戶外遊戲區的空間規劃

大自然提供無盡的遊戲／探究或方案探究機會（Mendoza & Katz, 2020），讓 STEM 概念萌生（Selly, 2017; Weidel-Lubinski, 2020）。戶外遊戲空間中的每個區域，或多或少都與融入 STEM 的科學教育有關，所以幼兒園必須重視戶外遊戲空間的規劃，以下就每個區域論述其規劃內涵、如何與科學教育相關及如何運用附加零件。

（一）自然種植區

自然種植區涉及許多的自然元素，如陽光、空氣、水、沙／土、植物、昆蟲等，與科學教育直接相關。首先，種植其上的樹木與植栽的價值無限，可以讓孩子觀賞、攀爬、躲藏、休憩，或利用其枝葉、果實做扮演遊戲，涉及健康、情緒、社會等領域。重要的是，其生命力展現，如發芽、生長枝葉、開花、結果，及帶來蝴蝶、蜜蜂、昆蟲、松鼠等小生物，豐富科學領域的探索經驗。另外，也可讓幼兒面對生活或遊戲中問題，與 STEM 經驗結合，例如：天氣炎熱時，如何搭蓋遮陽小屋（如運用掉落的樹枝、竹枝插入土中，上蓋大芭蕉葉、蘆葦、枝葉等）；扮演遊戲時，如何妝扮自己（如頭上戴著落花與枝葉串成的花環，身上圍繞著大型葉片接成的衣物等）；想野炊嘗鮮時，如何就地建蓋爐灶（如運用土塊、石頭或磚塊堆疊等）。

其次，自然種植區通常也會保有一塊幼兒可親手種植並照顧的小園圃，無論是灑種種花或種植青菜（圖 4-2-2a、圖 4-2-2b），如小黃瓜、小白菜、空心菜等，均是非常寶貴的經驗，有利孩子建構有關植物的生命周期、植物的生長條件、昆蟲與其蛻變、昆蟲與植物間關係、生態環境等科學概念；甚至是土中的螞蟻、石頭下的小生物、樹間的松鼠等，都可吸引幼兒駐足探索。有趣的是，在幼兒種植過程中可順勢解決所遭遇的種植問題，與 STEM 教育結合，例如：菜苗被小動物或別班孩子踩了，該怎麼辦？菜葉被毛毛蟲吃了，要怎麼防護？

圖 4-2-2a　小菜圃（曉月湖家禾幼兒　　圖 4-2-2b　小菜圃（莞城第一幼兒園）
　　　　　　園）

小黃瓜發芽後的枝葉蔓爬於地上，要如何讓其挺立生長？連續假日期間要如何讓植物持續保持濕潤？

　　再且，自然種植區本身充滿沙、土、供澆灌的水、大小石頭，是幼兒喜歡探索之物，不僅可從探索行動中了解沙、土、水、石頭等的特性，而且也可透過挖土、引流（如溝渠、水庫、瀑布）、攪拌（如做糕點）、堆疊（如蓋沙堡、小土厝）、搭建（如搭建小水道的簡易橋樑）等，與 STEM 活動接軌，此將於沙／土區詳述。針對上述自然種植區域的豐富性，筆者深以為 Rivkin（1995）所言甚是，幼兒園或托育中心若缺乏自然區域，無異是欺騙孩子，對不起孩子。

（二）沙／土、水地形變化區

　　戶外遊戲場通常設有沙／土區（圖4-2-3a、圖4-2-3b），而有沙／土一定會伴隨水源，如簡單的沖沙潔身設施；空間大的幼兒園則設有小水道（圖4-2-3c）、戲水池（圖4-2-3d）、生態池等；有些幼兒園則是具有變通的玩水遊戲設施，如水箱與噴泉（圖 4-2-3e）。以上均可讓孩子體驗水的特性或生態概念，而沙、土與水的結合除了各自特性的探索外，亦可發揮互惠的加乘效果，提供很棒的探索體驗。

圖 4-2-3a　沙坑（杭州京杭幼兒園）　　圖 4-2-3b　沙坑（曉月湖家禾幼兒園）

圖 4-2-3c　小水道（曉月湖家禾幼兒　　圖 4-2-3d　戲水池（西安交大幼兒園）
　　　　　　園）

圖 4-2-3e　美國麻州（The Childrens Center）

　　沙、土與水也是很棒的 STEM 活動素材，可進行挖渠引水，以建蓋水庫或瀑布、搭蓋沙土堡或小土厝等的工程活動。在這些遊戲活動中，幼兒必須運用水往低處流的特性、沙／土與石頭的特性、結構平衡穩固等「科學」概念，以及考量沙、土、石的承載量、渠道或建物的長寬深度，做「數學」計算及合理的空間推理，再用「工程」行動設法做出以解決遊戲中問題。此外，幼兒的遊戲探索中也涉及「技術」層面，例如：利用挖、堆、戳、攪、揉等手法（技法），以及使用人類智慧產物，如鏟子、花灑、篩子、漏斗、木板等附加零件，甚至是運用平板電腦、手機（照相）等科技產物以查找或記錄資料，自然地將技術整合於以上的 STEM 探索活動中。

　　對於欲進行 STEM 探究的幼兒園，除沙坑、小水道、小戲水池等外，還可以規劃更多的地貌變化，如小山坡（圖 4-2-4a、圖 4-2-4b）、小山洞或涵洞（圖 4-2-4c 至圖 4-2-4f）等，必定讓幼兒的遊戲更為複雜、有變化，例如：小山坡或土丘不僅可進行溜草、滾動的體能活動外，還可讓幼兒探索如何加速斜坡滾物（如增加斜度、改變摩擦力等），或如何將石頭或磚塊等重物省力地運至坡頂（如運用滑輪或拉索、製作小手推車、製作投石器等）；小隧道、涵洞可探索如何在爬、行時增加亮度（如自製燈具並綁在前額等），或是如何快速通過低矮的涵洞或隧道（如運用滑板車、製作有輪車等）。

圖 4-2-4a　蛇籠後的小山坡（西安交大幼兒園）　　圖 4-2-4b　小山坡（曉月湖家禾幼兒園）

圖 4-2-4c　幼兒設計的小山洞（大庄附　圖 4-2-4d　幼兒設計的小山洞（大庄附
　　　　　　幼）　　　　　　　　　　　　　　　　　幼）

圖 4-2-4e　小山洞（曉月湖家禾幼兒　圖 4-2-4f　小山洞（西安交大幼兒園）
　　　　　　園）

（三）大型組合遊具區

　　當前的戶外遊具多是傾向大型組合的設計，將傳統遊戲場各自獨立的體能遊具結合在一起，是一個具有水平與垂直構面及多功能的連續遊戲體。正由於是組合結構體，所以具有多元樣式（圖 4-2-5a 至圖 4-2-5d），但是大都有以下

圖 4-2-5a　組合遊戲結構

圖 4-2-5b　組合遊戲結構

圖 4-2-5c　組合遊戲結構

圖 4-2-5d　組合遊戲結構

分項陳述之基本組成部分。筆者曾綜合文獻，歸納大型組合遊具規劃設計的具體原則為：重創意與多功能的組合遊戲設計、創可選擇的挑戰性設計、具高於地面的各層平臺與銜接、具清楚的成就展示點與可撤離點、設隱密／想像的小遊戲空間、示多元與明顯的出入口、做暢行無阻的動線設計、顯安全與保護的座落與材質（周淑惠，2008）。為更符合 STEM 探索，建議是引人遐思、想像的新奇獨特造型或模糊結構體，且將幾項基本設施加以延伸、變化，並配合附加零件，說明如下。

1. 基本體能遊具

　　組合遊戲結構本身含有單槓、攀爬網、吊環拉槓、滑梯、鞦韆、消防滑桿

等基本遊具，可以進行爬、拉、盪、吊、滑等大肢體活動。為了進行 STEM 探索，建議遊戲結構體向外延伸蹺蹺板（槓桿原理）、平衡木（槓桿、重心）、旋轉設施（離心力）等，並且放置一些附加零件，如小輪胎、麻繩、木板、木條、塑膠布、紙箱、容器、工具等，讓幼兒體驗科學原理或依遊戲需求自己組裝鞦韆、小手推車、堡壘、小屋等，甚至是製作、改裝其他遊戲需求的設施。

2. 階層平臺與空間

組合遊戲結構本身通常具有大小不同的階層平臺與空間，可以進行扮演、想像等社會性遊戲，也可作短暫的休憩與交談。雖然站在各階層平臺空間上就可享受陽光、微風等大自然美好，但為了進行 STEM 探索，建議不同結構體橫向之間或同一結構體上下之間，設有滑輪裝置（圖 4-2-6），讓幼兒可上下左右地運送所需玩具或物品。更好的作法是，準備一些附加零件，如硬質捲筒、水管、棍子、麻繩、桶子、籃子等，讓幼兒依照遊戲需要，自行組裝可運送物體的裝置；或是製作繩梯、滑桿等裝置，以聯繫不同階層平臺；或者是織結繩網，以保護各平臺空間，更加符合 STEM 探索的需求。

圖 4-2-6　有滑輪的遊戲結構體（杭州京杭幼兒園）

3. 結構體各操作介面

　　組合遊戲結構本身在合宜處通常設有一般的操作活動，如井字連線活動、嵌板拼圖、塗鴉板等。而為了有利 STEM 探索，建議遊戲結構體在適當處，如平臺、高臺、側面、延伸處等，鑲嵌或組裝涉及科學原理的觀察物與操作物，如輪軸方向盤、齒輪組、滑輪、坡軌、反光鏡、哈哈鏡、風鈴、音鐘、蛇形傳聲筒、斜坡、風向器等。更好的方式是，準備附加零件，如木板、木條、麻繩、彩色玻璃紙、放大鏡、安全鏡片、風車、紗巾、布塊等，讓幼兒探索並依遊戲需求而創意運用，或做為解決遊戲問題之用，與 STEM 結合。

4. 結構體下的空間

　　組合遊戲結構體底下的空間與其延伸處通常會堆置沙／土（圖 4-2-7），建議鄰近水源並提供移動性附加零件，如容器、漏斗、天平、鏟子、水桶、玩具卡車、磚塊、花灑、PVC 管、麻繩、滑輪等，讓幼兒蓋沙堡、搭小土厝、挖渠引水、建水道、做水庫、上下或平行方向運送沙／石等，增加遊戲的複雜性與多元性，更趨近 STEM 探索。

圖 4-2-7　遊戲結構體底下的沙土空間（杭州京杭幼兒園）

（四）草坪嬉戲區

　　戶外遊戲區域通常還會有周邊種植遮蔭大樹的草坪嬉戲區（圖 4-2-8），讓孩子可直接與自然元素親近，享受陽光、新鮮空氣與芬芳泥土，進而探索小花、小草、泥土、螞蟻、風力、風向（如配合風車、紗巾於草坪上奔跑）、影子、反射（如運用鏡子投射）等。開放的草坪嬉戲區具「彈性潛能」，它亦可成為野餐、團體遊戲、親師（子）聯誼活動區，建議平日提供可移動附加零件，如竹條、木板、木棍、PVC 管、樹枝、布塊、麻繩、紙箱、網格等，讓幼兒建構可躲藏遮陽的遊戲小屋、小棚、活動鞦韆等。當然如果草坪區能配合一些地勢起伏，如小山丘、小窪地、涵洞等，則會增加遊戲的變化性、刺激性與挑戰性，更與 STEM 探索結合。

（五）硬表層多功能區

　　戶外遊戲空間通常在鋪面上也會加以變化，例如：設硬表層多功能區，讓孩子在此不僅能進行體能活動，如騎乘三輪車、行駛小汽車、遛騎滑板車、推拉手推車等（圖 4-2-9），而且也能體驗輪軸原理、速度、力量等科學經驗；或者以粉筆、濕拖把繪畫地面，體驗物體摩擦、蒸發原理；或是進行七彩混噴畫

圖 4-2-8　草坪嬉戲區（曉月湖家禾幼兒　圖 4-2-9　硬表層區（美國 UMass Day-
　　　　　園）　　　　　　　　　　　　　　　　care）

（將棉布攤掛在竹竿上，用噴嘴瓶將不同色水噴灑於棉布上），體驗不同顏料於棉布上擴散渲染的毛細作用；甚至大型鐘擺畫，體驗物體運動的軌跡。此區也如草坪嬉戲區般非常具有「彈性潛能」，建議增加其他移動性附加零件，如纜線軸、輪胎、大型的 PVC 管組合等，增加遊戲可能性，並與 STEM 接軌。

（六）其他區域

除了以上各遊戲區域外，有條件的幼兒園還可增設動物觀察區，如豢養會鑽地洞的小兔子、喜歡戲水的小鴨子（圖 4-2-10a、圖 4-2-10b），讓幼兒探索這些動物的習性，為牠們建蓋野外小屋，體驗 STEM 活動；甚至可在戶外空間增設遊戲屋、留白空間等，增加遊戲的彈性與豐富性。

圖 4-2-10a　動物觀察區（莞城第一幼兒　圖 4-2-10b　動物觀察區（莞城第一幼兒
園）　　　　　　　　　　　　　　園）

三、小結

綜上所述，戶外遊戲空間可規劃成多元小區域，讓幼兒直接親土、親水、呼吸新鮮空氣、享受陽光，並且從中探索體驗與科學有關的原理，或是直接面對遊戲中問題，設法加以解決，與 STEM 教育接軌。

從以上戶外各遊戲區域的規劃與安排中，可見為與 STEM 結合或增加遊戲的複雜度、挑戰性，增添附加零件是必要之舉，每個區域或多或少均需增加附

加零件。雖然戶外遊戲場在開園時通常已經規劃好了，教師似乎只能在現有場地上做最佳運用，不過教師或園方還是可以透過一些方法，例如：增加附加零件、彈性運用原設施或遊具、就地增設或改裝等，來強化探索性環境或將環境STEM化。舉增加附加零件與運用原設施而言，如果園方於戶外空間的鐵欄杆邊提供已經橫剖的PVC管、大彈珠，幼兒可能會設法於欄杆上組裝可溜彈珠的坡軌，以增加遊戲的豐富性；如果園方提供樹枝、大芭蕉葉、布塊、麻繩等在草坪嬉戲區邊，幼兒可能會運用它們搭蓋一間小屋，以供扮演或奔跑嬉戲後休憩之用。

　　強化探索性環境或將環境STEM化的另一個方法是，就地增設相關探索設施，例如：園方可透過外包工程或運用家長資源在小山坡挖掘涵洞，在適當處增設小水道，在大樹上增設樹屋等（圖4-2-10c）；或者是購買現成商品，如玩彈珠或小球的坡軌、防水材質的編織牆等，以上之舉無疑地會增加遊戲的豐富性。不過，STEM教育很強調探究與動手操作解決問題，所以筆者建議最好是在增設工程、外購現成與提供附加零件間保持均衡，盡量讓幼兒有機會自行組裝、製作或變通運用，若一切都是已經製作或組裝好，就大為減少探究的成分，除非是涉及安全必要的工程。就此而言，提供附加零件就顯得特別的重要。

圖4-2-10c　樹屋（昆明圓通幼兒園）

5

幼兒科學教育的
課程內容

本章銜接第三章第二節，旨在介紹幼兒科學教育四大學科領域各主要概念的簡要內容知識，即可探究的內涵。幼兒科學教育四大領域為生命科學、地球科學、物理科學，以及工程、技術與科學運用（STEM），其下有一些適合幼兒探討的基本概念，如物理科學的電、光、聲音、磁鐵、簡易機械，如圖5-1-1 所示。本章四節分別介紹四大領域下的這些概念，大致上是基於筆者於《幼兒自然科學經驗：教材教法》彙整之內容知識（周淑惠，1998），外加新納入的工程、技術與科學運用（STEM）。整體而言，所有內容力求淺顯易懂，主要目的在提供幼兒教師參考，以便選擇概念設計活動，讓這本教科書更為全面。

圖 5-1-1　幼兒科學教育的教學內容（主要概念簡圖）

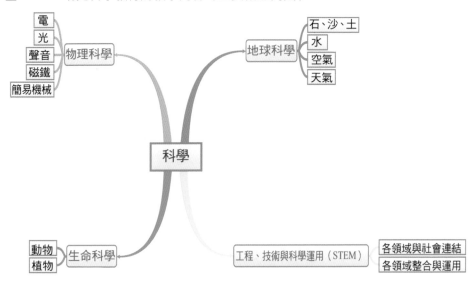

第一節　生命科學

　　本節探討幼兒科學教育生命科學領域的教學內容。生命科學包含動物與植物，其下尚有一些可探討的概念，如圖 5-1-2 所示，簡要說明如下。至於可進行與探究的活動很多，例如：種植小黃瓜，以了解小種子的生命週期；飼養蠶寶寶，以察知牠的蛻變歷程；進行生長條件實驗，以探究植物的生長需求；觀察動植物互動，以探究二者間關係等。相關活動將於第六章以主題課程方式統整設計與呈現。

一、動物

　　適於幼兒探討的「動物」基本概念為：(1)種類與特徵；(2)移動方式；(3)食物；(4)居住環境；(5)繁殖與哺育；(6)成長變化；(7)對人類功用（但也有一些害處）。一一說明如下。

圖 5-1-2　幼兒生命科學的教學內容

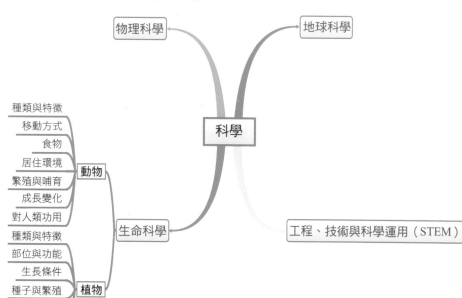

（一）種類與特徵

　　動物的種類非常繁多，難以計數，每一種類又各有其特徵，甚至同是某種動物，也有不同品種，外形差異甚遠。一般教科書對動物的分類如下（圖5-1-3）。

　　圖中所列的幾種無脊椎動物是較為常見者，此外尚有原生動物、海棉動物、扁形動物等。節肢動物是動物界中最大的一種，種屬類最多，又可分為甲殼綱（如蝦、螃蟹）、蛛形綱（如蜘蛛、蠍子）、昆蟲綱（如蜻蜓、蝴蝶、蒼蠅、跳蚤），可以說水、陸、空均可見其蹤跡。昆蟲是地面上最普遍可見的動物，是唯一能飛的無脊椎動物，但也有不能飛的昆蟲，如跳蚤。昆蟲的定義是：身體由頭、胸、腹三部位所構成，具有六隻腳、二對翅膀、一對觸角及一雙複眼；

圖 5-1-3　動物的分類

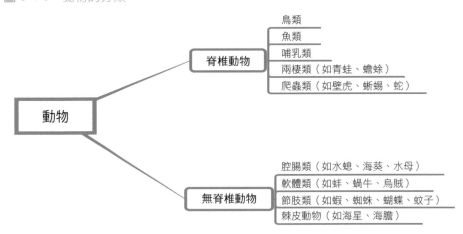

一般人往往誤認八隻腳的蜘蛛、又稱百足蟲的蜈蚣是昆蟲，還有蚯蚓（環節動物）、壁虎（小型爬蟲類）、蝸牛（軟體動物），均常被誤認為昆蟲。

　　值得注意的是，對幼兒而言，記憶軟體、哺乳、腔腸、節肢等如此多的類別名詞，實在無多大意義，只要幼兒能對各種動物發生興趣，大致能分辨脊椎與無脊椎動物，以及常見的哺乳、昆蟲、魚、鳥類，並能依自己的觀察所見做有意義的分類，理解動物種類實在繁多，即達到教學的目的，例如：有些幼兒可能會依動物的活動地點，將動物分為天上飛的、地上走的（爬的）、水裡游的；甚至有幼兒會依拜訪動物園的經驗，將動物分為可愛動物、凶猛動物、鳥類、沙漠動物等。

（二）移動方式

　　同樣是有腿動物，有些動物非以行走方式移動身體而是用跳躍方式（如袋鼠、兔子、青蛙）；有的動物有翅膀是用飛的，但同樣是有翅膀動物，有的已退化不能飛（如雞、駝鳥、企鵝）。有的動物用游的方式移動身體（如水中的魚），但在陸地上出現的青蛙、企鵝、烏龜也會游泳；有的動物在陸地爬行同時也在水中行動（如蛇、鱷魚）。有的昆蟲可在水面滑動自如（如水黽）、

有的可以飛、有的可飛又可走、有的用跳躍的（如螳螂、跳蚤）。

（三）食物

　　同樣是昆蟲，有的昆蟲吸吮樹汁（如獨角仙、金龜子）、啃食葉片（如蝸牛、蝴蝶幼蟲），有的昆蟲則捕食其他昆蟲，如蜻蜓捕食蝴蝶、螳螂捕食蟬。同樣是哺乳類動物，有的是草食性（如羊、牛、馬）、有的是肉食性（如虎、獅、豹）、有的則是雜食性（如雞、鴨、熊），各異其趣。甚至母體、幼體食性大異，如蝌蚪，是以水中的藻類或微小植物為主食，蛻變為青蛙後，則以小昆蟲為主食，是個肉食主義者。

（四）居住環境

　　有些動物居住在寒帶天寒地凍處、有些動物住在熱帶沙漠乾燥區、有些動物住在潮濕沼澤區、有些動物則住在森林深處或草原綠地；有些動物住在水裡、有些動物住在陸地、有些動物則住在地底下，習性各不相同。此外，動物也會蓋自己的家，例如：蜜蜂的六角形蜂窩；鳥類為哺育下一代的鳥巢；螞蟻的地下蟻窩或高於地面的蟻冢等。

（五）繁殖與哺育

　　生物繁衍後代的方式有「無性生殖」與「有性生殖」二種。若行有性生殖，生物之精子與卵子必相結合，卵子受精才能發育。而受精卵是於母體中發育，由臍帶和胎盤獲得母體營養，最後由母體產生，謂之胎生；受精卵（體內受精、體外受精）在母體外成長，再行孵化（由父或母方，或二方輪流）者，謂之卵生，但有一些動物屬卵胎生。胎生動物母體在胎兒產出後，會分泌乳汁哺乳幼體，故稱為哺乳動物；哺乳動物通常是胎生，但也有例外，如鴨嘴獸是卵生；卵生動物孵化後通常由雙親為其尋找食物哺育。無性生殖大致有幾種方式：(1)分裂生殖（如變形蟲）；(2)出芽生殖（如水螅）；(3)再生生殖（如渦蟲、海

星）；(4)孢子生殖（如黑黴）；(5)營養繁殖：高等植物利用根、莖、葉繁殖後代。

（六）成長變化

有些動物在其出生至成體的成長過程中，有截然不同的外觀變化，即所謂「變態」。變態大致可分為漸進變態、不完全變態和完全變態三種。茲以昆蟲為例，說明三種變態：

1. 漸進變態：幼體的形態、生活習性大都與成體相似，惟小部分器官尚未完全發育，須經數次脫皮方能長大成熟，如螳螂、蟑螂、蝗蟲。
2. 不完全變態：幼體的形態、生活習性與成體大異其趣，但在成長變化過程時，並不經「蛹」的蛻變階段，如蜻蜓，其幼蟲叫水薑，生活於水中，以水中生物為食，並以鰓呼吸。
3. 完全變態：幼體的形態、生活習性與成體大異其趣，並且經戲劇化的破蛹蛻變過程，如蠶變蛾、毛蟲變蝴蝶。

（七）對人類功用

動物對人類貢獻極大，分述如下：

1. 食：每日所吃的牛肉、豬肉、雞肉、魚、蝦等均為動物，而奶、蛋、蜂蜜亦取之於動物。
2. 衣：動物之皮毛供給人類皮草、皮帶、皮包、羊毛衣等，蠶絲所織之衣料、被褥亦常為人類所用。
3. 行：馬、駱駝、牛、騾等常成為人類代步的工具。
4. 工作：牧羊犬可看管羊群、導盲犬服務盲胞、警犬協助辦案。此外，在農莊中的牛、馬常為人類分勞工作，蚯蚓可鬆土利於人類耕種。
5. 陪伴：許多狗、貓、鳥、兔成為人類的寵物、陪伴人類。
6. 娛樂：動物園的各類動物成為假日吸引人潮遊樂的焦點。

7. 裝飾：貝殼、珍珠、珊瑚等是女性裝扮的寵物，也是藝品的重要材料。

然而，有些動物對人類卻是有危險的，像虎、獅、豹等猛獸，人類唯恐避之不及，有毒的蛇、蠍、蜘蛛，亦十分讓人害怕。此外，像麻雀吃穀類植物，亦使人類頗感頭痛。家裡常見的蚊、蠅、蟑螂、跳蚤等昆蟲以及老鼠等為人類帶來細菌，被其叮咬，會帶來疼痛與疾病。

總之，動物種類眾多，特徵各不相同，即使同是某種動物，也有不同品種，外形差異甚遠。不僅外形，動物的移動方式、食物、居住環境、繁殖與哺育方式也大不相同。至於動物對人類的功用很多，但也有一些動物對人類有害。

二、植物

適於幼兒探討的「植物」基本概念為：(1)種類與特徵；(2)部位與功能；(3)生長條件；(4)種子與繁殖；(5)其他繁殖方式；(6)對人類功用。一一說明如下。

（一）種類與特徵

植物的種類非常繁多，難以計數，每一種類又各有其特徵，一般教科書對植物的分類如下（圖 5-1-4）。

以上這些分類名詞對幼兒而言，可能過於抽象，建議先生活化、具體化與經驗化地呈現，再適時引入科學用語，像是由各類食用植物引起探究動機，例如：葡萄、絲瓜等的蔓藤類植物；稻、麥等的穀類植物；空心菜、白菜等的葉菜類（或甘藷、紅蘿蔔等生長於地下的根菜類）；蓮藕、菱角等的水生植物類；香菇、草菇等的蕈類，梨、蘋果等的果樹類。或者由日常生活環境中常見的植物類型引發探索興趣，例如：松、柏等高大的喬木類；茶樹、杜鵑、七里香等的矮叢灌木類；黃金葛、粗肋草、波士頓盛蕨與鐵線蕨等的室內觀葉植物；長於陰溼處的苔蘚類；公園池塘中的浮藻、荷花等的水生植物；喜慶相送的玫瑰、香水百合、鬱金香等的切花植物。

圖 5-1-4　植物的分類

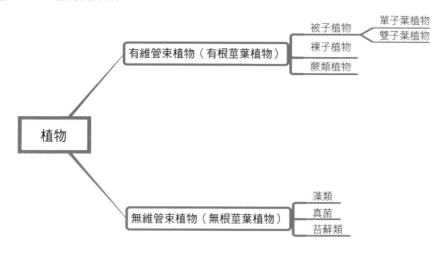

由於植物種類繁多，所以其整株與各部位外觀也大異其趣，可讓幼兒撿拾落葉並觀察、分類、拓印、自由造型，充滿童趣，如圖 5-1-5。

圖 5-1-5　多元葉片與造型

（二）部位與功能

大部分植物具有根、莖、葉、花等基本部位，除藻類、真菌、苔蘚類外，其餘植物皆有根、莖、葉，以上三種與蕨類均為無花植物。這些部位各司其職，是植物的生命線，甚至有些植物可以用根、莖、葉來繁殖新株。

1. 根：根具有向地性，它負責搜尋與吸收土壤中的水分和礦物質，以傳送至整株植物。所以根部通常粗壯，可穿梭於土壤中，並牢牢地抓住土壤，以支撐整株植物，使其平衡穩立。

2. 莖：莖介於根與葉間，內含有維管束，是整株植物的轉運中樞，負責往上運送根所吸收的水分和養分，並往下輸送葉子行光合作用所製造的養分。當然它也支撐枝葉，使其獲得足夠陽光，以行光合作用。

3. 葉：葉是生命線的要害，內含有行光合作用的葉綠體，利用陽光將水與空氣中的二氧化碳製成養分與氧氣，運用葉中的葉脈輸送養分，不但供給自身，也生產人類與動物所需的食物。所以莖、葉具有向光性，奮力爭取陽光，撐開如傘狀。

4. 花：花多豔麗是引誘昆蟲注意的彩衣，主要負責繁殖後代工作；大部分植物的花須藉昆蟲幫忙，方能將雄蕊上的花粉傳至雌蕊，以授精產生種子。

（三）生長條件

植物像人、動物一樣，都是生物，有其一定的生長要件，例如：口渴了要喝「水」（如植物被豔陽持續照射致葉片低垂緊縮，澆下水後一會兒即挺直幹莖並舒張葉片）；肚子餓要吃食物——土壤中的「礦物質」、溫暖的陽光、充足的空氣。此外，植物並不是完全不會動，植物也有各種運動，例如：睡眠運動（如白天的酢漿草三片心形葉大撐，晚上則緊縮）、觸發運動（只要一碰含羞草，葉片就會合攏下垂）、莖葉向陽生長、爬藤卷鬚迅速攀緣纏繞等。但是，

各類植物所需的生長條件，如陽光、空氣、水的份量，與植物類別及其習性有關，各不相同。

（四）種子與繁殖

大部分植物會開花（結果）、自行製造種子，並以種子繁衍後代。種子是延續生命的寶物，它可以發芽成新株，在「種子與繁殖」概念下又劃分為四個次概念——外形特徵、散播（生命傳送）、發芽成植物（生命延續）與功用。種子有覆蓋在種子外的種皮、二片子葉、可長出新株小芽的胚芽。種子在浸水栽種後，胚芽的根處先伸出種子外，最初由種子的子葉供給發芽所需養分，但當第一片真葉長出後，耗盡子葉中的養分時，就必須移植於土中，置於有陽光、空氣之處，以行光合作用自製養分並繼續生長。種子成熟後，會利用各種方式散播到遠方繁殖新株，如下所述：

1. 風力飛揚：小而輕的種子（如蒲公英、松樹），長有纖毛或薄翼，可以隨風飄盪至很遠的地方，而且通常生命力強韌，我們常在水泥地縫隙、牆邊發現野草，即可能是風揚的結果。

2. 動物運送：有些植物種子或果實長有鉤刺，容易黏勾於人類衣服或動物皮毛上藉以傳播，例如：秋後行過草叢，我們會發覺衣服上或褲、襪上沾有草籽；鬼針草、咸豐草常成為幼年嬉戲時相互丟擲（因為會鉤在對方身上）的玩物。此外，果肉很可口的果實被鳥或動物吃食，從糞便中排出種子，也是藉由動物傳播。

3. 水力漂游：生長在水中與水邊的植物果實或種子，能漂浮水面散播至遠處，如椰子、胡桃、林投樹果等。

4. 自行蹦彈：有一些種子的果皮，易碎有彈力，如罌粟、黃花酢漿草與鳳仙花（指甲花）的果實，只要輕捏，便會裂開彈流出小種子。

（五）其他繁殖方式

植物繁殖除以種子行「有性繁殖」外，尚有由根、莖、葉等營養器官行「無性生殖」。而有些植物無根、莖、葉、種子，是由孢子繁殖，亦屬無性生殖。

1. 以根繁殖：如甘藷、胡蘿蔔泡在水裡或種在土裡，就會長出新芽。

2. 以莖繁殖：如馬鈴薯的塊莖，埋入土裡即從芽眼處發出新芽，長成馬鈴薯。有些植物有走莖（如吊蘭），走莖的中間會發芽、生根，長出好幾株新株；草莓的匍匐莖碰到地面，會生根長出另一新株草莓。而有些植物的枝條，可直接插入土中而活，如日日春、九重葛等很容易插枝繁殖。

3. 以葉繁殖者：摘下非洲菫、秋海棠、大岩桐等的葉子插入水中或土中，就會從切口處生根發芽，長出新株。

4. 以孢子繁殖：有些植物有孢子（如蕨類植物葉子的後面有成排的孢子），孢子是非常微小的細胞，可以乘風飛揚，撒落在溫溼的環境中便會發芽成長，如麵包的黑黴。

（六）對人類功用

植物對人類有許多功用，影響至鉅，舉凡食、衣、住、行、育、樂各方面均少不了它。最重要的是，植物的各部位是人類賴以維生的重要食糧。

1. 根菜類：胡蘿蔔、白蘿蔔、甘藷、薑、牛蒡等。

2. 莖菜類：芹菜、蘆筍、甘蔗、茭白筍、洋蔥（鱗莖）、竹筍（地下莖）等。

3. 葉菜類：小白菜、菠菜、高麗菜、空心菜、茼蒿等。

4. 花菜類：青花菜、花椰菜、金針菜、韭菜花等。

5. 果菜類：蕃茄、茄子、冬瓜、絲瓜、黃瓜、苦瓜等。

6. 種子類：米、麥、玉米、花生、黃豆、紅豆、松子、蓮子、栗子等。

7. 水果類：蘋果、梨子、葡萄、桃子、橘子、木瓜等。

有些植物可以當成藥物，強身補體，如中藥常見的當歸、黃蓍、人參、枸杞等屬之；有些可以沖泡（煮）成飲料，如茶葉、羅漢果、決明子、山粉圓等。而人類居住處所的建材、傢俱與裝潢多取之於樹木，遊樂場的大肌肉攀爬設備或原野運動公園設施都少不了木材；鉛筆、書本、牛馬車、木船、木屐、草帽、竹蓆、斗笠、蘆花掃把、棕蓑及其他各項生活用品都是植物製成的。此外，每日所穿的衣物，不少來自於棉花或亞麻；甚而假日的森林浴，平日的賞花弄木是休閒活動所不可缺。有些樹還會分泌樹脂、楓糖、橡膠；海邊的防風林保護人類免於風害，可以說植物對人類的貢獻層面甚廣、無以計數。

然而，有一些植物有毒，誤食會造成嘔吐、腹瀉、昏睡等症狀，誤觸其汁液會奇癢無比。綠色觀葉植物中有很多有毒，例如：黛粉葉、粗肋草（整株有毒）；常春藤、彩葉芋、蔓綠絨（三者的葉子均有毒）等均為室內常擺設的植物，幼兒教師應事先告誡幼兒，並小心幼兒攀折、觸摸或誤食。而室外常見的軟枝黃蟬、夾竹桃、聖誕紅亦為有毒植物，亦要小心。

總之，植物種類繁多，特徵各不相同。大部分植物都有根、莖、葉、花，各司其職，是植物的生命線；各類植物皆需依賴陽光、空氣、水而生長，但是分量則依植物類別而不同。多數植物以種子繁衍後代，但散播方式不同；也有植物以根、莖、葉、孢子繁殖。植物對人類功用甚多，但有些植物有毒。

三、小結

幼兒科學教育的內容很多，本節所介紹的都是適合幼兒探討生命科學（動植物）的一些概念，即所謂的學科內容知識。筆者非常贊同 Worth 與 Grollman（2003）之見，讓孩童投入幼兒科學議題或現象，要符合幾個條件：(1)是孩童感興趣與引人投入的；(2)從孩童的經驗中汲取與產生的；(3)是直接可探究的；(4)可經久持續深度探索的；(5)是在發展上合宜的。「在發展上合宜的」是無庸

置疑的，任何課程與教學都要符合此條件，其中值得注意的是孩子的興趣與經驗，它是整個探究行動的驅動力。因此，本節與本章所有的內容知識（主要概念）僅供參考之用，並非幼兒階段要全部涵蓋這些內容，教師要關注幼兒的興趣，善選幼兒感興趣議題或是追隨幼兒興趣，以設計或生成課程。而另一個必須關注的是「可經久持續深度探索的」，這就有賴具探究性與整合性、容許廣度切入也可深入探索的「主題課程」了，它提供幼兒聚焦性經驗，將於下一章專門探討課程的設計。

第二節　地球科學

本節介紹幼兒科學教育地球科學領域的教學內容。地球科學包含石、沙、土、水、空氣與天氣，其下尚有一些可探討的概念，如圖 5-2-1 所示。至於可探索或進行的活動很多，諸如直接體驗、觀察與實驗石、沙、土，以探究其特性及消蝕變化；記錄與比較晴、雨天的特徵與天數；直接體驗或實驗水的壓力、浮力；在陽光下與陰涼處觀察與比較水的蒸發作用等。相關活動將於第六章以主題課程方式統整設計與呈現。

一、石、沙、土

適合幼兒探索的「石、沙、土」基本概念有：(1)地球的成分；(2)種類與特徵；(3)岩石消蝕變化；(4)功用；(5)景觀破壞與污染。

（一）地球的成分

地球本身就是一個巨大的岩石，風化後產生沙、土，而岩石、沙、土是地球土地形態之主要成分，它形成了各種地理景觀，包括：高山、峭壁、峽谷、斷層崖、高原、沙漠、島嶼、平原等。

圖 5-2-1　幼兒地球科學的教學內容

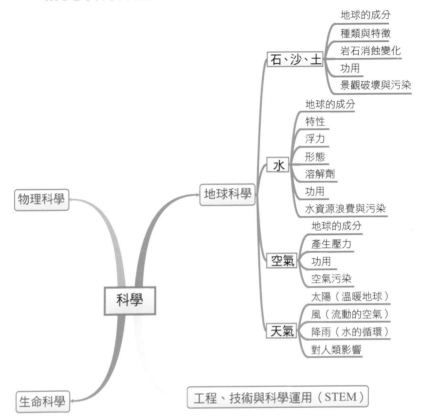

（二）種類與特徵

　　岩石的種類繁多、各有其特徵，依形成過程可分為由生物遺骸、礦物、岩石等碎屑經沉積而成的沉積岩（如礫岩、砂岩、頁岩、石灰岩）；由熔融狀態的岩漿冷卻固化而成的火成岩（如花崗岩、安山岩、玄武岩）；經地層深處壓力與熱影響形成的變質岩（如大理石、片麻岩、石英岩）。每顆岩石的顏色、形狀、大小、條痕（粉末的痕跡）、硬度各異，土壤亦有砂土、壤土與黏土之分。

（三）岩石消蝕變化

岩石經長期風吹雨打、浪花撞擊及溫度變化的影響，以致碎裂、疏鬆、剝落細小的碎塊，成為沙粒與泥土，這種消蝕變化的過程稱為「風化作用」，例如：沙漠中的砂岩受強風刮碎，成為尖削的沙粒；河水將山上的石塊沖流下來，石塊相互摩擦碰撞，剝落碎粒，逐漸變小及光滑。因此，基本上沙粒是碎裂的石頭，是極小的石頭，而土壤則為碎裂的小石頭（沙粒）與死的植物所構成，均是岩石風化的產物。

（四）功用

石、沙、土對人類功用無窮。岩石質地堅固、紋采美觀，是上好的建築石材，如花崗岩、大理石、板岩等；石灰岩、黏土是生產水泥的主要原料，而水泥是黏合磚塊、岩塊的必備建築材料；沙、水泥、碎石混合而成的混凝土，則是現代建築所不可或缺的材料。此外，有些礦石很漂亮，成為裝扮的亮點；大石頭是憩息的好處所；小石頭是玩具外，也是魚缸裝飾、園林造景素材。土壤是植物生長之處所，孕育了人類與動物的食糧；泥巴則是幼兒時期重要的玩物。沙灘是消暑嬉水的好去處；沙畫是藝術家的創作媒材；沙箱活動令幼兒愛不釋手。

（五）景觀破壞與污染

石、沙、土是地球地貌與地理景觀的主要成分，而地貌與景觀是人類維生之源與閒暇休憩之所；尤其是土壤，它的形成是受自然力量的影響，逐漸風化演變而來，得之不易。然而，由於人類社會過度開發、濫採與濫墾（圖5-2-2、圖5-2-3），造成土壤侵蝕與流失（圖5-2-4），在風、雨來臨時更造成土石流、山崩、土埋等無法彌補的災害。再加上大量垃圾與有毒物質排放累積於土壤、河川，使人類環境不僅變得髒亂不堪，而且有危健康，更是大舉破壞山林景觀之美。

圖 5-2-2　過度開發可能影響水土保持　　圖 5-2-3　過度開發可能影響水土保持

圖 5-2-4　水土流失

二、水

適於幼兒探討的「水」基本概念為：(1)地球的成分；(2)特性；(3)浮力；(4)形態；(5)溶解劑；(6)功用；(7)水資源浪費與污染。

（一）地球的成分

水是地球上的重要資源，不僅在家裡水龍頭打開就有它，在戶外山林之間

亦有河流與清泉等。水所流及之處，造就了美麗的江河、湖泊、溪澗、瀑布、海洋等，令人賞心悅目的水域地理景觀與休閒勝地，煙波渺渺、潺潺弱水、波濤洶湧、轟然奔瀉等都是對水景的美好形容詞。

（二）特性

水的特性是無色、無臭、無味，隨添加物改變顏色，隨容器變化形狀的物質，它有重量、能支撐物體，有壓力、由高處往低處流（含有大量動能），可以進入某些物質之中，有些物質卻無法進入（如有些東西可以吸水，有些東西卻不能）。值得注意的是，教學所著重的應是水的物理面向，而非水的化學成分——氫、氧等。

（三）浮力

為什麼大船可以浮在水面而不沉、人躺臥水面覺得輕鬆舒適？這是因為水有重量，能承載物體，產生浮力。理論上，愈重的物體，愈可能下沉，而物體的重量取決於體積與密度，大的物體並不見得重。有一些東西，如筆，直放與平放入水中，如黏土球，揉成圓球與盤狀，其結果可能不同，這又涉及物體所排開的水量。

（四）形態

水看起來是液體狀，其實水還有其他兩種不同的形態：固體狀態——冰、氣體狀態——水蒸氣。水放入冰箱冰凍可「凝固」成冰，冰棒、雪花冰是幼兒最喜歡、最好吃的東西，但是它很快又會「溶化」成水。水蒸氣是看不見的小水滴，是水變成氣體，跑入空氣中（所謂的「蒸發」作用），如水沸騰時，蒸氣孃孃上升；洗澡時，浴室瀰漫水蒸氣；戶外水盤經太陽炙曬，而致水量變少。水蒸氣若遇冷會「凝結」成小水點，天上的雲也是小水點的匯集，當它含有太多、太重的水，就會下降成雨。以上就是水的三態變化，如圖 5-2-5 所示。

圖 5-2-5　水的三態變化

（五）溶解劑

　　水是一種溶解劑，有些東西可以溶解於水中、消失不見，如加入檸檬水中的方糖不見了；雖然東西溶解於水中，表面上看不見，其實它與水混合，水中含有該種東西，即水中有糖味。但是，有些東西不能溶解於水中，如灑在湯中的香油浮在水面上、清晰可見。

（六）功用

　　具有三態的水其功用良多，無論是飲用、清洗、沐浴、灌溉作物與植物、烹飪，均少不了它。此外，還可發電、提供能源等。冰可保存食物、冰涼飲料、調製成可口的冰品，並可止痛。蒸氣可供清洗、燙衣、蒸臉以及運轉鍋爐用。許多娛樂休閒活動也與水有關，如釣魚、划船、游泳、水上摩托車、帆船運動、跳水、潛水、溜冰、冰上曲棍球、蒸氣浴（三溫暖）等。更重要的是水可滅火，是相當重要的資源，而且水中養活人類重要食糧的許多動物。

（七）水資源浪費與污染

　　水對人類生活極為重要，然而水資源得來不易，因為地球上大部分的水是在鹹水海洋，其他一半的新鮮水是在冰山與冰河；再加上「溫室效應」地球溫度日昇，乾旱之地更形加大，保護地球上的新鮮水源愈形重要。令人堪憂的是，近年來人類用水日鉅，大量浪費水資源；而且我們的水源不斷地被掩埋於地下

的垃圾滲漏，工業廢水、農業廢物的傾注，化學肥料、清潔劑與殺蟲劑的使用，以致嚴重污染並毒害許多水中生物，再加上地球暖化、臭氧層破壞和酸雨，使得已經惡質的水資源更形可怕。

三、空氣

適於幼兒探討的「空氣」基本概念為：(1)地球的成分；(2)產生壓力；(3)功用；(4)空氣污染。

（一）地球的成分

大自然與整個人類居住空間充滿空氣，藉由呼與吸進出人類的身體器官；同時它也存在於天涯海角的任何空間——瓶子中、水中、土壤中、地面上、任何角落，可以說到處皆有空氣，無所不在。可是空氣又是無臭、無味、看不到、也摸不著，但它的確是占有空間，是個實體物質，當我們隨意用塑膠袋捕抓一把空氣，袋子立即隆起，就是明證。

（二）產生壓力

空氣除占有空間外，也能產生足夠壓力，會推動物體或承載物體，我們雖然看不見它，但可感受它的影響力。舉例而言，在風中，穿戴的絲巾會飄揚飛舞、紙風車會旋轉不停、風箏會遨翔高飛、地面紙屑會隨風揚起。另外，泳池填滿許多空氣的氣墊可以承載人的體重；將氣球驟然放氣，它會四處亂竄；飛機即是利用噴氣引擎的原理在空中飛翔。以上均為空氣產生壓力或推動物體的具體事實。

（三）功用

空氣涵養天地萬物，是人類、動植物維生的必要條件，生物無法生存於無空氣狀態中，憋氣、缺氧可能致死。風力還可用來發電，提供人類能源；許多植物的種子是靠風媒傳宗接代；人類的許多用品是運用空氣或涉及空氣原理製

成的，如氣墊、救生衣、救生圈、橡皮艇、醫生用的耳鼻吸管、輪胎、電風扇、吹風機、吸塵器等，帶給人類生活方便與舒適。

（四）空氣污染

空氣是人類呼吸必需之物，然而空氣品質已被污染變為污穢不堪且有害健康，例如：騎車經過市區，變得滿臉污黑。這些污染源包括工廠、發電廠、車輛、垃圾焚燒等所排放的廢氣，諸如二氧化碳、二氧化硫、氮氧化物、一氧化碳等氣體。這些廢氣也讓我們的大氣層積存過多熱氣，造成「溫室效應」，在未來世紀裡就會帶來海平面上升、土地被掩沒、極端氣候、乾旱之地加大、糧食與水資源短缺、傳染病傳播、物種滅絕等嚴重問題。此外，大氣中的臭氧層也因有毒化學氣體（氟氯碳化物）而致破洞，無法抵擋外來的紫外線，危害人類健康。有些有毒化學物質，如二氧化硫、一氧化碳、氮氧化物，在空中游離形成酸雨與酸霧，嚴重危害草木、江河與建築物。空氣污染問題已相當嚴重！

四、天氣

適於幼兒探討的「天氣」基本概念為：(1)太陽（溫暖地球）；(2)風（流動的空氣）；(3)降雨（水的循環）；(4) 對人類影響。

（一）太陽

太陽是地球的熱源、光源與能源，沒有陽光，地球是冰冷、無生機的，也看不見。陽光對地球的照射角度形成不同的氣候地帶，如寒帶、溫帶、熱帶；陽光照射與地球自轉的關係形成白天與夜晚。萬物均須依賴陽光的滋潤方得以成長，尤其是植物運用陽光行光合作用，自製養分並提供其他生物糧食。

（二）風

空氣的流動就形成風，當地球表面受太陽照射，暖空氣冉冉上升，使得在

暖空氣之下的冷空氣受到影響，在空間中急速流動就會產生風，吹動樹梢、旗子、頭髮（因為空氣有壓力會推動事物）。微風讓人舒服，強大的風（如狂風、颱風、颶風）會造成農作物損失、房屋倒塌，若挾帶雨水形成暴風雨，進而造成土石流，更會帶來無以復計的損失。

（三）降雨

地面和海面的水由於陽光照射，受熱蒸發變成水蒸氣進入空氣裡，暖濕的空氣被太陽照射變得較輕而上升；當暖空氣上升至冷的高空處，空氣中的水蒸氣會凝結成小水點；聚結在一起的小水點，就是天上所見的雲；當小水點匯集得太多太重時，便會掉落地面，即「降雨」也。簡而言之，液態的水遇熱蒸發成氣態的水蒸氣，它又遇冷凝結還原成液態的水，雨的形成乃為「蒸發」與「凝結」兩種作用所共同造成的。若暖濕的空氣遇到寒冷的地面或海面，暖氣會冷卻，所含的水蒸氣則凝結成很小的水滴，就形成「霧」，例如：晚間的地面很冷，靠近地面的水蒸氣凝結，因而早晨起來就看到霧氣茫茫一片。

（四）對人類影響

適度而充足的陽光、空氣與雨水是萬物生長的契機要素，但過量的太陽、風、雨反而會帶來巨大的損失，例如：乾旱已久，作物枯垂、土地崩裂；颱風過後，樹倒房塌、作物全毀、果菜供應匱乏；暴風雨造成土石流、河堤決裂氾濫，無以為生；過與不及皆非人類與地球萬物之福。其次，天氣對人類的影響，最明顯的是日常穿著與活動，例如：有風天可放風箏、賽帆船，卻無法打羽毛球；下雨天必須著雨衣、帶傘，許多的戶外活動均取消。天氣也影響人類的心情，冷風颼颼、淒風苦雨、雲淡風清等詞語代表了不同天氣與心情寫照。

五、小結

幼兒科學教育的內容很多，本節所介紹的都是適合幼兒探討地球科學的一

些概念——石、沙、土、水、空氣、天氣，即所謂的學科內容知識。值得注意的是，本節的內容知識（主要概念）僅供參考之用，並非所有的概念都要在學前階段涵蓋，教師必須關注幼兒感興趣的現象及其牽涉的概念，並且以主題的方式涵蓋科學內涵來組織課程，以提供聚焦性的經驗，此即涉及「課程設計」面向，將於下一章探討。

第三節　物理科學

本節敘述幼兒科學教育物理科學領域的教學內容。物理科學包含電、光、聲音、磁鐵、簡易機械，其下尚有一些可探討的概念，如圖 5-3-1 所示。至於可探索或進行的活動很多，諸如用手電筒探索光源、物體與屏幕間的關係，以製造一個巨大影子；分類可被磁鐵吸附的物體，及比較其特性；預測與實驗如何發出巨大聲音，或製作簡單的發聲樂器（如排笛）；操作木板斜坡的斜度，探究如何使彈珠滾得快又遠；嘗試用軸木（圓棍）與麻繩組裝滑輪裝置，以運送重物至高處。相關活動將於第六章以主題課程方式統整設計與呈現。

一、電

適於幼兒探討的「電」基本概念為：(1)電路；(2)導電體；(3)功用與安全；(4)靜電。

（一）電路

我們每天使用的電是流動的電，流動的電是從電源（如電池）流出，經由導電體（如電線），連接電器裝置（如燈泡），最後又回到電源處，形成一環形迴路，謂之「電路」；從電源所提供的能量，在電路中可產生電流，使燈泡發亮。一個完整電路，由電池一極流出，又回到電池另一極，是一個環形路線，是所謂的「通路」；如果電路有缺口，燈泡就不會亮，即所謂的「斷路」。

圖 5-3-1　幼兒物理科學的教學內容

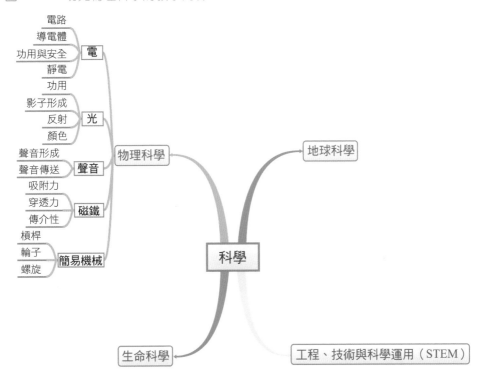

（二）導電體

有些物質可以讓流動的電通過，謂之「導電體」；有些物質則無法讓流動的電通過，謂之「絕緣體」。幼兒教師可以在一個電路中的一條電線上截斷製造斷路，讓幼兒以各種物質放在斷路缺口上，測試燈泡是否會亮；會亮的物質就是導電體，不會亮的物質即為絕緣體。

（三）功用與安全

電對人類貢獻極鉅，生活中的大、小家電用品均是靠電方能運作，諸如電視、洗衣機、電冰箱、電鍋、電腦、冷氣機、吸塵器、烤麵包機等。此外，百貨公司的電梯、手扶梯，工廠裝配線的運作，還有電聯火車、電動汽車等也是

運用電力。在地球能源日漸短缺狀況下，理解電對人類的功用與重要性，就會更加愛惜資源、節約用電。不過，電也是危險的，若使用不當，就會發生難以回復的損失與災害，例如：手潮濕時，觸摸電器、插頭或開關；插座裝在太濕熱的地方，或在浴室中使用電器用品；電暖爐太靠近易燃物品；萬能插頭插滿，致使負荷過重等，以上情形都有可能觸電、引起生命危險或火災。

（四）靜電

有另外一種電和家中所使用的電不同，它就是靜電。靜電會吸引東西，讓東西黏住，在乾冷天氣向上脫毛衣、以梳子梳頭髮、突然開車門，會聽到啪啦聲響；或以手碰觸物體，伴隨啪啦聲的是突然被觸擊之感覺，這都是靜電現象。這些現象之所以會產生，是因為物質經由摩擦接觸，形成帶「電荷」狀態，由於電荷間有相斥或相吸力，於是致使這些帶電物質產生相斥、相吸的現象。

二、光

適於幼兒探討的「光」基本概念為：(1)功用；(2)影子形成；(3)反射；(4)顏色。

（一）功用

光源有自然的（如陽光），也有人為的（如燈光、燭光、手電筒光等），無論是自然的抑或是人為的，它帶給人類光明、溫暖的世界，驅走黑暗恐懼感。太陽的光除了照明、溫暖外，很重要的是能經由光合作用使植物生長，而且也是一種能源；人為的光，除了照明、裝飾、娛樂，還用在交通號誌、進港船隻指示等情境。

（二）影子形成

光是以直線方式前進的，例如：早晨的陽光從門縫中曬入；手電筒所發出的光均是直行的，所謂光「線」也。光可以穿過某些東西，但並不是所有的東

西均能穿透，若是在光線前進時，遭物體阻擋前進的路線，無法穿透物體，就會在物體的後面形成陰影。其實，晚上就是轉動中地球的背面陰影。

（三）反射

光線射在平滑且明亮的物體上，會反射出光線，如將手電筒對準鏡子或將鏡子對準陽光，就會在建築物或牆上反射出光來。許多物質或多或少會反射一些光，基本上愈平滑的面、愈明亮的顏色，反射的情形較佳。其實，潛望鏡就是利用鏡子的反射原理（二面鏡子），讓在潛水艇中的人可以觀察到岸上的活動狀態。

（四）顏色

當光源射入透明彎曲的物體，就會形成七彩的光譜，如雨後的陽光照在空氣中的小水滴形成彩虹。其實，雨滴就如同三稜鏡一般，當太陽照射在雨滴上，會在天空中形成美麗的顏色，教師亦可和幼兒一起實際模擬彩虹的形成。

三、聲音

適於幼兒探討的「聲音」基本概念為：(1)聲音形成；(2)聲音傳送。

（一）聲音形成

當物體振動（如敲、打、撞等）或來回快速搖動，就會發出聲音，通常由空氣傳介至四周。說話時，若手按喉部，會感受到喉部在振動；在鼓上放薄紙剪的小紙人兒，打鼓時，鼓面上的小紙人會（隨鼓面振動）跳躍；打擊三角鐵時，握三角鐵的手會有麻麻的感覺。形成聲音有三個要素：響度──振幅強弱，音調──聲音頻率高低，音品──獨特音色，如口琴與鋼琴的音色不同。

（二）聲音傳送

聲音傳送必須仰賴介質，如建築工地開挖地基時，伴隨巨大聲響的是門窗

也跟著嘎嘎作響，此乃因為機器振動地面時，附近的空氣也受到振動，因而四散傳播，即空氣是傳播聲音的介質。液體與固體也是聲音傳送的介質，在西部電影中，常看到牛仔趴在地面或鐵道，傾聽遠處傳來的馬車聲或馬兒奔騰聲，此時的地面、鐵道即是固體的介質。又如：在釣魚池旁，大人會警告小朋友噤聲，此乃因為水也是介質會傳送聲音；有游泳經驗的人，常會發覺在池裡亦可清楚聽見岸上的聲音。

四、磁鐵

適於幼兒探討的「磁鐵」基本概念為：(1)吸附力；(2)穿透力；(3)傳介性。

（一）吸附力

磁鐵具有吸附力，它可以吸附某些物質，但有些物質不能被吸附。玩索磁鐵的過程中，就可以發現磁力最強處在南北二極（吸附東西最多），而且磁鐵間同極相斥、異極相吸。

（二）穿透力

磁鐵的力量具有穿透性，中間隔著物體仍能吸附起東西，運用磁鐵的穿透力則可製作許多好玩的玩教具。而在嘗試磁鐵隔著各種物質的吸引力時，就可發現物體的厚度與磁鐵的強度，對於吸附力有一定的作用，例如：磁鐵可隔著五、六張紙吸起迴紋針，但不能隔著一本書的厚度吸起迴紋針。

（三）傳介性

磁力具有傳介性，用鐵質物體（如針、鐵釘、迴紋針、腳釘）在強有力磁鐵上向同一方向持續摩擦，能磁化這些鐵質物體，使成一暫時性磁鐵，但自製磁鐵的磁力會漸形消失。

五、簡易機械

適於幼兒探討的「簡易機械」基本概念為：(1)槓桿；(2)輪子；(3)螺旋。探究簡易機械其實非常生活化，因為日常生活用品有很多涉及簡易機械原理，可運用於教學，如圖 5-3-2 所示。

圖 5-3-2　涉及簡易機械原理的日常用品

（一）槓桿

槓桿有三種類型：第一種類型是支點在施力點與抗力點中心，如蹺蹺板、剪刀；第二種類型是抗力點在支點與施力點中央，如手推車、開瓶器；第三種類型是施力點在支點與抗力點中央，如揮棒打球動作、掃地動作。三種槓桿均利用有固定「支點」的棍桿適當施力，就會舉起重物，或改變力距。

（二）輪子

輪子有很多種類，若欲移動很重的皮箱，我們可以試著在皮箱下墊幾根「滾軸」（roller），以減少箱子與地面的摩擦力，但為了使皮箱繼續移動前進，必須有人一直在箱子前面擺放滾軸，超市的輸送帶與百貨公司的手扶梯就是運用

滾軸原理。有些辦公室的椅子是由許多的「單輪」所組成，每個單輪均可四面旋轉，而車輛即是利用兩個輪子與一橫軸連結而成的「輪軸」所構成。一個帶牙齒的輪子即為「齒輪」，通常與其他齒輪連結帶動，如打蛋器、手錶內的零件，但腳踏車的齒輪是透過鍊子而傳動的。「滑輪」組也是由輪子組合而成，電梯、旗杆、百葉窗均有滑輪裝置，生活中少不了它。

（三）螺旋

螺旋其實就是利用「斜面」原理，是一個彎曲的斜面。將一長方形紙張對角線剪開成一斜面，再將此一斜面對著筆纏繞盤旋而上，即為「螺旋」，攤開來後即變為斜面，斜面與螺旋都是省力的一種簡單機械。東西垂直上提需費大力，若沿著光滑、摩擦力少的斜面上拉就省力多了。螺旋釘、燈泡與燈座、瓶蓋與瓶口、辦公椅子的升高裝置，皆是螺旋設計。

六、小結

幼兒科學的內容很多，本節所介紹的都是適合幼兒探討物理科學的一些概念——電、光、聲音、磁鐵、簡易機械，即所謂的學科內容知識。值得注意的是，本節的內容知識（主要概念）僅供參考之用，並非所有的概念都要在學前階段涵蓋，教師必須關注幼兒感興趣的現象及其牽涉的概念，並且以主題的方式涵蓋科學內涵來組織課程，以提供聚焦性的經驗，此即涉及「課程設計」面向，將於下一章探討。

第四節 工程、技術與科學運用（STEM）

幼兒科學教育的內涵除傳統的三學科領域外——生命、地球與物理科學，也包含工程、技術與科學運用，其實強化了工程就等於納入 STEM 於科學教育內涵中。因為誠如 2014 年美國工程師研究院（National Academy of Engineering,

NAE）與國家研究委員會（National Research Council, NRC）所指，工程既是設計與創造人造產物的一個知識體系，也是解決問題的一個歷程，它運用了科學、數學及技術工具的概念（NAE & NRC, 2014）。簡言之，只要運用在本質上具有跨領域特性的工程程序，自然會整合科學、技術，甚至數學等領域，呈現STEM 特色，本節即在探討 STEM 領域的教學內容。

筆者曾綜合文獻提出 STEM 教育的意涵為：針對生活中的問題，透過工程的設計、製作與精進的核心活動，以做為課程與教學主軸，歷程中並整合運用科學與科學探究、數學與數學思考，以及技術與工具等，以產生製作物暨解決實際的問題，如圖 5-4-1 所示（周淑惠，2020）。此定義可以看出工程是 STEM教育的主要歷程與活動，反映以上 NAE 與 NRC 所言，也如 Stone-MacDonald等人（2015）所言，工程就是運用科學、數學、技術、創造力，有系統地解決人類的問題。又此定義也可以看出，製作物是整個 STEM 教育的主要載體與成果，它涉及多元學科的運用。無可諱言的是，這是一個比較嚴謹的定義，誠如Moore 與 Smith（2014）所言，高品質的 STEM 教育是以工程設計挑戰為核心，來整合各個學科。

圖 5-4-1　STEM 教育意涵示意圖

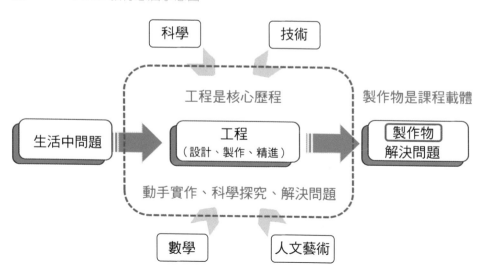

至於工程、技術與科學運用（STEM）的教學內容如圖 5-4-2 所示，包含「各領域與社會連結」以及「各領域整合與運用」二個重要概念，說明於下。

圖 5-4-2　幼兒工程、技術與科學運用（STEM）的教學內容

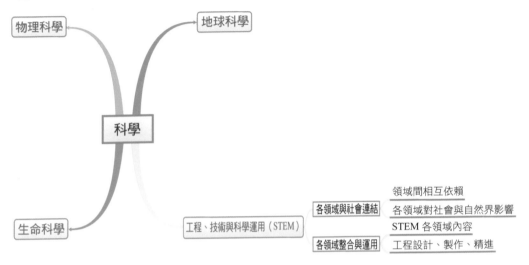

一、各領域與社會連結

各學科領域與人類社會生活是密切相關的，不僅相互依存的各領域運用於人類社會的各項問題，而且也形成對社會與地球環境的正負面影響。適於幼兒探討的「各領域與社會連結」基本概念為：(1)領域間相互依賴；(2)各領域對社會與自然界影響。

（一）領域間相互依賴

工程、技術、科學間的關係是非常密切的，彼此相互依賴，如圖 5-4-3 所示：科學依賴工程、工程依賴科學、科學依賴技術、技術依賴科學、工程依賴技術、技術依賴工程，彼此是交互依存與影響，以顏色箭頭顯示其間的關聯；而數學是科學、工程與技術的基礎，科學、工程與技術均需運用數學，所以位

圖 5-4-3　STEM 各領域間相互依賴

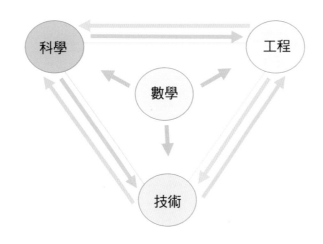

於圖 5-4-3 三學科領域的中心位置。

　　基本上，工程師運用科學知識以解決問題，因工程是解決人類問題的一個系統性實踐，而技術是系統性實踐的結果，回饋機具與精密技法以利科學家與工程師的工作。詳言之，首先科學與工程是相互為用、彼此支援的，科學家依賴工程師設計新的工具、計算機具等技術去進行研究，擴展科學研究的觸角，例如：高倍顯微鏡、AR 科技、防震技術、高速電腦等，讓原本不可能做到的科學研究得以實現；相對的，工程師也需運用科學家的研究結果——深度理解科學概念及這些概念如何更好地理解一個問題，並發展可行的解決方案（Duncan & Cavera, 2015），例如：仰賴科學調研了解不同技術、工具的運用情形，以進一步改進其設計。

　　科學上的進步提供新的可能性、材料或程序理解，這些都可透過工程設計的運用產生技術上的進步，所以技術是有賴工程程序加以實現，也有賴科學研究成果的支援。反之，技術上的進步提供科學家新的可能性去探索自然世界、管理資料與更精確地對更複雜系統建模等（NRC, 2012, p. 203），甚至擴展了科學研究的領域；同時，技術上的進步也提供工程師新的工具與技術去設計新的

產品或技術，例如：奈米技術、防震技術、高空作業機具等。足見科學、工程與技術三者間的相互支持與依賴性。

然而，無論是科學、工程或技術學科領域皆須仰賴數學計算與知識，以產生客觀的科學研究結果、完善工程設計中的標的產品，或精進技術及工具上的設計，例如：在科學研究中，比較實驗前、後的數據或實驗組、對照組的數據，以下精確結論；在工程中，在電腦上仔細計算結構體的面積、容積、承載量等，以設計出結構穩定、功能良好的物件或建築等。

（二）各領域對社會與自然界影響

人類遭遇自然世界的許多問題，於是運用科學去發現答案；同時也為滿足需求與願望，所以運用工程去設計物品、程序與系統；而對自然界所做的改變或修正，就形成了技術；誠如上述，三者間關係是相互依賴、共同成就的。無疑地，科學、工程、技術的運用，對人類社會與生活各方面造成深遠的影響——農業、交通、醫療、住房、通訊、能源、土地、水資源、自然環境等，例如：先進的農業技術，不僅讓消費者吃到高甜度的水果，農夫也可運用監測機制輕鬆管理田地與農產作物，不再靠天吃飯；精湛的通訊技術，如手機與互聯網的發明，高度影響了人類的生活與互動、投資與資金管理、買賣交易等；高超的醫療與手術，免去疾病纏身之苦，也形成人類社會普遍長壽的人口老化現象等。

其實，這些影響有正面與負面，不僅對人類社會造成影響，也對自然世界有所影響，因為人類的活動都基於自然資源，如土地、水資源、森林、空氣等，每一項人造產物都是運用從自然界而來的物質，如家具是從森林中的林木而來；度假別墅與主題樂園經常是與山林爭地的結果。由於新科技的進步使人類干預自然界的質與量加劇，造成自然環境的戕害，例如：由工業廢水廢氣排放、垃圾氾濫等形成的空氣汙染、水資源汙染、土地汙染等嚴重的環境問題；由林木濫伐森林覆蓋縮小、土地濫墾水土流失等造成的生態系統結構與功能瓦解的危

機。這些問題已經日漸嚴重，無論是各國政府或一般民眾皆須嚴肅正視。綜而言之，人類運用科技等各領域解決問題的結果，帶來了社會各方面的繁榮與進步，同時也帶來負面的影響，形成人類社會更嚴重的問題。

二、各領域整合與運用

人類的生活需求與願望必須滿足，也難免有許多問題有待解決。然而，當前社會環保與生態等問題層出不窮，極有必要運用與整合各學科領域知能，在秉持地球環境與人類社會「永續發展」（Sustainable development）理念下，設法權變地解決所面臨的問題。再加上各國為求科技進步與國家競爭力，無不積極培養學子具領域整合特性的 STEM 素養。適於幼兒探討的「各領域整合與運用」基本概念為：(1) STEM 各領域內容；(2)工程設計、製作、精進。

（一）STEM 各領域內容

人類社會整部歷史文明的進步，都無法脫離科學、技術、工程、數學這四領域的運用；而要理解 STEM 各領域如何運用與整合在一起，首須了解 S、T、E、M 的各自內涵，以下分別介紹。

1. 科學（Science, S）

誠如第一章開宗明義指出，自古以來有關科學的意涵就有過程、成果之爭議。目前學界則偏向包含態度（價值）的多面向科學定義，即秉持愛好自然與鍥而不捨、客觀等態度，以及運用觀察、推論、實驗／驗證、溝通等探究能力，去研究自然世界，以了解或回答問題，此一定義含過程、結果與情意三個面向（周淑惠，1998）。然而，當代多面向的科學定義甚至包含「工程、技術與科學運用」層面。根據前述美國 NRC 的 NGSS，以「實踐」（Practice）替代原「探究」（Inquiry）一詞，描述科學家對自然世界從事調查、建立模型與理論，以及工程師在設計、建立模型與系統時的一組行為；也就是說，科學教育不僅

包含科學探究以獲得科學知識，還包括工程實踐程序以解決生活中問題，甚至運用數學與技術（NRC, 2012），明白納入STEM領域，這是當前科學教育的大轉身。

2. 技術（Technology, T）

簡單地說，任何讓生活較為容易的工具均是技術（Sharapan, 2012）。因為按照國際技術教育協會（International Technology Education Association, ITEA, 2007, p. 242）的《技術素養標準：研究技術的內容》（*Standards for Technological Literacy: Content for the the Study of Technology*）之定義，技術係指創新、改變或修正自然世界，以符合人類的需求與願望。因此，從遠古人類製作石斧砍物、鑽磨木頭取火，到當今人類的電腦、網際網路、雲端技術、奈米技術、AR或 VR 技術等皆屬之。技術一方面是工程設計的產品，另一方面此產品也可以運用於工程設計的活動（Stone-MacDonald et al., 2015），如同人類設計電腦，而此電腦也可運用於其他工程設計。它包含各類發明物（含工具）、方法（程序或步驟）或技巧，可以是插電的數位科技產品、技術，即 Barbre（2017）所稱的「大 T」；也可以是非插電的工具類或技術面向，即 Barbre 所稱的「小T」。筆者認為，在幼兒教育可資運用的技術有四大類：探查工具、紀錄工具、製作工具、方法或技術（請參見周淑惠，2018a），包含以上大 T 與小 T。

3. 工程（Engineering, E）

相對於科學，它是透過「探究」可加以「回答」的問題，工程則是透過「設計」可加以「解決」的問題。按照美國NRC的《K-12的工程教育》（*Engineering in K-12 Education*）所定義，工程係指以一個系統與經常是反覆的方式去設計物體、程序與系統，以滿足人類的需求與願望（NRC, 2009, p. 49; 2012, p. 202）；工程始於一個問題，在考量各種解決方案後，測試其可行與否以及如何精進他們（Englehart et al., 2016）。筆者綜合文獻，認為工程涉及三大程序——

設計、製作、精進，「設計」係指依據問題需求與現實條件發想與計畫，而設計後則需運用材質、技術或方法加以「製作」，並在過程中持續「精進」（即優化），以解決實際的問題。

4. 數學（Mathematics, M）

　　無論是科學、工程或技術，均需運用數學知識、思考與方法。數學的本質是邏輯，是一種思考方式，內涵涉及數量、幾何、空間、測量、統計、分類、排序等的知識，它顯現於日常生活之中，與人類生活息息相關（周淑惠，1999），例如：我們居住在世界的空間中，並在空間中移動軀體與安排物體，在在涉及空間方位與空間推理。又如：生活各面向均涉及數量多寡的計算：票選與統計最喜愛的踏查地點；購買材料前數量的統計與花費的計算；思考還有多少時間以計畫行動或分工等。同時，數學也是推理、解決問題、連結與表徵、溝通的一種過程（National Council of Teachers of Mathematics, NCTM, 2000），意指吾人必須運用以上數種方法，去獲得數學知識或解決生活上的數學相關問題，所以數學的思考方法與數學知識同等的重要。

（二）工程設計、製作、精進

　　為有效地解決生活與社會中的問題，我們必須運用科學、數學與技術，透過工程設計歷程，方能產製合宜完善的成品或成果，以滿足人類需求。可以說科學、技術、工程、數學已經滲透於人類生活食衣住行育樂的各層面，例如：高鐵或隧道工程是為了解決人類異地相隔問題與滿足快速交通需求，運用結構力學、材料科學、爆破技術、測量儀器、防震技術、數學計算與工程設計等多學科領域於整體工程的建設。又如：再生抗老技術、醫學微創手術、雲端技術與電子商務等，都是跨領域地運用多個學科領域，以解決人類生活中的各項問題。

　　工程具跨領域特性，於 STEM 教育中具有自然整合作用，所以運用工程程

序去整合各領域並解決問題，是最合宜作法，例如：當幼兒探究寵物的習性後，想要幫寵物貓製作有洞穴、大小平台、逗貓棒的遊戲高臺，它涉及整個高臺結構的平衡穩固與逗貓棒的輪軸轉動（科學）、大小檯面與洞穴的面積尺寸（數學）、遊戲高臺樣式與結構的上網查找（技術）、製作工具與手法的運用（技術）等，足以說明工程設計是 STEM 學習的觸媒，提供了各領域內容的理想整合工具（Kelley & Knowles, 2016），猶如「科際間黏膠」（Interdisciplinary glue），促進 STEM 各領域的學習（Tank et al., 2018, p. 175），是 STEM 學習的整合媒介，也是 STEM 活動的核心歷程（周淑惠，2020），頗具關鍵性。

　　而工程包含設計（Design）、製作（Make）、精進（Elaboration）三個主要程序，簡稱DME程序。一般而言，工程程序有六個步驟——定義與確認問題、研究可能方案、規劃與選擇方案、建立模型與測試、改進修正、溝通分享解決方案（Heroman, 2017; Lange et al., 2019; NRC, 2012; Stone-McDonald et al., 2015; Tank et al., 2017）。筆者簡化為「設計、製作與精進」三大程序或階段，將以上六個步驟納入三大程序中，在設計階段有二個小步驟——確認目標、計畫與選擇，在製作階段有二個小步驟——動手做、測試。說明如下。

1. 設計階段

　　在美國《K-12 科學教育架構》與 NGSS 中非常重視工程設計，提出定義與界定工程問題、發展可能的解決方案、完善設計方式三個程序（NRC, 2012, 2013）。筆者將此三項併為確認目標、計畫與選擇二個主要步驟。「確認目標」是確定待解決問題或挑戰並深入探究，包括可能的解決方案是什麼（需要產生什麼製作物）？這製作物涉及什麼原理？關鍵要素是什麼？它的外觀形式、結構、功能為何？要如何製作？需要什麼與多少的材料、技術與工具？而「計畫與選擇」即計劃後選擇計畫中的方案，也就是在思考與確認問題或標的之目標後，在目前現實狀況的條件與限制（如現有材料、經費、資源等），以及對問題與標的之要求（標準、條件）下，思考與選擇較為可行的實施方案，而在選

擇時則要比較各方案的利弊優劣，在適度折衝下做最佳決定。

2. 製作階段

　　設計完成即進入製作階段，包含動手做與測試。設計想法與實際製作間通常總有落差，且製作時會有一些意想不到的問題，所以幼兒「動手做」時必須隨時解決製作中的各樣問題，即一面思考推論，另一面透過動手操作驗證與「測試」是否可行，例如：冰棒棍如何裁切出大小相同的階梯？幼兒思考出用繩子對折、比對並作記號後裁切，在實作後驗證是可行的；又如：如何讓兩片斜向屋頂與屋子主體結構緊密黏合？幼兒提出用熱熔膠、透明膠水二種方法，在實作測試後只有熱熔膠是可行的；再如：冰棒棍不夠必須用厚紙板替代時，要怎麼讓厚紙板能防水？幼兒提出貼上透明膠帶、刷上白膠二種方法，在實作測試後發現貼上透明膠帶的效果較佳。

3. 精進階段

　　製作大抵完成時，幼兒必須檢視自己的製作物效果並設法調整改善，例如：房子明顯無法平衡站立，屋頂好像太傾斜蓋住窗戶等。在「推論」製作物效果不佳原因後，就要根據其推論加以修正、改良，此調修步驟可能必須進行好幾回合，幼兒要不斷「觀察」、「推論」、「預測」、「比較」、「溝通」、「驗證」等，甚至再度「搜尋資料」或「訪談」專家，以達優化製作物的目的。

三、小結

　　本節探討幼兒科學教育第四個學科領域的內涵——工程、技術與科學運用，即STEM也，包括各領域與社會連結、各領域整合與運用。在幼兒科學教育中，教師不僅要引導幼兒探究傳統三學科的內涵，而且也要傳達並帶領幼兒探究各領域如何與社會連結，以及各領域如何整合與運用，以解決各種問題。筆者以為，自小養成對周遭問題的關切態度與設法面對解決，將來就能擴及於關懷社

會中的問題；因此對幼兒而言，源自生活中問題、遊戲中問題、繪本或假想情境問題，是 STEM 探究很好的切入點，將於第七章深入探討。

6

幼兒科學課程的設計 I
——三大學科領域

幼兒科學教育的各大領域內容及主要概念已於前一章詳加介紹，這些內涵如何轉化為課程與活動，是本章的重點，因此本章旨在探討幼兒科學課程的設計，鎖定在三大學科領域內容的設計。共分兩節，第一節揭示與討論課程的設計原則；第二節是課程設計的示例，乃呼應設計原則提供主題課程科學活動的設計及其簡案。

第一節　幼兒科學課程的設計原則

　　本書採主題方式來設計課程，因為如第三章所述，主題課程具有探究性與統整性，符合科學的探究特性與 STEM 的整合學科及運用特性。它提供可寬可深的探究情境，讓幼兒可從不同領域、學科或活動切入，而且可對感興趣者做長久深入探究，使知能得以加深也能加廣；更重要的是，在探究過程中所獲得的知能，得以立即運用於新情境中，讓學科領域有機融合，臻抵真正統整的境界，是非常有意義的學習。至於課程的設計有預設課程與萌發課程兩種，預設課程顧名思義是要事先設計，而萌發課程也需設計課程，但非一次到位，是有機生成的。建議教師在圖 3-2-2 合宜的教學內容中，選擇幼兒感興趣的現象或概

念，並參照第五章幼兒科學教育的內容來計畫課程（預設課程），或追隨幼兒當下興趣而因應（萌發課程）。幼兒科學課程的設計原則有四，以下依次介紹。

一、依幼兒興趣善定主題

科學概念或現象很多，孩子的興趣、關注或需求才是最高的規劃原則，依據孩子的興趣善選主題是課程設計的第一步。

（一）「依幼兒興趣善定主題」原則之意涵

1. 預設課程

預設課程是由教師「預先選定」主題方向，所選擇的主題在考量符合幼兒發展與學習需求先決條件下，一定是要幼兒感興趣的，因為興趣才是探究的驅動力。建議教師從幼兒家庭與學校生活中的人、事、時、地、物面向開始思考與選擇，並日漸向外擴展至社區或社會（周淑惠，2017a），例如：幼兒很喜歡到附近社區公園遊戲，但最近經常發現亂丟的垃圾或椅子上的污漬，甚至踩到狗屎，教師意識幼兒興趣與環保教育的重要，就可規劃一個「公園與環保」主題。這是從孩子身邊「地」點的面向選擇主題，不僅可探索社區與公園的萬事萬物，而且也關注維護社區與公園的環保大「事」。

職是之故，教師必須本其專業，熟諳幼兒的發展與學習特性，也要經常關注幼兒感興趣的人、事、時、地、物，才能預做規劃。雖然選擇主題以孩子所需、有趣事物為主，不過筆者認為還有一些考量也值得注意，才能讓所設計的主題進展更加順暢，例如：教師自己的興趣與知能專長、主題概念是否寬廣、與上個主題間的連結關係、相關資源的支持等。

2. 萌發課程

萌發課程是「逐步鎖定」正在發芽中的主題，教師必須在敏銳的觀察下，有機生成主題。即萌發的主題一開始是開放的（什麼都有可能）、朦朧的（無

法確知的），是教師觀察幼兒生活與扮演遊戲中所顯現之興趣，逐漸聚焦鎖定
並發展生成的（周淑惠，2017a）。其選擇也如同預設主題般，是要符合發展與
學習需求原則下，去鎖定幼兒生活中與人、事、時、地、物有關的興趣焦點。
可以說一開始有如大漏斗般，任何事件都有可能，隨著時日進展，重複出現的
興趣會愈來愈明顯，最後聚焦鎖定成為探究的主題。

　　因此，若要鎖定萌發中的主題，教師第一步要確認幼兒是否日益顯現濃烈
興趣，只要留意幼兒生活中可讓其眼光發亮、表現熱衷雀躍行為、經常提問或
對話的人、事、時、地、物，即可發現其興趣焦點。第二步則要預估主題的概
念是否寬廣，可讓所有幼兒找到有興趣與合宜的切入點投入探究。在此之時，
也要一併考量是否具有有利主題概念探究的相關資源，如專家、博物館、活動
事件、相關材料等。有興趣進行萌發課程（生成課程）者，可參見拙著《面向
21世紀的幼兒教育：探究取向主題課程》（周淑惠，2017a）第六章的具體實例。

（二）善定主題課程之實例說明

　　筆者於本章第二節選擇三個主題，提供幼兒科學課程設計示例：「轉啊
轉！」、「種子的一生」、「光影好朋友」。以下為學期初幼兒從興趣萌發到
「轉啊轉！」主題課程選擇與確定之情境說明。

　　學期初，幼兒在戶外遊戲場看到大型遊戲結構上的風車不停地轉動，就指
著風車說：「看！風車一直轉、一直轉……」，並且以旋轉自己的食指來表徵；
另一個幼兒則以該位說話的幼兒為軸心繞著她轉圈圈，嘴裡唸著：「轉轉轉，
像這樣轉轉轉、轉轉轉！」；結果二位幼兒笑著拉起雙手一起轉動，引發旁邊
一些幼兒也跟著轉了起來。接連二天老師注意到，孩子都在用各種方式製造轉
動的效果，例如：用手快速轉動著遊戲結構上的風車、駕駛輪盤，轉動地上的
皮球，用身體快速旋轉等。回到教室後，老師順勢問還有什麼東西也可以轉動，
幼兒七嘴八舌地說三輪車的輪子、旋轉木馬、呼拉圈；有些幼兒則還沉醉在身

體轉圈中，紛紛轉起圈來。老師遂於點心後進行「身體哪些部位可以轉動？」的探索活動，幼兒很興奮且創意地探索著。

第二天，老師先在團討時展示與研討竹蜻蜓、風車、齒輪等會轉動的東西後，將他們擺在區角，並鼓勵孩子找找看區角、教室與生活中還有什麼其他東西會轉動？怎麼會轉動？孩子們陸續發現輪盤教具、螺絲釘帽組教具、色紙轉盤架子、牆上的時鐘指針都可以轉動，也有孩子提到主題樂園的摩天輪。接著老師帶著大家上網查詢還有什麼東西會轉動，並記錄下來。其後幾天，老師在孩子們要求下做起了風車、竹蜻蜓；有幾個孩子在角落合作挑戰如何組裝齒輪組，好讓遠端的齒輪跟著轉動；甚至有些孩子想要自製也會轉動的輪盤遊戲，老師請他們好好探究輪盤是怎麼轉動的、需要什麼材料；而有些孩子則在娃娃家跳起身體部位轉動的自創轉轉舞。老師見此炙熱興趣，遂私下繪製「轉啊轉！」主題概念網絡活動圖，大致了解主題的可能走向，也知道有許多可探究的有趣內容；接著，在團討中與幼兒共繪主題網絡圖，了解孩子的舊經驗並共構主題的內涵，至此教師大抵鎖定這個主題。

之後，有二位孩子從家裡帶來了各種陀螺，如指尖陀螺、戰鬥陀螺與傳統木陀螺等，很多孩子特別感興趣，老師遂讓他們在團討中分享陀螺珍藏，並且展示如何操作。有幼兒提起可以用 CD 片製作陀螺，也有幼兒說可以用可鑲嵌的積木組裝陀螺，全班遂分組製作自己喜愛的陀螺。此時，如何讓陀螺轉得穩與轉得久是大家共同關注與探究的焦點，孩子們不斷地試做陀螺與改良，老師則在旁以問題引導著他們，促使幼兒比較與思考轉動差異之因，如重心高低、力臂長短、軸心粗細等，提醒幼兒記錄試驗的結果，並於每日團討中將探究結果展示全班，於是製陀螺與賽陀螺持續了約二至三周時間。

在此之時，幾個小女生對什麼物件可配合身體轉動產生絢麗的效果，特別感興趣，像是彩帶、投擲環、流蘇等，老師除了挑戰他們運用更多身體部位轉動、雙人或數人合作轉動等，並於團討時間帶著全班上網查詢舞蹈、花式溜冰影片，以激發孩子新的創意動作。孩子們不僅忙著一面嘗試新的轉動動作，另

一面製作閃亮的流蘇、彩色的投擲環等配件，並且於製成後馬上嘗試效果；老師則幫他們拍成影片，以供觀賞、比較與改進，有時也鼓勵幼兒自行拍攝。至此，老師完全鎖定「轉啊轉！」這個主題，因為老師認為除了身體、玩教具探索外，還有各種輪子、機具、家電用品等，都可作為切入點讓幼兒依興趣選擇與探索，而且家長開設五金工廠，有很多切割、研磨的轉動機具，可以前往參觀，以充實幼兒的經驗與豐富探究的內涵。

以上情節顯示「轉啊轉！」主題課程鎖定的歷程：教師觀察到幼兒對轉動顯現興趣後，遂追隨孩子興趣讓他們探索身體部位的轉動；接著，帶來一些可轉動的物品來試探孩子的興趣熱度，發現孩子的興趣持續燃燒，初步確認此主題可鎖定。在孩子帶來陀螺後，順著孩子的興趣製陀螺、賽陀螺，同時也順著另一群孩子想產生美麗效果的人、物共轉的轉轉舞興趣；並且考量主題本身的寬廣性──主題有多個探究切入口可廣度探討，以及深入性──幼兒可選擇興趣點聚焦深入探討，在確認有相關資源可支援後，於是鎖定成為探究主題。其實此一主題作為預設課程也是可行的，因為生活中會轉動的東西很多，是很生活化的主題，而且它很吸睛，很容易引發幼兒的探究興趣。

筆者會選定其他二個主題──種子的一生、光影好朋友，主要是因為他們都是幼兒感興趣且非常生活化的主題。首先，論及「種子的一生」主題，生活中吸引孩子的種子食物太多了，如綠豆湯、爆米花、芝麻糖、花生酥、毛豆、豆漿等；在春天時，幼兒或多或少都有種綠豆、播種蔬果的經驗，一顆小小種子寶寶竟然長成可食用的蔬菜，或開花結果成為清脆爽口的小黃瓜、甜美的草莓、葡萄等，這顆小種子實在太神奇了！小種子寶寶是如何散播旅行找到發芽生長之處？種子裡究竟有什麼奧妙可以讓自己發芽生長？在什麼樣的環境條件下才能茁壯成長？又種子是怎麼產生的？在植物的哪裡？與植物的關係是什麼？以上這些問題都可能是幼兒好奇與感興趣的，作為預設課程很合宜。

而「光影好朋友」主題也是一樣非常生活化且幼兒有高度興趣，因為生活

中處處可找到影子，例如：在戶外遊戲場的大型遊具旁或下有遊具的影子，大樹下有陰影可遮涼，我們也經常看到孩子們興高采烈地玩著互踩影子的遊戲，製造奇形怪狀的影子。除了戶外，在室內探索光影也是很有趣的，例如：影子怎麼形成？有光就有影子嗎？孩子一開始都有「有光就有影」的迷思，沒有意識到必須有物體擋住光的行進，才能產生影子。又小手竟然有大影子！物體的影子可變大變小！一個物體竟然有外觀全然不同的各種影子！運用棒偶影子甚至可演出戲劇！這些都是幼兒頗感好奇亟欲一探究竟的，作為預設課程也很合宜。

二、繪製主題網絡圖規劃課程內涵

如第三章所言，知能建立是需要長久時間，幼兒需要聚焦性的經驗，具探究性的主題課程能提供整合性概念與活動，容許幼兒不僅可從不同面向、活動切入探究，而且也可對感興趣議題作長久、深入探究，又符合科學教育的重要探究特性，是幼兒科學課程設計的依歸。又從課程設計的角度而言，有效的組織科學教學的相關想法，就是透過結合概念與經驗活動的主題網絡圖來計畫（Charlesworth, 2016）；Krogh 與 Morehouse（2014）也提到，運用圖像組織是教師設計主題內容與活動的有效工具，它除了能幫助教師組織與概觀整個課程以決定如何設計外，並且可檢視各教學領域的均衡性。

（一）「繪製主題網絡圖規劃課程內涵」原則之意涵

在課程設計上，無論是預設或萌發課程，主題初始繪製主題網絡圖皆是必要的，其重要繪製原則是「先概念再活動」。至於兩種形態課程於初始善定課程後，教師任務的差異如表 6-1-1 所示，最大不同在於萌發課程必須與幼兒共繪「主題概念網絡活動圖」，而預設課程則由教師自行繪製後據以實施。也就是說，萌發課程也要繪製主題網絡圖，但僅是教師自行參考用，重要的是與幼兒一起繪製共構內涵（周淑惠，2017a）。

表 6-1-1　預設與萌發課程主題初始之任務比較

萌發課程	預設課程
1. 鎖定萌發中的主題。	1. 預定主題方向（預設主題方向與繪製概念網絡圖）。
2. 設計參考的活動（繪製參考的主題概念網絡活動圖）。	2. 設計活動內涵（繪製主題概念網絡活動圖與撰寫教案）。
3. 與幼兒共繪「主題概念網絡（活動）圖」，並標示欲探究問題。	
4. 預備情境暨引起動機。	3. 預備情境暨引起動機。

1. 預設課程

　　預設課程在預定好主題方向後，就繪製主題概念網絡活動圖，然後預備情境暨引起主題探究動機。因此，網絡圖的繪製很是重要，它定義了主題探討的範圍與內涵，其繪製應以概念為先。如同 Beane（1997）所言，一個統整性主題課程，統整了課程設計、知識、經驗與社會等層面，課程設計宜始於一個中心主題，然後向外確立與主題相關的各「大概念」，其次才設計用來探索主題與概念的「活動」，對主題的概念與知識作充分探討，並以概念來統整各個領域知識，因其主要目的是要探索主題的自身。

　　以上「先概念再活動」的設計與直接切入各學科領域活動的「多學科課程」（Multidisciplinary curriculum），是非常不同的（Beane, 1997），例如：「種子的一生」主題直接設計水的實驗（生長條件）、拼豆畫、打豆漿、閱小種子繪本等活動，越過各個概念，如種類與構造、生命散播、發芽成植物與對人類功用，根本無法對種子做主題本身深入探究。至於如何發展主題概念網絡活動圖呢？教師可透過與其他教師合作腦力激盪、查閱相關資料（如百科全書或網路資料等）、與同事討論或向他人諮詢方式、甚或參考現成教材或教案，以發展並繪製。一般而言，主題概念網絡圖只要符合邏輯與知識結構就可，每位教師所設計的概念網絡圖可能不盡相同。

2. 萌發課程

　　萌發課程在教師暫時鎖定可能的主題後，第二步是私下設計參考的主題概念網絡活動圖，所以萌發課程也是要設計的，以方便教師掌握主題走向，預思主題進行時可能的問題或瓶頸，然而它僅供教師自身參考。比較特別與重要的是，在第三步與幼兒共繪探究課程內涵，這是預設課程所沒有的，其目的在了解孩子的舊經驗、迷思與真正興趣，並且鋪陳教師心中重要概念，以豐富幼兒的探究視野，以及體現民主氛圍，激發幼兒探究的興趣。基本上，是比較以幼兒為主、尊崇其興趣與需求的課程，相對於比較以教師為主的預設課程的設計——先選定主題方向，再設計課程與活動內涵後直接實施，二者在精神上大不相同。

（二）課程繪製與規劃實例之說明

　　在老師大致鎖定「轉啊轉！」主題與幼兒共繪主題網絡圖時，發現幼兒的焦點都在玩教具與遊樂設施上，較少注意生活中的家電用品、一般用品或工具，如果汁機、洗衣機、廚房紙巾卷軸、微波爐中的轉盤、烤箱或門把的旋鈕、板手、鑽子（手搖鑽）、帶齒輪與旋轉把手的開罐器等。老師覺得這些日常機具用品帶給人類生活很大的方便、解決了很多問題，且與 STEM「技術」層面連結，值得探究，於是提示了一下，發現有幼兒開始想到電風扇、餐桌轉盤等，所以老師把「機具用品」也加入網絡圖概念（有方框者代表概念）中，如圖6-1-1 所示。

　　至於「先概念再活動」的設計，例如：「種子的一生」主題（圖6-1-2）下有種類與構造、生命散播、發芽成植物、對人類功用等概念；而每一個概念下都還有次概念，如「發芽成植物」概念下有播種種植、生長條件、種子產生、科技與種植四項次概念。在這些概念後面才設計能達成該概念理解或探究的各領域活動經驗（無方框者代表活動），如觀察與測量發芽情形、瓜苗蔓爬怎麼

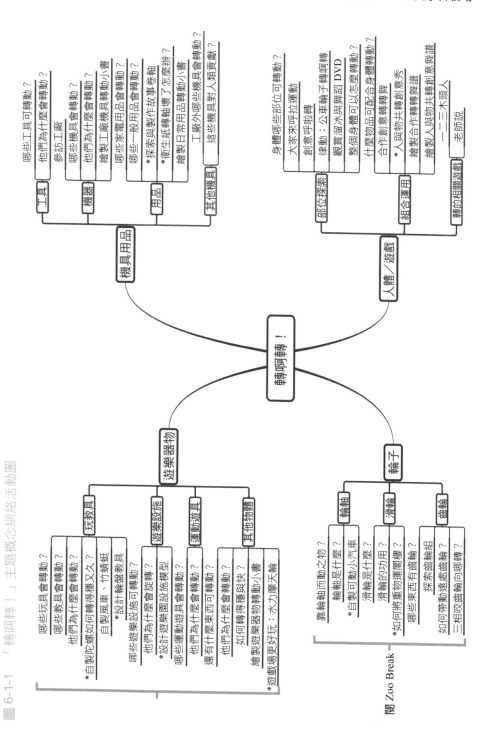

圖 6-1-1　「轉啊轉轉！」主題概念網絡活動圖

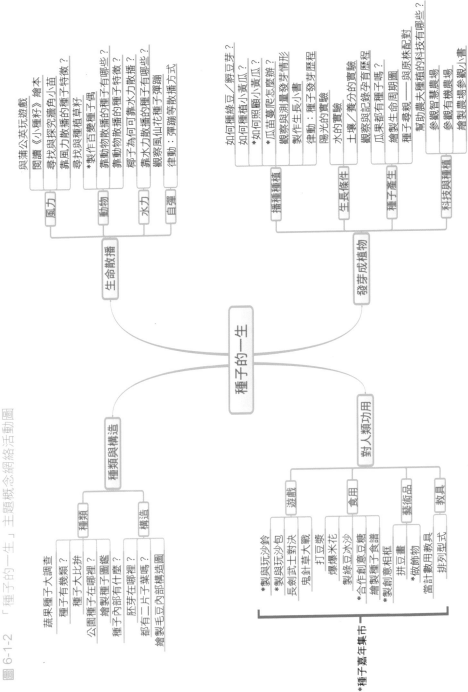

圖 6-1-2 「種子的一生」主題概念網絡活動圖

辦、製作生長小書等活動，皆是有助於理解或探究「發芽成植物」概念下的「播種種植」次概念的相關活動。其他二個主題課程的設計也是秉持「先概念再活動」的設計原則，以對主題充分探究。

三、嵌入探究性活動

科學即探究，探究是科學學習的關鍵，誠如第三章第二節論至科學教育的方法，提及確保「做」或實作科學是幼兒科學教育的不二法門，讓幼兒實際運用探究行動建構科學知識，很是重要。因此，在繪製主題網絡圖規劃概念下的活動時，儘量設計能讓幼兒運用探究能力的活動，這些探究能力包括觀察、推論、測量、找資料、紀錄、比較、驗證、訪談等。其實最根本之道，是活動本身的性質或類型是屬於認知衝突、解決問題、探索未知事物的活動，就能讓幼兒在進行過程中運用以上探究能力，說明如下。

（一）認知衝突活動

「認知衝突活動」是指現象或事件的發生，與幼兒心中所想差異甚大，形成心理上的一種不平衡或衝突狀態，促使幼兒想要進一步確認或是探究為什麼。其作法是教師於活動中有意呈現這些現象或事件，以此激發孩子的探究動機，自然會運用觀察、推論、比較、驗證等探究能力，例如：在「光影好朋友」主題（圖 6-1-3）中的「小手有大影？」、「同物不同影？」、「紅光照物生紅影？」；「轉啊轉！」主題中的「三相咬齒輪向哪轉？」，都是屬於認知衝突的活動。

以「小手有大影？」活動為例，當老師與幼兒一起在燈光前玩手影時，老師有意地製造幼兒的認知衝突，幼兒一定會覺得很奇怪：為什麼老師的大手有較小的影子，而他自己的小手卻有較大的影子？引發孩子們再度確認或是進一步探究；過程中勢必會再度「觀察」、「推論」發生原因，調整手與光源距離並「預測」後再「驗證」，「比較」調整後結果，最後「溝通」他的發現等。

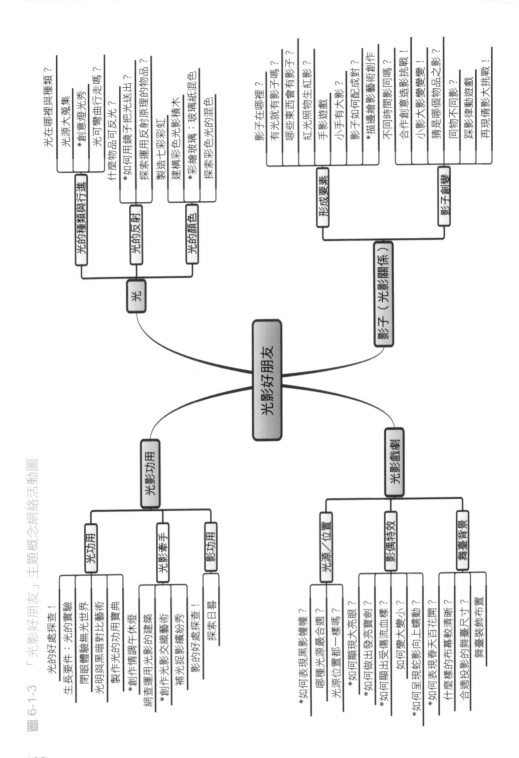

圖 6-1-3 「光影好朋友」主題概念網絡活動圖

「同物不同影？」活動也是一樣，明明看起來是橢圓形且沒有長耳朵，根本不是小白兔的影子，老師卻說是小白兔。幼兒一定會帶著滿心的疑惑，在無法置信下一定會試圖探究以找出答案。

（二）解決問題活動

「解決問題活動」顧名思義就是活動本身是要設法解決問題，它可以是教師預設有待解決的問題，也可以是活動進行中隨機發生的問題，也可以是孩子有需要解決的問題；而在解決問題的過程中，就會探究問題的成因或解決的可能方法，自然會運用觀察、紀錄、推論、預測、驗證、比較、溝通等探究能力，例如：「轉啊轉！」主題中的「自製陀螺如何轉得穩又久？」、「如何將重物運閣樓？」、「衛生紙轉軸壞了怎麼辦？」；「種子的一生」主題中的「瓜苗蔓爬怎麼辦？」；「光影好朋友」主題中的「如何顯現大亮眼？」、「如何表現春天百花開？」等，都是解決問題的活動。

以「自製陀螺如何轉得穩又久？」活動為例，要讓陀螺轉得又穩又久，其實涉及重心、力臂、軸心等因素，幼兒要「觀察」自己陀螺轉動時的狀況及陀螺本身的結構，與別人的陀螺「比較」，「推論」是什麼原因造成陀螺轉得穩不久？然後設法修正，並於修正後再「試驗」陀螺轉得如何……。再以「如何顯現大亮眼？」為例，幼兒若要讓影偶在屏幕上顯現大大亮亮的眼睛，可能要經過良久的探索，剛開始幼兒會用貼金紙、塗金蔥水等辦法，一試再試，「觀察」是否有出現亮眼？「推論」亮光為何無法出現？調整後「預測」並再「試驗」，最後當他在棒偶眼睛處挖洞，就產生亮光解決問題了，代表真正理解光與影的關係。在整個歷程中，幼兒確實運用了觀察、推論、預測、驗證、比較等探究能力。

（三）探索未知活動

「探索未知活動」意指幼兒對即將探索的事物或現象不熟悉，透過活動的

安排以發現答案，例如：「種子的一生」主題中的「如何照顧小黃瓜？」、「種子內部有什麼？」；「轉啊轉！」主題中的「他們為什麼會轉動？」、「什麼物品可配合身體轉動？」、「哪些東西有齒輪？」；「光影好朋友」主題中的「哪些東西會有影子？」、「什麼物品可反光？」等，皆是探索未知的活動。在探索答案的過程中，幼兒很可能會運用觀察、比較、預測、實驗、推論等探究能力，以發現究竟。

以「什麼物品可配合身體轉動？」活動為例，幼兒可能拿取各種物品一一試試看，如握在手上甩動的彩帶、套入手腕的膠帶圈、套入腰際或腳上甩動的小呼拉圈、綁在身上的流蘇等；或是運用凸顯效果的不同材質，如皺紋紙或棉紙、金紙或錫箔紙、絲質或軟膠質等彩帶或流蘇；或是結合不同物品創造效果，如帽子上加彈簧和彩色羽毛、小呼拉圈上繫閃亮流蘇等。幼兒會「觀察」它是否能與身體部位良好配合並轉動，「比較」哪一種的轉動效果較好，「推論」是什麼原因轉得不好，「紀錄」暫時結果，修正後再「試驗」，最後「分類」效果較好與不佳者。再以「什麼物品可反光？」為例，幼兒也是要將物品一一試驗，才能發現哪一個會反光，過程中一定會運用各種探究能力。

四、正視實驗性活動

實驗性活動在探索未知或尋找答案，也是反映第三章第二節科學教育的方法──實作科學，是一般科學活動所常見的，不過它更嚴謹些，例如：「種子的一生」主題中的「陽光的實驗」、「水的實驗」；「光影好朋友」主題中的「光可彎曲行走嗎？」等，皆是實驗性活動，都是藉著操控變項，以設計的行動來證實幼兒的預測。此處特別冠上「正視」兩個字的目的，在提醒教師當設計實驗活動教案時，必須拋棄傳授示範讓幼兒模擬照做的習性，容許幼兒用自己的行動來驗證心中所思，所以提醒幼兒實驗要素──預測、一次操作一個變項等，並在旁搭構適當鷹架，就顯得很重要，例如：適時提問協助幼兒聚焦，提供幼兒框架或方向（如提供已設計好的實驗紀錄紙），提醒將實驗結果與預

測比較，並做出符合證據的結論等。

　　實驗性活動與探索未知活動相若，有些探索未知的活動確實可以用實驗活動來進行，如「哪些東西會有影子？」、「什麼物品可反光？」；但是，帶著遊戲性質的探索活動如上述的「什麼物品可配合身體轉動？」，反而更能符合幼兒的特性。不過，一旦決定要進行實驗活動，就盡量讓幼兒經歷實驗活動的要件──預測、動手實驗、控制變項（一次一個變項）、比較實驗結果與預測、依證據下結論等，體驗科學家解答科學疑惑的方式。特別是變項的控制很是重要，如此方能得知是哪個變項發生作用，例如：斜坡行車活動影響的變項有斜坡的斜度、斜坡的摩擦力、小汽車的重量等，第一次實驗若是針對斜坡的斜度，故只有斜度有高、中、低不同，斜坡的摩擦力與小汽車的重量都要一樣，才能得知小車子在哪一個斜度跑得最遠。

五、預備情境暨引起動機

　　以上是科學性主題課程的設計，首要依據幼兒興趣善定主題課程，其次是繪製主題網絡圖規劃課程內涵，在過程中要嵌入探究性活動與正視實驗性活動。此外，依據表 6-1-1，主題開始規劃課程時還有一項重要任務，那就是第四點的「預備情境暨引起動機」。其實，它介於課程設計與課程實施之間，只要預備好情境，情境訊息就會自然激發幼兒的探究動機，有如預熱引擎般，讓幼兒進入主題探究的氛圍中，讓後續課程與教學的進展較為順暢。

　　預備情境的任務包含：(1)探究環境的安排與布置──即探索性環境規劃，如新設配合主題的相關區角、增加原有特定區角的教具或布置、安排戶外環境（如增添附加零件、勘查場地等）；(2)探究相關事宜與資源的考量、聯繫與請購──如聯繫合宜的參訪機構、邀請專家或家長入園、勘查配合主題的野外場域、請購幼兒必須探究或使用的材料等；(3)能引發幼兒對整個主題探究動機的活動開啟──如運用模型、神秘箱、有趣繪本、認知衝突等激發幼兒投入興趣。若做好這三件事，必能為幼兒投入整個主題的探究做好充分準備，引發十足的

探究動機與行動，讓整個主題的進行更為順遂（周淑惠，2017a），此將於第八章幼兒科學課程的實施中詳述。

六、小結

本節提出幼兒科學課程設計的幾項原則——依幼兒興趣善定主題、繪製主題網絡圖規劃課程內涵、嵌入探究性活動、正視實驗性活動，以及伴隨課程設計預備能激發探究動機的情境。此外，本節也以三個主題課程與教學活動——「轉啊轉！」、「種子的一生」、「光影好朋友」，來說明以上課程設計的幾項原則（主題概念網絡活動圖具多元性，只要整個概念符合邏輯與知識結構，活動能達成概念目標即可，所以以上三圖僅供參考）；而且也說明預設課程與萌發課程由於精神不同，在設計上的差異。不過，筆者認為即使是預設課程，教師在選定主題設計課程與活動內涵後，也可以彈性地視幼兒興趣加以發展，稍加調整原設計內涵。若能做到如此，就是一個更有意義、更接地氣的科學課程。

第二節　幼兒科學課程的設計示例

本節旨在介紹三個主題課程——「轉啊轉！」、「種子的一生」、「光影好朋友」的相關科學教學活動。首先，特別聲明的是，幾乎每個主題皆可設計科學活動，由於這本書是幼兒科學教育教科書，加上幼兒教師通常較為害怕也較少設計及進行科學活動，所以筆者盡量選擇較為偏向科學性的主題，而且每個主題盡量多設計與科學概念直接相關的探究性活動，加大其分量，以供幼兒教師參考；當然主題中也會伴隨一些其他領域的活動，如語文、體能、社會等，但相較下分量較少。其次，由於篇幅有限，加上上一節已經介紹一些活動，本節僅在每個主題課程中每一個次概念下挑選一至二個活動，並以偏向簡案方式加以說明，尤其在目標部分僅針對所要促進的認知目標，鎖定在科學概念部分。

一、「轉啊轉！」主題課程與活動

「轉啊轉！」主題課程共有四個概念——遊樂器物、機具用品、人體／遊戲、輪子，在四個概念下還有次概念，以及能達成這些概念理解或探究的教學活動。

（一）「遊樂器物」概念下的活動

其下的活動均在促進幼兒對可以轉動的遊樂器物之探查——玩教具、遊樂設施、運動遊具與其他物體等（圖 6-2-1a）；而且也探究這些器物為何會轉動，並進一步運用於製作簡單的會轉動遊樂器物，以解決相關問題。在探究時，孩子們必須運用觀察、推論、紀錄、比較、測量、查詢資料、訪談、預測、驗證

圖 6-2-1a 「轉啊轉！」主題的遊樂器物活動圖

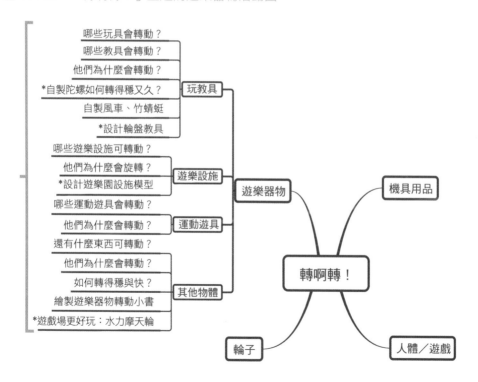

（實驗）、溝通等方式，以獲得答案。在製作簡單的會轉動器物時，也是一樣，首先要了解該器物是靠什麼原理轉動，以及該器物的外觀、結構，這都必須運用探究能力（範例如表 6-2-1a-1）。

表 6-2-1a-1　「哪些遊樂器物會轉動？」活動

主要概念目標	意識身邊有哪些遊樂器物會轉動，並推論為何會轉動
準備材料	風車、陀螺、海報紙等
活動簡介	1. 教師於團討中出示風車、陀螺等可轉動的玩具，請幼兒分組「探查」教室、遊戲場與其他地方有哪些「遊樂器物」可以轉動。 2. 然後各組分享探究結果，教師引導大家分類，如玩具、教具、運動遊具、遊樂設施等。 3. 教師提問：「這些器物是靠什麼轉動的？」（提示運用不同力量、原理轉動，如人力、風力、水力、輪軸、馬達等），請大家思考與討論（推論），以激發後續活動的探究動機。 4. 請幼兒分組繪製「遊樂器物轉動小書」或海報，並備註尚待探究之如何轉動問題，以供其後記錄與統整探究所得。
備註或延伸	1. 也可直接讓幼兒分項探查哪些玩教具、運動遊具、遊樂設施或其他物體等遊樂器物會轉動，及討論靠什麼力量轉動。 2. 若幼兒沒有想到之物（如地球儀、飛盤、籃球、滑板車、嬰兒床旋轉音樂鈴、錢幣等），教師可稍加提示。

（二）「機具用品」概念下的活動

其下的活動均在促進幼兒對可以轉動的機具用品之探查——工具、機器、用品、其他機具（圖 6-2-1b）；而且也探究這些機具用品為何會轉動；並進一步運用於製作簡單的會轉動用品，以解決相關問題。在探究時，孩子們必須運用觀察、推論、紀錄、比較、測量、查詢資料、訪談、預測、驗證（實驗）、溝通等方式，以獲得答案。在製作簡單的會轉動日常用品時，也是一樣，首先要理解該用品是靠什麼原理轉動，以及該用品的外觀、結構，這都必須運用探究能力（範例如表 6-2-1b-1、表 6-2-1b-2）。

圖 6-2-1b　「轉啊轉！」主題的機具用品活動圖

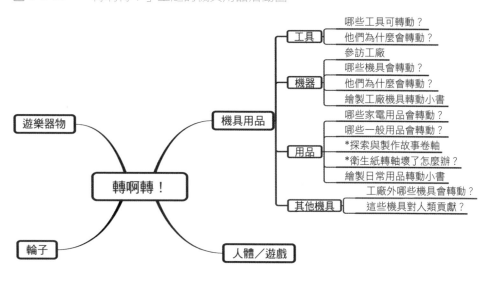

表 6-2-1b-1　「哪些一般用品會轉動？」活動

主要概念目標	意識家中有哪些一般用品會轉動，並推論為何會轉動
準備材料	電扇、海報紙等
活動簡介	1. 教師出示插電的電扇，詢問幼兒在家裡還有哪些日常用品會轉動，請幼兒回家與父母一起探究，並將結果繪圖或照相於親子學習單中。 2. 請幼兒於團討中分享探究結果（教師將圖像投影），引導幼兒於白板上分類為家電用品、一般用品與工具等。 3. 教師提問：「這些用品是靠什麼轉動的？」（提示運用不同力量、原理轉動之物，如餐桌轉盤、走馬燈、削鉛筆機、螺旋瓶蓋等），請大家思考與討論（推論），以激發後續活動的探究動機。 4. 請幼兒分組繪製「日常用品轉動小書」或海報，並備註尚待探究之如何轉動問題，以供其後記錄與統整探究所得。
備註或延伸	1. 也可直接讓幼兒分項探查哪些家電用品、一般用品與工具會轉動。 2. 如果有些物件於探究結果沒有顯現（如廚房用紙捲、披薩輪刀、旋轉椅、烤箱旋轉鈕、門把、水龍頭、電動刮鬍刀等），教師可稍加提示。

表 6-2-1b-2　「衛生紙轉軸壞了怎麼辦？」活動

主要概念目標	探究並製作可轉動以供取用的衛生紙捲裝置
準備材料	衛生紙一疊、衛生紙捲、軟鐵絲、毛根、棉繩、大吸管、鐵質衣架等
活動簡介	1. 教師拿出衛生紙捲與壞了的紙捲裝置說：「廁所放衛生紙捲的捲動裝置壞了，你們可以幫忙做一個嗎？」亦可問：「我們原來是用成疊包狀的衛生紙，現在超市只賣捲筒狀衛生紙，你們可以設法做一個可以掛衛生紙捲的小機器嗎？」 2. 教師問幼兒：「紙捲是怎麼捲出衛生紙？」、「怎麼樣才能讓紙捲轉動？」、「這讓衛生紙捲轉動的機器長得怎麼樣？」引導幼兒觀察壞了的紙捲裝置、上網查詢網上捲筒裝置圖片。 3. 請幼兒運用所提供材料製作，歷程中教師提示紙捲要能轉動，並鼓勵不同方法，如可用軟鐵絲折成、大吸管加毛根製成，也可用衣架改良（設法將紙捲套入，即可懸掛）。 4. 分享作品後，教師請幼兒比較作品間的異同點，並統整。
備註或延伸	可將作品展示或實際運用於廁所。

（三）「人體／遊戲」概念下的活動

　　其下的活動均在促進幼兒與人體轉動相關的探索或體驗——部位探索、組合運用、轉的相關遊戲（圖 6-2-1c）；並進一步創作簡單的旋轉舞蹈與舞譜等。孩子對哪些部位可以轉動、哪些物品可配合身體部位轉動，與創作旋轉舞蹈、人與物共轉創意秀與繪製舞譜等，都是新鮮的嘗試，都必須運用探究能力，以發現答案並創造舞姿（範例如表 6-2-1c-1）。

圖 6-2-1c　「轉啊轉！」主題的人體／遊戲活動圖

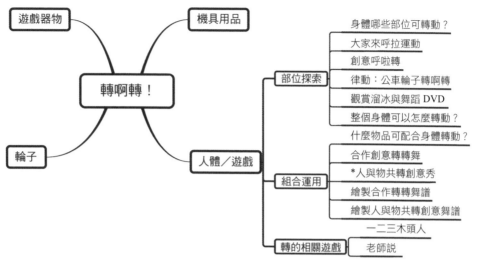

表 6-2-1c-1　「身體哪些部位可轉動？」活動

主要概念目標	探索身體有哪些部位可以轉動與如何轉動
準備材料	音樂、舞蹈 CD 片、電腦
活動簡介	1. 教師提問：「我們的身體有哪些部位可以轉動？試試看！」、「除了轉圈圈外，還可以怎麼轉？」（如左右扭轉、8 字轉），讓幼兒隨著音樂旋律自行探索、轉動。 2. 當幼兒沒有想到某些部位（如眼睛、舌頭、整個身體），可以再問只有這些部位嗎？或者是稍加提示。 3. 初步探索後，引導幼兒查詢網上民族舞、芭雷舞、花式溜冰等影片，請幼兒回溯所見後再探索，以激發幼兒新的嘗試。有些學過舞蹈、國術、體操的孩子會一些較難的動作，可請其示範，以激發同儕新的轉動動作（非強迫性）。
備註或延伸	此活動可為「整個身體可以怎麼轉動？」（如平轉、點轉、踏步翻身、揮鞭轉、側手翻等動作）、「什麼物品可配合身體轉動？」做預備。

（四）「輪子」概念下的活動

因為生活中有很多可轉動輪子的實例，故而特意標示此一概念，其下的活動均在促進幼兒與輪子轉動相關的探索或體驗——輪軸、滑輪、齒輪（圖6-2-1d）；而且也探究他們為何會轉動，並進一步運用這些原理製作簡單的物品或裝置，以解決相關問題。在探究時，孩子們必須運用觀察、紀錄、訪談、比較、預測、驗證（實驗）、查詢資料、溝通等方式，以獲得答案。在製作時，孩子們要了解該物品或裝置是因什麼原理轉動，以及他們的外觀、結構，這都必須運用探究能力（範例如表 6-2-1d-1、表 6-2-1d-2）。

圖 6-2-1d 「轉啊轉！」主題的輪子活動圖

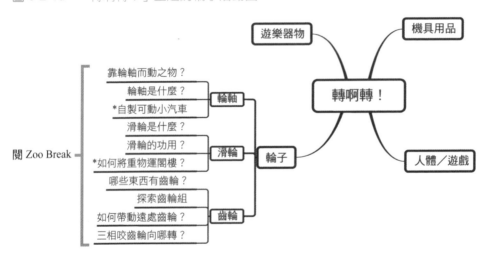

表 6-2-1d-1　「輪軸是什麼？」活動

主要概念目標	探究輪軸是什麼與其作用
準備材料	小玩具汽車、小三輪車、玩具手推車等有輪軸車輛（排除單輪）、自製車輛（鑽通對稱四洞的寶特瓶、四瓶蓋、二竹筷）
活動簡介	1. 教師提問：「哪裡可以看到輪子？哪些東西有輪子？」請幼兒發表。再問：「輪子可以做什麼用？」出示所準備的玩具車輛，請幼兒仔細觀察其構造，並讓幼兒以玩具手推車運重物，再比較與徒手運重物的感受差異，體驗省力功能。 2. 續問：「這些車子為什麼會走動？是什麼讓車子走動？它有什麼特色？」如果幼兒尚未意識輪軸，再問：「車子走的時候只有輪子動嗎？」、「除了四個輪子動，還有什麼東西也在動？」 3. 出示透明的自製車輛讓幼兒觀察與操作，確認幼兒理解二個輪子以軸相連，然後放在區角供探索，以引發製作動機。
備註或延伸	1. 也可在軸上做記號，讓幼兒觀察到軸與輪子同時轉動。 2. 靠輪軸轉動之物有許多，如方向盤、削鉛筆機、螺絲起子、水龍頭等，本活動鎖定在車輛的輪軸。

表 6-2-1d-2　「如何帶動遠處齒輪？」活動

主要概念目標	探索大小齒輪間如何傳動
準備材料	大大小小的齒輪與鑲嵌板、已設計的紀錄紙
活動簡介	1. 教師於區角齒輪鑲嵌板上布置好起始齒輪與標的齒輪，並以圖像指示幼兒如何操作：從起始齒輪開始，如何用最少的齒輪來轉動標的齒輪。 2. 另行準備一張蓋有幼兒名字與書寫齒輪數空格的紀錄紙，以供幼兒於挑戰後記錄，並比較大家所運用的齒輪數。
備註或延伸	1. 鼓勵幼兒以照相機拍攝最後完成的作品，以供後續團討中討論與比較。 2. 可準備另一塊鑲嵌板，允許幼兒間自行布置起始齒輪與標的齒輪，相互挑戰。 3. 本活動若能在大型鑲嵌板牆面上進行，可讓多人同時操作，或引發同儕觀賞，則更有挑戰性。或者在起始與標的齒輪間再加上中介齒輪一至三個，要求幼兒用最少齒輪，使之一起連動。

二、「種子的一生」主題課程與活動

「種子的一生」主題課程共有四個概念——種類與構造、生命散播、發芽成植物、對人類功用，在四個概念下還有次概念，以及能達成這些概念理解或探究的教學活動。

（一）「種類與構造」概念下的活動

其下的活動均在促進幼兒對種子類別與內部構造的探查與認識——種類、構造（圖 6-2-2a）。在探究時，孩子們必須運用觀察、紀錄、比較、推論、訪談、查詢資料、預測、驗證（實驗）、溝通等方式，以獲得答案（範例如表 6-2-2a-1、表 6-2-2a-2）。

圖 6-2-2a 「種子的一生」主題的種類與構造活動圖

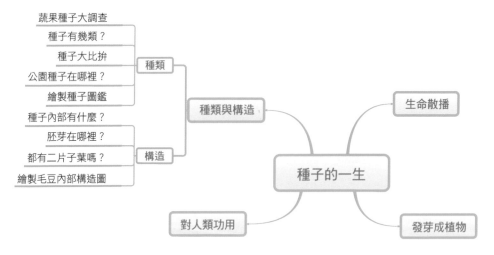

表 6-2-2a-1　「種子大比拚」活動

主要概念目標	探索各種水果的種子外觀，並開啟其他類別種子的探索
準備材料	種子外形差異大的水果數樣、水果刀、盤子、餐巾紙等
活動簡介	1. 請幼兒分食橘子、葡萄，當幼兒吐出果內種子時，詢問幼兒那是什麼？做什麼用等問題，以了解其舊經驗。 2. 續問：「所有水果都有它嗎？」、「它們都長得一樣嗎？」然後，切開準備好的木瓜、蘋果、桃子、荔枝等水果，加以驗證，並觀察、比較，甚至測量、記錄它們的外形、顏色、大小、質感等。 3. 再次提問：「這些種子是做什麼用的？」以及「種子都不能吃嗎？」、「有可以吃的種子嗎？」、「你吃過哪些？」提醒幼兒圖書角有種子圖鑑可查閱，並可與父母一起探查。 4. 最後讓幼兒攜回「蔬果（含豆類）種子大調查」學習單，與父母一起探查並記錄，於下次團討中分享。
備註或延伸	1. 盡量準備帶枝葉的水果，若無，則另外準備帶枝葉或整株果樹的圖片，增進幼兒理解水果與植栽間的關係。 2. 下次團討分享完「蔬果（含豆類）種子大調查」學習單後，讓幼兒開始繪製種子圖鑑，並陸續將主題中各項探究結果記錄其內。 3. 接著，可讓幼兒至附近公園、野地尋找種子，如鳳凰木、洋紫荊等的長刀型種莢，松樹、木麻黃的毬果，野草穗叢、蒲公英、鬼針草等，並比較、分類、記錄其外觀。

表 6-2-2a-2　「種子內部有什麼？」活動

主要概念目標	探索種子的內部奧秘，促進對生命現象的理解
準備材料	帶豆莢的毛豆一包、放大鏡數把、回收小容器、廚房用紙巾、放大鏡等
活動簡介	1. 教師拿出帶豆莢的毛豆，請幼兒小心剝開，指出豆子與豆莢相連之豆臍處，請幼兒仔細觀察並猜測它是做什麼用？ 2. 接著問：「豆子裡有什麼東西，能讓種子發芽？」請幼兒發表，然後引導幼兒剝開「種皮」、二片「子葉」與其間的「胚芽」（含胚根、胚軸），用放大鏡一探究竟，帶幼兒查詢網站或圖鑑上的資料，並且討論其作用與預測種植後可能發生之事。 3. 最後，讓幼兒實際種植，觀察胚芽生根、發芽，驗證種子內部組織會發育成植物的想法。
備註或延伸	讓幼兒將種子內部的組織、實際種植的觀察結果陸續繪於種子圖鑑中。

（二）「生命散播」概念下的活動

其下的活動均在促進幼兒對各種生命傳播方式的探查——風力、動物、水力、自彈（圖 6-2-2b），以理解小種子傳宗接代的旅程與生命的韌度。在探究時，孩子們必須運用觀察、推論、紀錄、訪談、比較、查詢資料、預測、驗證（實驗）、溝通等方式，以獲得答案（範例如表 6-2-2b-1、表 6-2-2b-2）。

圖 6-2-2b 「種子的一生」主題的生命散播活動圖

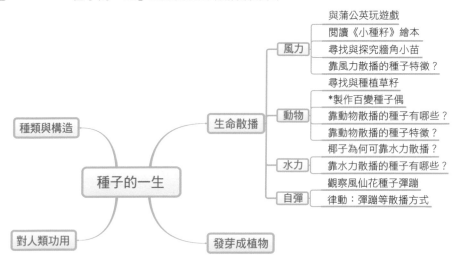

表 6-2-2b-1 「尋找與探究牆角小苗」活動

主要概念目標	尋找牆角或地縫中小苗，理解小種子散播生命的方式
準備材料	種子圖鑑紀錄紙、《小種籽》繪本
活動簡介	1. 全班共讀《小種籽》繪本後，教師藉著提問進行小種籽的一生命運的討論，如小種籽從巨人花的哪裡跑出來？小種籽是怎麼旅行的？它要在什麼環境下才能發出小苗芽？在發芽前會遇到什麼生命攸關的挑戰？它與巨人花的關係是什麼？ 2. 帶幼兒到校園尋找牆角或地縫中小苗，可運用手機 APP 查出此株植物名稱，請幼兒好好觀察它的生長環境；並討論（推論）此株小苗是怎麼長出來的，也就是小種子是怎麼旅行到這裡發芽的（有可能是藉著風力或是動物傳送）？ 3. 最後，讓幼兒將探究歷程與結果繪於種子圖鑑中。
備註或延伸	教師須事先確認園內牆角或地縫中有小苗。

表 6-2-2b-2 「尋找與種植草籽」活動

主要概念目標	尋找與種植草籽，理解小種子散播生命的方式
準備材料	種子圖鑑紀錄紙、水盤、回收小容器、手套等
活動簡介	1. 教師帶幼兒至園中、公園或園外有野草處，讓幼兒吹拂蒲公英，觀察帶纖毛的種子隨風飛揚情況（風力飛揚方式）；刻意讓幼兒帶著棉布手套摸過、走過草叢，觀察黏在衣物上的種子；彼此丟擲鬼針草，比賽誰黏的少（動物運送方式）；捏一捏鮮紅欲滴的小漿果，觀察其彈流而出的情形。 2. 回教室後，可將野外採集的種子連同襪子、手套一起浸水，讓幼兒觀察其發芽、生長情形。
備註或延伸	1. 讓幼兒將探究歷程與結果繪於種子圖鑑中。 2. 可將黏在襪子、手套上的種子取下，種在容器裡，草籽長成密密的有如頭髮或裙襬，再將容器裝飾，如繪上臉譜或加製偶身成為「百變種子偶」，不但有趣又可促進對生命延續現象的理解。

（三）「發芽成植物」概念下的活動

　　其下的活動均在促進幼兒對種子如何發芽成植物與最後又產生種子的生命歷程之探索或實驗──播種種植、生長條件、種子產生、科技與種植（圖6-2-2c）。無論是種植、種子產生的探索體驗、生長條件的實驗，以及新科技對農業或種植的探索，都需運用觀察、推論、比較、預測、訪談、查詢資料、溝通、紀錄、實驗（驗證）等探究能力（範例如表 6-2-2c-1、表 6-2-2c-2）。

圖 6-2-2c　「種子的一生」主題的發芽成植物活動圖

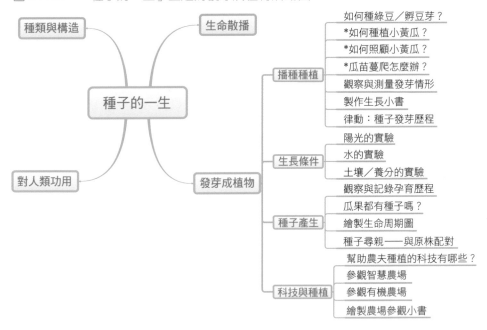

種類與構造

生命散播

種子的一生

對人類功用

發芽成植物

播種種植
- 如何種綠豆／孵豆芽？
- *如何種植小黃瓜？
- *如何照顧小黃瓜？
- *瓜苗蔓爬怎麼辦？
- 觀察與測量發芽情形
- 製作生長小書
- 律動：種子發芽歷程

生長條件
- 陽光的實驗
- 水的實驗
- 土壤／養分的實驗
- 觀察與記錄孕育歷程

種子產生
- 瓜果都有種子嗎？
- 繪製生命周期圖
- 種子尋親——與原株配對

科技與種植
- 幫助農夫種植的科技有哪些？
- 參觀智慧農場
- 參觀有機農場
- 繪製農場參觀小書

表 6-2-2c-1　「如何種植小黃瓜？」活動

主要概念目標	播種小黃瓜種子，探索小黃瓜如何種植、成長與生命週期
準備材料	小黃瓜、棉花、小黃瓜種子、回收小容器等
活動簡介	1. 教師詢問幼兒點心時間的涼麵中有什麼？然後拿出一根小黃瓜問幼兒它還可以怎麼吃，激發幼兒想種植的動機。 2. 再拿出處理過的小種子，詢問幼兒怎麼種它？需要什麼？然後與幼兒一起上網查找小黃瓜種子從孵苗、育苗、發芽長出真葉後定植的歷程，或是訪問農夫、種苗店店主等。 3. 讓幼兒實作孵苗、定植等完整歷程，引導幼兒觀察生長變化、測量與記錄生長速度等。
備註或延伸	1. 種植後可讓幼兒設法探究如何照顧其生長？如澆水量、陽光、施肥等生長要素；遇到問題怎麼辦？如瓜苗蔓爬、長了蚜蟲等問題。探究方法，如查找網路、圖鑑或小百科，赴農場參訪、比較，訪問農夫、種苗店店主、有種植經驗家長等。小黃瓜從種子孵苗、育苗到結實約二個月，最後讓幼兒尋找種子，經驗與觀察完整的生命週期。 2. 讓幼兒將探究歷程與結果持續繪於種子圖鑑中。

表 6-2-2c-2 「陽光的實驗」活動

主要概念目標	以實驗方式,理解植物的生長需要陽光
準備材料	發芽植栽、紙箱等
活動簡介	1. 延伸「種子內部有什麼?」活動,教師出示二株已發芽並加入培養土的苗芽,詢問幼兒植物生長需要什麼?將幼兒答案記錄於白板。 2. 詢問幼兒要怎麼知道植物生長需要這些要素?引導幼兒進行實驗並提醒實驗注意事項,如一次只能一個變項、實驗前預測、實驗後與預測比較等。可將一株放入密閉幾乎不見光的紙箱中,一株放在窗臺上,但是二株澆水量一致,讓幼兒預測此二株植物之後各會怎樣。 3. 幾天後拆開紙箱驗證答案,並討論為什麼會這樣。
備註或延伸	1. 也可在箱上開小口並於箱內設迷徑,莖葉會如走迷宮似地尋至陽光處,讓幼兒理解植物有向陽生長的特性。 2. 接著,進行其他生長要素的實驗,如水、空氣等。 3. 讓幼兒將探究歷程與結果持續繪於種子圖鑑中。

(四)「對人類功用」概念下的活動

　　種子的功用實在太多了,其下的活動均在促進幼兒對種子功用的探索或體驗──遊戲、食用、藝術品、教具(圖 6-2-2d)。孩子們必須運用觀察、分類、比較、排序或型式、查詢資料、訪談、溝通等方式,探索種子的各種可能功用(範例如表 6-2-2d-1)。

圖 6-2-2d　「種子的一生」主題的對人類功用活動圖

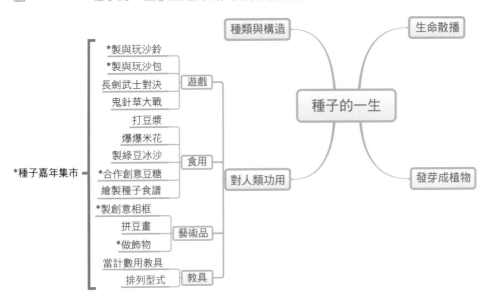

表 6-2-2d-1　「種子嘉年集市」活動

主要概念目標	統整種子主題所有探究內涵，並以嘉年集市義賣活動展現
準備材料	幼兒所製作或展示的與種子內涵相關的物件
活動簡介	1. 充分探索與體驗種子主題活動，特別是在孩子自製許多與種子功用有關的遊戲用物、食用品、藝術品、教具後，教師於團討中引導幼兒回溯與統整所曾探究的內涵，將幼兒發言分類記錄於白板上。 2. 教師詢問幼兒：「期末高峰活動要怎麼呈現所學內涵給父母？」、「你們做的這麼多東西要怎麼讓大家知道，並且也能達到做善事的目的？」激發幼兒自行提議或教師順勢引導提出舉辦嘉年華義賣活動，在獲得幼兒同意後與其共構。 3. 教師與幼兒共同計畫如何舉辦，包括場所與空間規劃、集市義賣內涵、節目進行與流程、邀請對象與邀請卡製作等，並且決定分組負責項目。 4. 各組分別進行，並於每日團討報告進度與討論待做或需加強事項。
備註或延伸	所義賣或展示的物件除了種子功用中的孩子自製工藝作品、食用點心外，還包括過程中育苗的植栽、種植的小黃瓜、各種種子展示、統整後的種子圖鑑、百變種子偶等。

三、「光影好朋友」主題課程與活動

「光影好朋友」主題課程共有四個概念──光、影子（光影關係）、光影戲劇、光影功用，在四個概念下還有次概念，以及能達成這些概念理解或探究的教學活動。

（一）「光」概念下的活動

其下的活動均在促進幼兒對光的探查與認識──光的種類與行進、光的反射、光的顏色（圖 6-2-3a）。在探究時，孩子們必須運用觀察、訪談、紀錄、推論、比較、預測、實驗（驗證）、分類、溝通等方式，以獲得答案（範例如表 6-2-3a-1、表 6-2-3a-2）。

圖 6-2-3a　「光影好朋友」主題的光活動圖

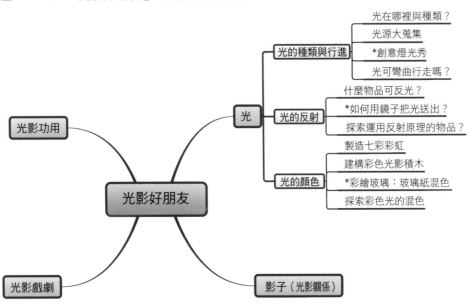

表 6-2-3a-1 　「如何用鏡子把光送出？」活動

主要概念目標	藉遊戲探索光的反射現象，更加理解光是直線前進的
準備材料	手電筒、有腳架鏡子數面、小熊、粗繩二段、黑布等
活動簡介	1. 教師將燈光關掉與窗簾拉上讓教室漆黑一片後，打開放在桌面上的手電筒，對著三至五位手持鏡子的幼兒提出一個假想情境：「如果這個手電筒被固定在這裡不能移動，小熊在那個黑暗的角落很害怕，請你們幾位運用鏡子，設法把燈光照射到小熊。」即接收到光照射的第一位幼兒設法把光反射到第二位幼兒的鏡子，第二位再設法反射到第三位的鏡子，如此接力傳送。 2. 過程中，教師故意調整手電筒的方位與入射角，引發幼兒跟著嘗試調整鏡子的方位，進行反射光接力遊戲。 3. 讓幼兒分組自由探索，合作運用鏡子將光反射到暗處的小熊。
備註或延伸	1. 此活動進行前，幼兒宜先探索「什麼物品可反光？」，理解鏡子可反光後，教師再在昏暗的教室中，用手電筒斜對著鏡子，讓幼兒預測光會反射在哪裡，然後打開手電筒燈光驗證答案。接著，變換手電筒方位與入射角數次，每次均運用繩子拉出光照路線，讓幼兒意識反射路線與入射路線間的關係（入射角等於反射角）。 2. 布置一間約六位幼兒可容身的小暗房，放入有腳架的鏡子數個（有腳架鏡子讓幼兒無需別人幫忙可獨自調整鏡子與探索）、小熊、手電筒等，讓幼兒在區角時間獨自或與他人合作探索。

表 6-2-3a-2 　「彩繪玻璃：玻璃紙混色」活動

主要概念目標	藉彩繪之名探索光穿過玻璃紙的顏色
準備材料	彩色玻璃紙、色紙、彩色厚卡紙、透明塑膠布、膠水等
活動簡介	1. 教師將玻璃紙（黃、藍、紅色）暫時黏在有陽光照射的窗戶玻璃上，請幼兒觀察玻璃與地面的彩色亮光，問幼兒如果要製造不同的顏色亮光（如綠色），可以怎麼做？或者是：「如果我把黃色和藍色重疊，會產生什麼顏色亮光？」請幼兒預測後再驗證。 2. 告訴幼兒因窗戶太高，我們以透明塑膠布替代玻璃，做好後再懸掛起來。請各組幼兒運用提供的材料，製作會產生五彩繽紛亮光的彩繪玻璃。
備註或延伸	幼兒在過程中見到各色色紙或卡紙，就忘記透光性的任務要求，當懸掛起來後就形成許多影子，讓幼兒在嘗試錯誤中修正而建構知識，也很重要；教師可適時搭建鷹架，提問幼兒為什麼是黑色而沒有彩色亮光出現？該怎麼辦？

（二）「影子」概念下的活動

其下的活動均在促進幼兒對影子是如何形成的探查與體驗，即光影關係——形成要素、影子創變（形成要素之進階探查）（圖 6-2-3b）。在探究時，孩子們必須運用觀察、推論、紀錄、分類、預測、實驗（驗證）、比較、溝通等方式，以獲得答案（範例如表 6-2-3b-1、表 6-2-3b-2）。

圖 6-2-3b　「光影好朋友」主題的影子活動圖

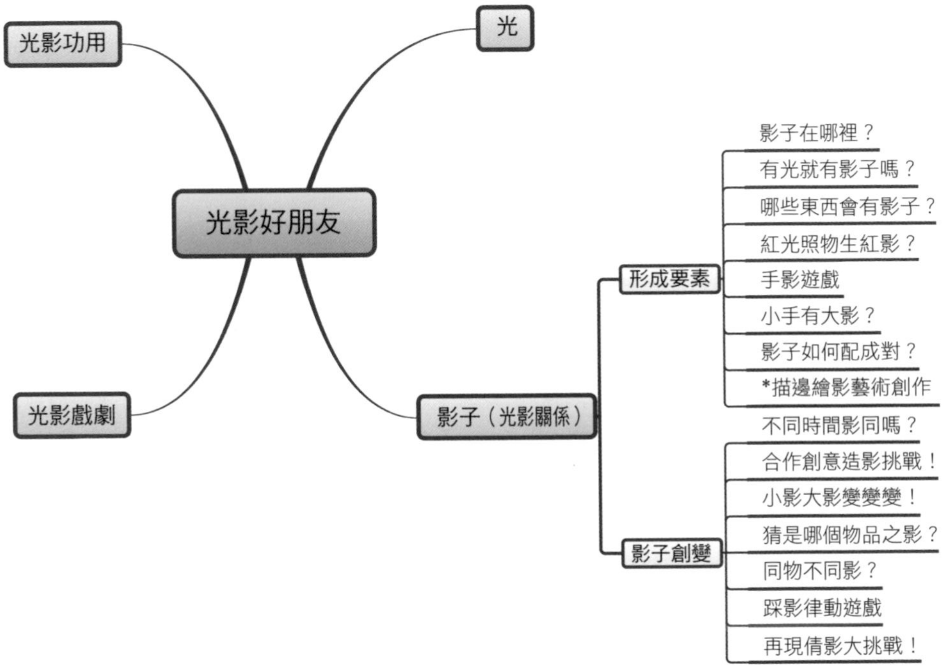

表 6-2-3b-1 「哪些東西會有影子？」活動

主要概念目標	以行動探索與驗證哪些物體會有影子，理解影子的形成
準備材料	手電筒數支、白板或壁報紙數張、玻璃片、毛玻璃、衛生紙、蠟紙、彩色玻璃紙、CD 片、盤子、積木、填充娃娃、實驗紀錄表等
活動簡介	1. 教師面對一面白板，持手電筒對著準備的物品，請幼兒預測哪些東西會有影子？哪些不會有影子？哪些的影子似有若無般模糊？並問為什麼？然後分組進行，請幼兒記錄預測與驗證的結果，並將物品依驗證結果分三類擺放。 2. 教師請幼兒比較這三類材質有什麼不同，並請幼兒推論為什麼會有影子產生。 3. 讓幼兒自由製造手影、物影等，最後教師再次詢問影子形成的原因——物體擋住直線前進的光，就在物體後面形成影子。
備註或延伸	1. 進行「紅光照物生紅影？」活動，在手電筒亮處貼紅色玻璃紙，對著物體照射，行動前先請幼兒預測影子的顏色，確認是否真正理解影子。 2. 運用各面不同的積木（如底面是正方形、邊是三角形的稜錐）投影，讓幼兒猜測是哪個積木的影子，幫助幼兒意識物體有不同面向，即「同物不同影？」活動。

表 6-2-3b-2 「影子如何配成對？」活動

主要概念目標	探索物體、光源與布幕間相對關係，促進對影子的真正理解
準備材料	由形狀握棒（紙質形狀背黏冰棒棍）與形狀圖卡（卡片上畫有形狀輪廓）組成的「影子配對」教具、固定於桌面上方的燈源
活動簡介	1. 在團討時，教師將畫有大的圓形圖卡放在桌面上，在旁手握小的圓形形狀握棒，試圖製造認知衝突，請幼兒猜測小形狀握棒的影子和大圓形圖卡可以正確配成對嗎？然後打開光源並移動握棒，使之遠離、接近光源，產生不同結果。 2. 接著，再試相同大小的形狀與握棒，製造認知衝突，也是先請幼兒預測，再移動握棒與光源的距離，產生不同結果。 3. 請幾位幼兒自行嘗試配對後，將此份教具放在區角中，讓幼兒自由探索。
備註或延伸	1. 形狀握棒與形狀圖卡可改成簡單造形的動物握棒與動物圖卡，更能增加遊戲的趣味性（圖 6-2-3b1 至圖 6-2-3b3）。 2. 其後可進行「小手有大影？」活動，由教師先製造認知衝突，於幼兒充分探索並理解後，請其製造大物的小影或小物的大影；或為三隻一模一樣的小熊製造大、中、小影（熊爸、熊媽與小熊），為光影戲劇演出做準備。

圖 6-2-3b1 「影子配對」教具　　　　圖 6-2-3b2 「影子配對」教具

圖 6-2-3b3 「影子配對」教具

（三）「光影戲劇」概念下的活動

　　其下的活動均在促進幼兒對光影結合運用於戲劇的探索或實驗——光源／位置、影偶特效、舞臺背景（圖 6-2-3c）。為了最佳演出與富有特殊效果，幼兒必須運用觀察、推論、比較、溝通、紀錄、訪談、預測、驗證（實驗）等探究能力（範例如表 6-2-3c-1）。

圖 6-2-3c 「光影好朋友」主題的光影戲劇活動圖

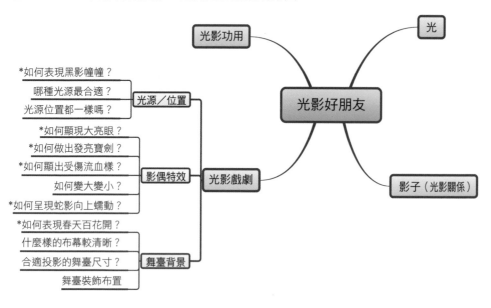

表 6-2-3c-1 「如何表現春天百花開？」活動

主要概念目標	藉影偶戲演出要求特殊效果，更加理解影子的形成
準備材料	各種紙質材料、剪刀、美工刀、膠帶、膠水、麥克筆等
活動簡介	1. 教師於團討中以網絡圖形式與幼兒共同討論期末影偶戲演出的相關事項，包括故事內容、角色、舞臺背景、特效、配樂、邀請卡等，並順勢討論各組如何分工且繪製分工表。 2. 教師提出舞臺布置的期待，如春天百花開的背景，在幼兒同意後，詢問幼兒：「如何讓布幕上顯現各種顏色的花叢或讓樹上開滿了花？」 3. 容許幼兒從嘗試錯誤中調整，如貼上各色色紙、塗滿彩色花朵。教師在旁搭鷹架提示，如為什麼布幕上的大樹沒有彩色的花？大樹影子是什麼顏色？怎麼形成的？（大樹形狀棒偶擋住光）布幕上若有各種花，是什麼顏色？黑色嗎？要怎麼顯現彩色？如果提示無效，則問幼兒記得做過「彩繪玻璃」的活動嗎？
備註或延伸	1. 教師可與幼兒共構劇本的背景與舞臺布置，或提出期望要求，幼兒會很樂意教師參與其中，當然幼兒也可提出想法。 2. 這是測試影子概念是否真正理解的活動，也是運用探究後所得知能的活動。

（四）「光影功用」概念下的活動

其下的活動均在促進幼兒對光的功用、影的功用與光影合作後的功用之探索、體驗或製作（圖 6-2-3d），在在都需運用觀察、推論、比較、訪談、查詢資料、溝通、紀錄、預測、實驗（驗證）等探究能力（範例如表 6-2-3d-1）。

圖 6-2-3d 「光影好朋友」主題的光影功用活動圖

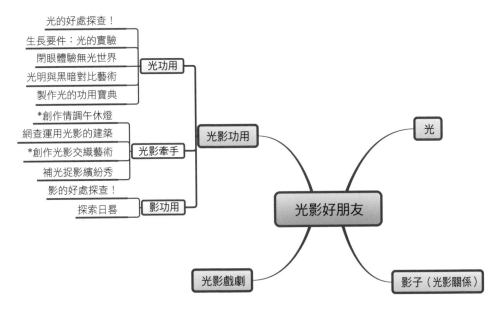

表 6-2-3d-1 「創作光影交織藝術」活動

主要概念目標	透過此一統整活動，整合光影主題所學內涵
準備材料	各種人工光源（如手電筒、聖誕燈、螢光燈、LED 燈、鹵素燈等）、各色玻璃紙（含透明）、彩色光影積木、鏡片、錫箔紙、霧面與透明壓克力片、透明桌巾、填充玩具等
活動簡介	1. 教師與幼兒運用照片與作品等一起回溯這個主題所學內涵——認識各種光源，運用鏡子反射光，使用彩色光影積木，以玻璃紙製造彩色光，製造閃亮特殊效果的影偶戲，製造清楚與模糊的影子等。 2. 教師詢問幼兒：「期末高峰活動要呈現什麼給父母觀賞？」、「怎麼樣才能把這學期學的光、影所有內容放在一起，讓父母知道你們學到的本事？」藉機引導出綜合活動——光影交織藝術創作想法。 3. 在獲得幼兒同意後，容許幼兒自由探索與呈現各種創意，教師在旁搭建鷹架協助幼兒完成。 4. 此一活動必須進行多次，逐次積累成果。教師於每次與幼兒共同創作時，可引導幼兒自行拍攝影片於團討時觀看，以討論下次如何創新、變化效果。
備註或延伸	1. 進行此活動前，必須已經探索完整個「光影好朋友」主題，例如：已上網查詢運用光影效果的建築物（圖 6-2-3d1 至圖 6-2-3d3），看過捕光捉影繽紛秀的影片（如運用雷射光科技的光雕、光影藝術展）。此外，教師還可以引導幼兒上網查詢世界各國光影博物館影片，讓幼兒接觸更多舞光弄影的元素——畫作、移動影像或物體、各種光照材質、大泡泡等。 2. 可將光、影結合「轉啊轉！」主題中的轉動概念，創造生動、令人驚豔的光影藝術。

圖 6-2-3d1 運用光影效果的建物　　圖 6-2-3d2 運用光影效果的建物　　圖 6-2-3d3 運用光影效果的建物

四、小結

　　本節介紹三個主題課程——「轉啊轉！」、「種子的一生」、「光影好朋友」的相關科學教學活動，共計 19 個。整個主題與其下的探究活動，都是遵循上一節幼兒科學課程的設計原則；活動多屬於認知衝突活動、探索未知或解決問題活動，所以每個活動或多或少都可讓幼兒運用觀察、推論、比較、訪談、分類、查找資料、預測、驗證（實驗）、溝通等探究能力（科學程序能力），體驗科學探究歷程。值得注意的是，各個主題可能涉及科學下的多個學科領域，例如：「種子的一生」主題似乎較屬生命科學範疇，但其生長或散播脫離不了陽光、空氣、水、土，與地球科學亦有關聯；「光影好朋友」主題似乎較屬物理科學範疇，然而脫離不了陽光與陽光下影子的探索，與地球科學亦有關係；「轉啊轉！」主題似乎也較屬物理科學範疇，然而其探索涉及人體各部位、各部位與物件配合的轉動，與生命科學亦有相關。

7

幼兒科學課程的設計 II
——工程、技術與科學運用（STEM）

近年來盡早實施 STEM 教育的呼籲聲不斷，美國與澳洲等國甚至將 STEM 教育延伸至學前階段。本章旨在探討幼兒科學教育第四個領域的課程設計，即 STEM 課程的設計，第一節說明幼兒 STEM 課程的設計原則；第二節則呼應設計原則呈現一些課程設計的例子，以供現場教師參考。

第一節　幼兒 STEM 課程的設計原則

第三章提及幼兒科學教育宜提供聚焦性經驗，而具探究性與整合性的主題課程不僅容許幼兒從不同領域與面向廣度涉入，而且也可對感興趣議題沉浸地探討，因此是很好的課程選擇。在另一方面，STEM 教育的核心精神為探究並強調學科領域之間的整合；而 Beane（1997）指出，主題課程把知識當成為「教育的工具」，孩子一面探究，另一面獲得知識並運用於新情境中，致使學科領域有機融合，符合 STEM 教育的精神。此外，Linder 等人認為，幼教界很早就重視不同領域間統整及提倡探究教學（Linder et al., 2016），即指主題課程，是

實施STEM教育的有利場域。筆者自 2000 年始即開始研究主題課程（周淑惠，2006），從研究中證實探究取向主題課程充滿 STEM 經驗（周淑惠，2017a，2017b，2018a）；此外，同樣具有探究與整合特性的方案教學創始者 Katz（2010）也分析了方案課程實例，認為它為 STEM 經驗提供良好的平臺，方案探究即 STEM 經驗。因此，無論是幼兒科學或 STEM 教育都離不了主題課程。

　　STEM 教育主要特徵有四：解決問題、探究、工程活動、整合課程。顯而易見的是，主題課程的探究與統整特徵，也為 STEM 教育的特性，二者似乎密切相關。表 7-1-1 比較主題課程與 STEM 教育，可以看出兩種課程大體上非常接近。進一步分析，雖然主題課程的目標主要在探究與理解主題與其相關概念，其實在探究歷程中，也會自然地解決歷程中的相關問題，且很多都是生活面向的。因此，其課程目標也含有解決問題成分，其課程內容也涉及 STEM 教育之生活中問題，甚至更廣泛地包含生活中議題。

表 7-1-1　主題課程與 STEM 教育之比較

類別 項目	探究取向主題課程	STEM 教育
目標	探究與理解主題 解決探究歷程中問題	解決生活中問題
內容	生活中議題	生活中問題
方法	探究 （運用領域相關知識，亦含 STEM 領域，但不特別強調）	探究 （強調運用 STEM 領域知識）
活動 歷程	探究與表徵 （通稱探究與表徵歷程，亦含工程歷程，但不特別強調）	工程歷程 （強調設計、製作、精進的工程程序）
課程 呈現	統整性 （係指通泛的各領域知識，亦含 STEM 領域，但不特別強調）	統整性 （強調統整 STEM 各領域知識）

　　兩種課程些微不同之處在於主題課程並不特別強調工程歷程，而 STEM 教育是重視工程程序的。主題課程中的幼兒於探究過程中或後會試圖「表徵」所獲，可能是戲劇演出、藝術表徵、圖表呈現、歌謠創作、肢體或口語表達，也可能是涉及工程的製作物呈現。因此，其表徵範圍較廣，並不表示主題探究課程沒有涉及工程歷程，很多課程在解決探究歷程中的問題時，經常也會歷經工程程序產生製作物，只是以探究與表徵通稱整個活動的歷程，而不特別強調工程程序。

　　另一個稍為相異之處是，二者均強調運用探究能力與領域相關知識，但是主題課程所運用的係指通泛的各領域相關知識，使課程呈現整合樣貌，並不特別強調 STEM 學科領域──科學、數學、工程、技術等的整合。其實，許多主題課程在探究與解決問題歷程中，也會運用 STEM 各領域知識，例如：幼兒在「甘蔗有多高？」主題（台中愛彌兒教育機構、林意紅，2013）中為解決甘蔗被踩問題，決定圈圍柵欄，整個歷程運用了數學（預估木頭數量、將每根木頭裁切一半、測量一致的間距）、科學（將木頭削尖插入土中、加橫桿讓柵欄穩固圈圍）、技術（運用裁切、削尖與測量的工具）等 STEM 諸學科。

　　綜上所述，可見具探索與整合特性的主題課程，重視的是以多元方式表徵與廣泛運用及整合各領域知識，而不限於產生製作物的工程程序與 STEM 各領域知識，整體而言更寬廣於 STEM 教育。如前所述，它在探究歷程中，經常為解決萌發的相關問題，而歷經工程程序與運用數學、科學、技術等知能，並產生製作物，只是並不特別強調工程程序與 STEM 領域。筆者認為，幼兒教育所遵從的主題課程是 STEM 教育的重要展現平臺，在課程主要精神的探究歷程與氛圍下，易使幼兒投入生活、遊戲中問題而設法加以解決。職是之故，在原本實施的主題課程下強調生活與遊戲問題的解決，將部分活動導向透過工程程序以製作物來解決問題，就與 STEM 教育接軌，而不必另起爐灶重新設計課程。以下探討幼兒科學教育第四個學科領域的 STEM 課程設計原則。

一、遵循主題課程設計原則

考量幼兒教育所推崇的主題課程是 STEM 教育的重要展現平臺，以及為容許幼兒對感興趣科學議題或現象沉浸地深入探究，吾人主張在原本實施的具探究與統整性主題課程裡納入 STEM 活動。因此，STEM 課程的設計，也如同上一章幼兒科學課程的三大領域一樣，遵循主題課程的設計原則。第一步必須依幼兒興趣善選主題，接著是繪製網絡圖規劃課程內涵，最後嵌入探究性、實驗性活動等。上一章的三個主題課程「轉啊轉！」、「種子的一生」、「光影好朋友」所介紹的 19 個活動中，其實就含有一般的科學活動與 STEM 活動，例如：「轉啊轉！」主題中的「衛生紙轉軸壞了怎麼辦？」；「光影好朋友」主題中的「如何表現春天百花開？」等就是 STEM 活動。

對一個主題課程而言，課程中有一些科學探究活動，有一些 STEM 活動，以及其他領域活動（如語文、健康、藝術等），是很合理的；力求領域均衡的設計除了基於全人發展的幼兒教育基本考量外，也因為科學包含三個學科與 STEM 領域，而且 STEM 活動必須產生製作物以解決問題，通常需要較多的探究時間，因此它在主題課程中宜適量出現。第六章第一、二節所有網絡圖上標示「*」號的活動，均是與 STEM 相關的活動。而在一個主題課程的所有活動中，如何選定並設計成為產生製作物的 STEM 活動，將於下面的設計原則中探討。值得注意的是，如圖 5-4-2 工程、技術與科學運用（STEM）的教學內容圖所示，STEM 領域教學內容除「各領域整合與運用」概念產生的製作物，以解決問題的 STEM 活動外，還包括「各領域與社會連結」的活動。教師也要設計一些讓幼兒探究此一概念的活動，即探究各領域間的相互依賴關係與各領域對社會及自然界影響的相關活動，此將於下一節之活動示例說明。

二、選定問題與設計

在遵循主題課程的設計原則後，有關產生製作物解決問題的 STEM 活動設

計有三個交疊的步驟──選定問題與設計（教案）、探究問題內涵、分析STEAM要素與調整（周淑惠，2020），而如何在主題課程中選定問題，據以設計相應的教案是第一個步驟。STEM 經驗必須是真實的，涉及在真實世界中運用知識與技能（Kelley & Knowles, 2016; Yelland, 2021），因此問題的選定必須是幼兒生活中或遊戲中的問題。另外，有不少學者或是實施中的 STEM 課程方案認為，繪本或假想情境中的預設問題同樣也能讓幼兒面對問題，設法加以解決（周淑惠，2020；馬瑞蓮・弗里爾，2019；Fleer, 2018; Heroman, 2017; Museum of Science, Boston, 2019; Tank et al., 2013; Tank et al., 2017）。筆者非常認同此觀點，而且這樣做也可減輕教師面對萌發課程的壓力，因為教師透過繪本中的問題事先設計，就可藉機探究該活動（問題）所涉的原理與如何製作或進行，以及幼兒可能面臨的困難與相應的引導策略，不僅可增添 STEM 教學的信心，並且可為幼兒備好探究的舞臺，有利課程順利實施。

　　所以對實施預設課程者，在主題課程的網絡圖規劃中，必須思考哪些活動不僅可讓幼兒以產生製作物來解決問題，而且在解決問題歷程中同時也能探究該主題下的概念、次概念，或促進該些概念的理解。也就是說，在主題課程的STEM 活動規劃時，必須尋找幼兒生活、遊戲、繪本或假想情境中的待解決問題，於選定後設計成教案。可以說這三類問題是 STEM 教育的重要切入點。表7-1-2 是上一章三個主題課程中與STEM相關的活動（即在第六章各主題概念網絡活動圖中標示「＊」號的活動）。

　　而對於實施萌發課程者，教師在日常生活中宜留心幼兒感興趣、正投入的生活中問題、遊戲中問題，或是在幼兒生活與遊戲中，順勢自然地切入相關的繪本或假想情境問題，以發展成為 STEM 課程，例如：戶外遊戲時間，有些幼兒在挖著泥土，有些幼兒在試圖把水注入土中，連續幾天來對土和水似乎很有興趣，教師可在觀察後也加入幼兒的遊戲中，以「某個王國乾旱須從鄰國輸水救急」的假想情境，激發幼兒從某處開始挖渠將水引到該王國之舉；或者是形塑河道與大小湖泊、建蓋水庫蓄水；甚至是製造瀑布景觀、建築宏偉的王國城

堡與民宿土雕等一系列相關課程活動。

表 7-1-2　主題探究課程中與 STEM 有關的活動

主題	與 STEM 有關的活動
轉啊轉！	自製陀螺如何轉得穩又久？衛生紙轉軸壞了怎麼辦？如何將重物運閣樓？
	設計輪盤教具、設計遊樂園設施模型、遊戲場更好玩：水力摩天輪、探索與製作故事卷軸、人與物共轉創意秀、自製可動小汽車
種子的一生	瓜苗蔓爬怎麼辦？如何照顧小黃瓜？
	製作百變種子偶、製與玩沙鈴、製與玩沙包、合作創意豆糖、製創意相框、做飾物、種子嘉年集市
光影好朋友	如何用鏡子把光送出？如何表現黑影幢幢？如何顯現大亮眼？如何做出發亮寶劍？如何顯出受傷流血樣？如何呈現蛇影向上蠕動？如何表現春天百花開？
	創作情調午休燈、創作光影交織藝術、創意燈光秀、彩繪玻璃：玻璃紙混色、描邊繪影藝術創作

　　表 7-1-2 每個主題中與 STEM 有關的活動，有上下二個欄位，上面欄位中的活動都是以問題形式呈現，很明顯地是直接與 STEM 經驗接軌，有生活中問題，如衛生紙轉軸壞了怎麼辦？如何將重物運閣樓？瓜苗蔓爬怎麼辦？如何照顧小黃瓜？也有遊戲中問題，如自製陀螺如何轉得穩又久？如何顯現大亮眼？如何做出發亮寶劍？如何顯出受傷流血樣？如何表現春天百花開？此外，還有假想情境問題，如如何用鏡子把光送出（送光給黑暗中的小熊）？選定問題後則要從事該問題的教案設計，而在教案設計的當下，要同時進行問題內涵的探究以及 STEAM 要素的分析與調整，將於下一原則中說明。

　　至於下面欄位的活動，雖然沒有以問題形式呈現，但有些本身即是很明顯的 STEM 經驗活動，像是如何綜合運用光影原理於期末高峰活動的「創作光影交織藝術」，如何解決午休需要微弱燈光的「創作情調午休燈」，如何方便教室說故事活動進行的「探索與製作故事卷軸」，如何讓戶外遊戲場更加吸引人的「遊戲場更好玩：水力摩天輪」等。有些活動則是很有可能發展為 STEM 經驗，只要教師願意激發並培養幼兒探究及以製作物解決問題的能力，就可鋪陳

並引導為工程情境問題，讓幼兒在投入情境、設法解決問題中，自然統整與運用各學科領域。

　　舉「自製可動小汽車」活動為例，它可以是一個單純的美勞活動，如果教師考量教室有很多回收的飲料瓶與竹筷，幼兒也進行過輪軸活動，大致了解輪軸是什麼，在培養探究與解決問題能力的考量下，遂以「偏遠地區幼兒園的孩子沒有玩具可以玩，我們可以怎麼幫助他們？」為動因，激發幼兒運用回收物製作玩具贈送偏鄉幼兒園——可動的小玩具汽車，就解決偏鄉玩具需求與教室回收物過多的問題。這個活動運用與整合了「科學」領域的輪軸原理，「數學」領域的輪胎計算（成對共四個）、於瓶身鑽洞的測量及對稱的空間推理，「技術」領域的切割鑽洞工具使用與技法，以及「工程」領域的從設計進展到優化可行的小汽車。

　　再如「製與玩沙鈴」、「製創意相框」、「做飾物」等活動，可以純粹是工藝活動，如果教師在培養探究及解決問題能力的考量下，以「幼兒園有許多過期未煮的豆子，怎麼辦？」以及「期末高峰活動的嘉年集市，我們要呈現什麼給爸爸媽媽觀賞呢？」為誘因，激發幼兒運用這些過期豆子製作玩教具或藝術品義賣，就解決過期豆子與期末高峰活動的問題，而這些活動也涉及 STEM 各領域面向。值得注意的是，從一般的美勞藝術活動變身為 STEM 活動，除了引導幼兒投入生活、遊戲中等問題外，最重要的是必須讓幼兒在探究行動中歷經工程的設計、製作與精進程序，以產生製作物並解決問題。即探究與解決問題是 STEM 重要的教學目標，教師必須完全褪除教學主導性——詳細告知幼兒每一步驟該如何製作；不過，提供合宜的鷹架引導是必要的，此將於第八章「幼兒科學課程的實施」詳實探討並舉例說明。

三、探究問題內涵

　　選定問題開始設計教案時，必須同時探究此一問題的內涵以及分析與調整STEAM要素，來回檢視後方確定教案，在此先說明探究問題的內涵。它主要在

了解此一待解決問題（製作物）所涉及的概念或原理、外觀與結構、要怎麼製作（技術、手法），以及需準備什麼材料與工具等，即為何做、做什麼、在哪做、需多少、如何做等 W、H 探究架構（圖 7-1-1）。當教師充分探究此一待解決問題（製作物）內涵後，不僅可充實自我的專業知能，從中亦可獲悉幼兒可能遭遇的問題，並事先思考需為幼兒搭建何種鷹架，讓自己的教學更為順暢與有信心，而且也能為幼兒準備好探究的舞臺。以上探究所得可預思如何搭構鷹架並書寫於教案中，以供實際教學時引導幼兒順利完成工程程序——設計（確認所要解決問題或製作的目標、計畫與選擇合適方案）、製作（動手做、測試）與精進。

圖 7-1-1　W、H 探究架構

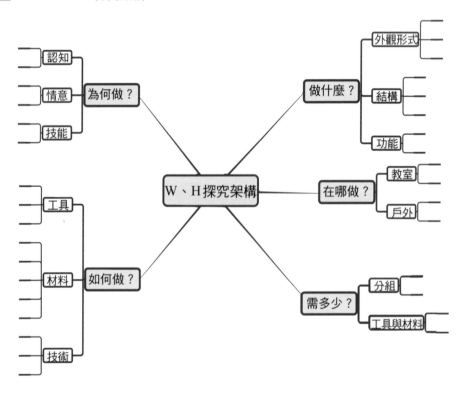

四、分析 STEAM 要素與調整

　　其次，說明 STEAM 要素分析，即分析科學、技術、工程與數學等各領域成分，並且據以適當調整教案的活動內涵，以便更能符應 STEM 教育的精神與特性，這是選定問題後的補強或補救措施。通常是在探究所選定問題內涵後，若發現 STEAM 成分不足，則可以設法補救；不過也可以在選定問題之際，就可以先對這個待解決問題所涉的 STEAM 成分加以分析，若 STEAM 成分不足，就不選擇此一問題；當然也可以在探究問題內涵階段進行 STEAM 成分分析，以做相應的調整。

　　在此要特別聲明的是，在強調全人發展、實施具整合特性主題課程的幼兒教育基礎上，已經很重視人文藝術相關領域，如語文、情緒／社會、藝術等；筆者持「幼兒 STEM 教育」一詞而非幼兒 STEAM、STREAM 教育等，乃在原本幼兒教育統整基礎上回應 STEM 教育提倡初衷——培養與強化科學、數學等理工領域知能，但是此處因具檢核表性質，所以納入人文藝術（A）分析STEAM 要素，以提醒活動與課程設計要理工與人文領域並重。

　　因此，以上 STEM 課程（活動）設計——在主題課程中選定問題與設計、探究問題內涵、分析 STEAM 要素與調整，雖然是三個獨立的步驟，但是在實際進行時，有部分是重疊的，甚至是來回檢視交叉進行的，其目的是要將教案內涵設計完好，不但要盡量反映活動進行時實際的工程設計、製作與精進歷程，以利整個活動的實施，而且也要充分整合 STEM 各個領域，符應幼兒 STEM 教育的意涵。所以，教師探究問題的內涵與分析 STEAM 要素與調整，就顯得相當重要。

五、小結

　　綜上所述，STEM 課程的設計，首先第一個步驟和幼兒科學其他三領域的課程設計一樣，必須依據主題課程的設計原則而設計——先是依幼兒興趣善選

主題，接著是繪製網絡圖規劃課程內涵，最後嵌入探究性、實驗性活動等。其次，設計好主題概念網絡活動圖後，有三個交疊的次步驟——選定問題與設計（教案）、探究問題內涵、分析 STEAM 要素與調整。首先必須選定問題以設計相應的教案，所以在主題課程中選定三類型問題——幼兒生活中問題、遊戲中問題、繪本或假想情境問題，是第二個設計步驟，這三類問題也是 STEM 活動的重要切入點。第三個設計步驟，也就是在選定待解決問題時或後欲進入 STEM 教案內容設計時，則必須來回地交叉進行問題內涵的探究、STEAM 要素分析與調整，目的在增加教師的教學信心，準備好幼兒探究的舞臺，並且於教案中反映活動實際進行時的工程歷程與相關引導鷹架，使整個活動不僅符合 STEM 教育的特性，而且能順暢進行。

總之，STEM 課程存在於與現行課綱精神一致的具探究與整合特性之主題課程中，不必另起爐灶重新設計。而無論是機器人活動或解決生活中的實際問題，工程程序都是 STEM 教育的關鍵與必要之活動（Krajcik & Delen, 2017）；因此，只要教師將主題課程中的活動導向以製作物來解決問題，並讓幼兒於工程歷程中運用探究能力，就能與 STEM 教育接軌。重要的是，必須先找到切入點，即生活、遊戲、繪本或假想情境中的待解決問題。

第二節　幼兒 STEM 課程的設計示例

本節主要在介紹一些 STEM 課程或活動例子，包含上一章中三個主題課程中的 STEM 活動、曾經實施過主題課程中的 STEM 活動，以及三個切入點的 STEM 活動（包含曾經實施過的與建議的活動），從多面向提供幼兒教師設計 STEM 課程與活動之參考，最後則提出總結。

一、主題課程之 STEM 活動示例

STEM課程（活動）依附於幼兒教育本就實施具探究與整合性的主題課程，

按照該課程形態的設計方式而設計，不必另起爐灶發展課程，因此在主題課程中有科學探究活動、STEM 活動與其他各領域活動。表 7-1-2 所呈現第六章三個主題課程中的 STEM 相關活動中，其實有一些 STEM 活動教案內涵已經在第六章呈現過，例如：衛生紙轉軸壞了怎麼辦？如何表現春天百花開？此處主要目的在呼應上一節的設計原則，以呈現完整的課程（活動）設計示例與步驟。

　　「自製陀螺如何轉得穩又久？」、「如何顯現大亮眼？」是此處所欲完整呈現的二個產生製作物的 STEM 活動設計。第一個設計步驟是依據主題課程的設計原則而設計——先是依幼兒興趣善選主題，接著是繪製網絡圖規劃課程內涵，最後嵌入探究性、實驗性活動。第二個步驟是在設計好的主題課程網絡中選定問題，而選定的待解決問題如圖 6-1-1、圖 6-1-3 網絡圖所顯示，以「*」符號掛於名稱前，即所有活動名稱前有*符號者，就是STEM 相關活動。接著，第三個步驟是一面設計教案內容，另一面探究問題內涵，同時也分析 STEAM 要素與調整，也就是來回檢視與調整教案內容。圖 7-2-1 與表 7-2-1 分別是教師探究「自製陀螺如何轉得穩又久？」的問題內涵圖與分析此活動的 STEAM 要素表，即第三個步驟的重要內涵；而表 7-2-2 則是活動教案內容，是已經反覆做了問題內涵探究與 STEAM 成分分析後的最後教案。

圖 7-2-1 教師探究問題內涵圖（「自製陀螺如何轉得穩又久？」）

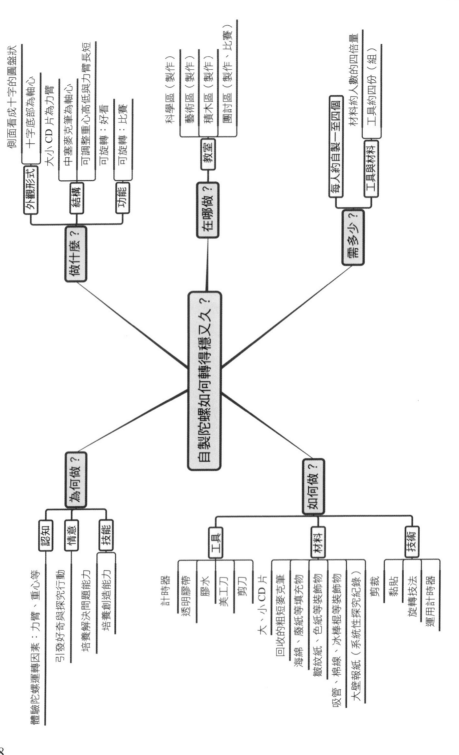

表 7-2-1　「自製陀螺如何轉得穩又久？」的 STEAM 要素分析

涉及領域	活動之 STEAM 要素分析
S（科學）	• 體驗與探究影響陀螺運轉的因素，如力臂、重心、摩擦力等 • 運用科學程序能力（觀察、比較、推論、預測、紀錄、測量、溝通等）
T（技術）	• 黏貼、剪裁手法 • 旋轉陀螺的技法 • 運用計時器
E（工程）	• 實際思考與製作陀螺，並經調整、優化之精進歷程
A（人文藝術）	• 繪畫設計圖 • 彩繪與裝飾 CD 片 • 合作地進行系統性探究，如觀察、紀錄、預測／驗證、比較與下結論等
M（數學）	• 測量、計算與比較陀螺旋轉的秒數 • 估算力臂長短與重心高低 • 如果運用可鑲嵌的塑膠積木自製陀螺，力臂長短與重心高低涉及積木的數目計算。

表 7-2-2　「自製陀螺如何轉得穩又久？」活動教案

主要概念目標	探究自製陀螺如何轉得又穩又久，初步意識影響轉動的因素
準備材料	大小 CD 片、粗短麥克筆、剪刀、膠帶、膠水、廢紙、皺紋紙、海綿、吸管、棉線、冰棒棍、計時器、大壁報紙數張等
活動簡介	1. 請幼兒分享從家裡帶來的各種陀螺並轉動陀螺。 2. 請幼兒觀察與討論陀螺的特徵，思考如何運用回收物——大小 CD 片、粗短麥克筆等自製可轉動的陀螺；然後，請幼兒先畫簡單的設計圖（含彩繪與裝飾）。 3. 開始製作並於完成後試轉，看誰的陀螺轉得又穩又久。教師特意詢問：「怎麼樣才能讓你的陀螺轉得又穩又久？」、「影響陀螺轉動的因素是什麼？」。過程中，幼兒可能會隱約意識重心、力臂等對陀螺轉動的影響。 4. 教師統整幼兒想法將影響陀螺轉動的變項——重心、力臂等，以幼兒易懂的問題提出，如「光碟片離地面高的轉得穩又久，還是光碟片離地面低的轉得穩又久？」、「大光碟片轉得穩又久，還是小光碟片轉得穩又久？」當幼兒回答時，質疑幼兒的答案，以引發系統性的科學探究。 5. 以鷹架引導幼兒做系統性探究，如一次探究一變項、運用計時器、先預測再驗證、記錄轉動秒數於海報紙、比較時間、比較不同的陀螺外型與結構、推論原因、下結論等。

表 7-2-2 「自製陀螺如何轉得穩又久？」活動教案（續）

主要概念目標	探究自製陀螺如何轉得又穩又久，初步意識影響轉動的因素
活動簡介	6. 教師將探究結果與幼兒一起統整，續問還有其他因素影響陀螺的轉動嗎（如與地面的摩擦力、陀螺本身的重量）？並讓幼兒依實驗結果修正陀螺與持續探究、比賽。
備註或延伸	1. 也可運用可鑲嵌的塑膠積木自製陀螺。 2. 於系統性探究中的合宜時機自然地帶入重心、力臂、摩擦力等科學用語。

以下二圖是親仁科園幼兒園的幼兒進行「轉轉戰士玩玩具」主題探究課程的紀實，包括製作的陀螺（圖 7-2-2a）與探究影響陀螺運轉因素——重心高低的紀錄海報 （圖 7-2-2b），發現重心低（下面欄位）比重心高（上面欄位）轉得時間比較久。

圖 7-2-2a 自製陀螺

圖 7-2-2b 影響陀螺運轉因素——重心高低的實驗紀錄

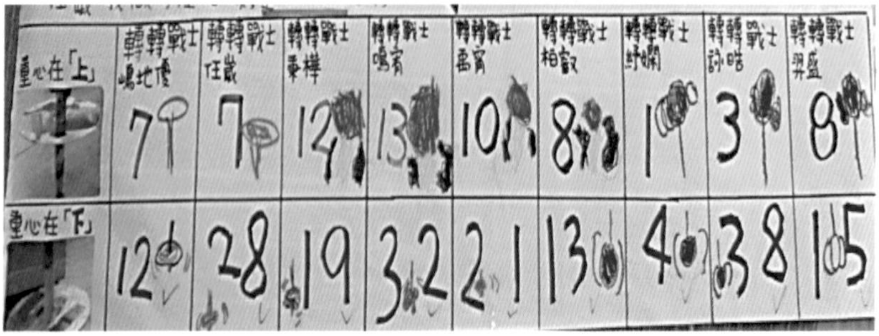

　　圖 7-2-3 與表 7-2-3 分別是教師探究「如何顯現大亮眼？」的問題內涵圖與分析 STEAM 要素表，即第三個設計步驟的重要內涵；而表 7-2-4 則是活動的教案內容，是已經反覆做了問題內涵探究與 STEAM 成份分析後的最後教案內容。

表 7-2-3　「如何顯現大亮眼？」的 STEAM 要素分析

涉及領域	活動之 STEAM 要素分析
S（科學）	• 體驗光直線前進與影子如何形成 • 運用科學程序能力（觀察、比較、推論、預測、驗證、溝通等）
T（技術）	• 切割、剪裁、黏貼手法 • 為求清晰投影與棒偶穩固，對棒偶材質（如紙材、棒材）的選擇 • 拿捏光源、布幕與棒偶間距離的清晰投影技法
E（工程）	• 實際思考與製作有大眼洞的棒偶，並經調整、優化之精進歷程 • 配合劇情、角色、音樂與舞臺背景的整體演出大工程
A（人文藝術）	• 構思與表現戲劇角色的美感（如頭戴花朵、身穿蓬裙） • 合作地進行具特殊效果的整齣影偶戲劇演出
M（數學）	• 計數：對稱雙眼 • 空間推理：為求穩固性，對竹籤、竹筷或冰棒棍黏貼於偶身位置的思考 　　　　　為清晰投影，對光源、布幕與棒偶間距離的思考與操作

表 7-2-4　「如何顯現大亮眼？」活動

主要概念目標	藉影偶戲演出要求特殊效果，體驗光是直線前進， 更加理解影子形成概念
準備材料	各種紙質材料、竹筷、冰棒棍、竹籤、剪刀、美工刀、膠帶、膠水、麥克筆、螢光筆、錫箔紙、金箔紙、亮片、金蔥、色紙、玻璃紙等
活動簡介	1. 教師於團討中與幼兒以網絡圖形式共同討論期末影偶戲演出的相關事項，包括故事、角色、舞臺背景、特效、配樂、邀請卡等，並順勢討論各組如何分工與繪製分工表。 2. 教師可提出角色與配件期待，如公主很漂亮、可愛、有大大亮亮的眼睛（或是國王頭戴閃亮耀眼的皇冠、武士佩帶發亮銳利的寶劍等），在幼兒們同意後詢問：「如何讓公主的頭影顯出大大亮亮的眼睛？」請其嘗試做出。

表 7-2-4 「如何顯現大亮眼？」活動（續）

主要概念目標	藉影偶戲演出要求特殊效果，體驗光是直線前進， 更加理解影子形成概念
	3. 容許幼兒從嘗試錯誤中修正，如貼上金蔥、亮片、錫箔紙等，畫上黃色或螢光色等。教師在旁搭鷹架提示，如為什麼布幕上的公主沒有大大亮亮的眼睛？公主的影子是什麼顏色？怎麼形成的？（公主身形棒偶擋住光）布幕上公主影子若有大大亮亮的眼睛，那是什麼顏色？黑色嗎？如何顯現大大亮亮的眼睛？
備註或延伸	1. 這是測試影子概念是否真正理解的活動，也是運用探究後所得知能的活動；這也是系列影偶戲活動中的一個，幼兒必須配合劇情構思與表現角色、舞臺背景與音樂等。 2. 其實為清晰投影，紙材與握棒的選擇、黏貼，以及光源、布幕與棒偶間距離的投影技法，都是幼兒要考量的，不僅只有思考如何透光顯現大亮眼。 3. 教師可與幼兒共構劇本的各種角色與配件，或提出期望要求，幼兒會很樂意教師參與其中，同時幼兒也可加上自己期望，如公主頭戴大紅花、身穿大花裙等。

最後，也是很重要的，如圖 5-4-2 幼兒工程、技術與科學運用（STEM）的教學內容圖所示，STEM 領域內容除「各領域整合與運用」概念產生的製作物，以解決問題活動外，也必須包括探究「各領域與社會連結」的活動。以「種子的一生」主題為例，在主題概念網絡活動圖（圖 6-1-2）「發芽成植物」（圖 6-2-2c）概念下，包含探究次概念「科技與種植」的相關活動，如「幫助農夫種植的科技有哪些？」、「參觀智慧農場」、「參觀有機農場」等活動。再以「轉啊轉！」主題為例，在主題概念網絡活動圖（圖 6-1-1）「機具用品」（圖 6-2-1b）概念下，包含探究次概念「機器」的相關活動，如「參訪工廠」等相關活動，以及次概念「其他機具」的相關活動，如「工廠外哪些機具會轉動？」、「這些機具對人類貢獻？」等活動，這些活動都能促進幼兒對各領域與社會連結的探究與理解。

參觀或探究智慧農場，可讓幼兒理解科技對人類生活的貢獻，對現代科技折服。拜賜於科技，現代農民可以更有效率地種植與管理農場，例如：運用太陽能板使 LED 燈日夜光照，在夜間也能進行光合作用、縮短植物種植日程，使

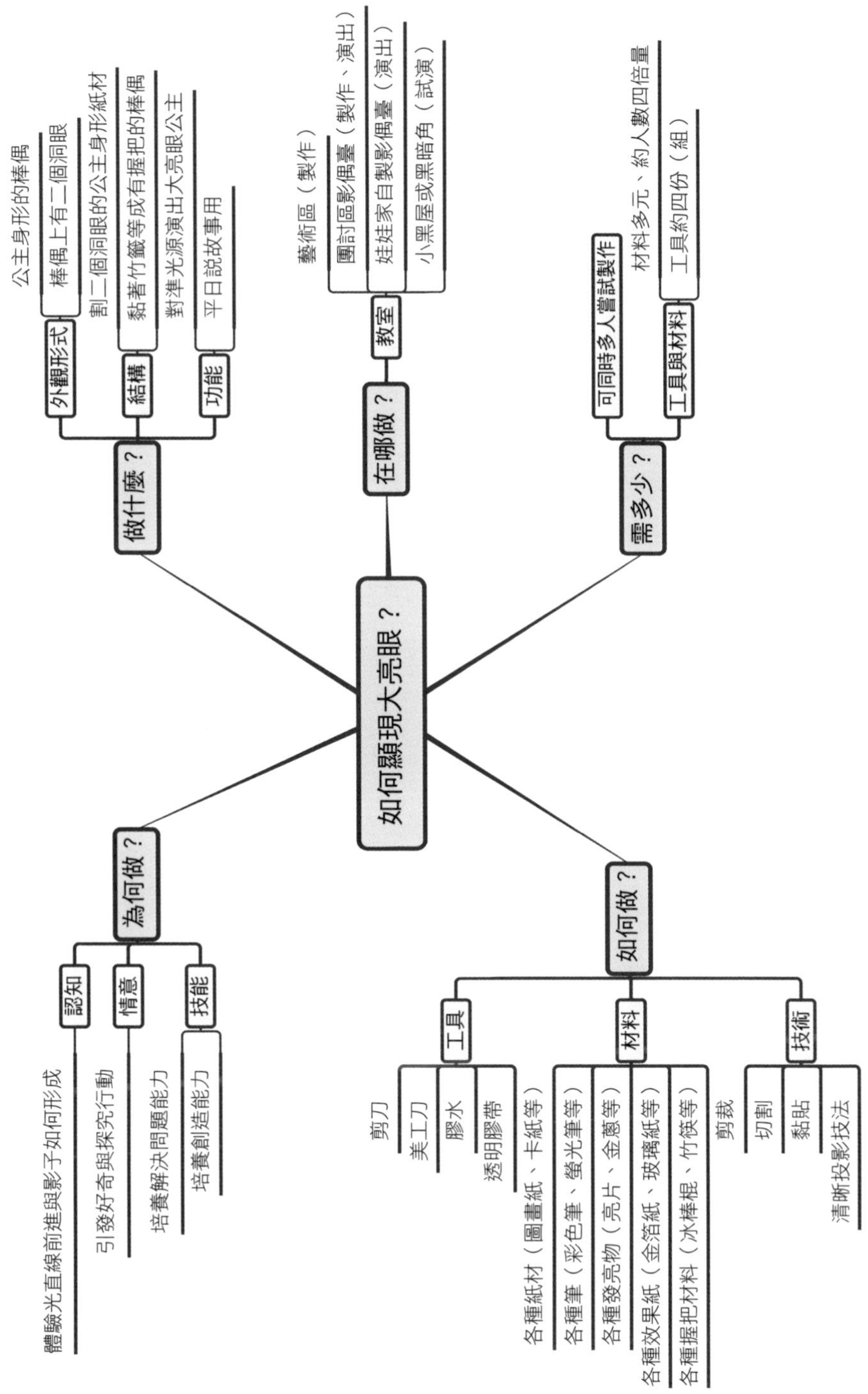

圖 7-2-3 教師探究問題內涵圖（「如何顯現大亮眼？」）

如何顯現大亮眼？

- **做什麼？**
  - 外觀形式
    - 公主身形的棒偶
    - 棒偶上有二個洞眼
  - 結構
    - 割二個洞眼的公主身形紙材
    - 黏著竹籤等成有握把的棒偶
  - 功能
    - 對準光源演出大亮眼公主
    - 平日說故事用
- **在哪做？**
  - 教室
    - 藝術區（製作）
    - 團討區影偶臺（製作、演出）
    - 娃娃家自製影偶臺（演出）
    - 小黑屋或黑暗角（試演）
- **需多少？**
  - 可同時多人嘗試製作
  - 工具與材料
    - 材料多元、約人數四倍量
    - 工具約四份（組）
- **為何做？**
  - 認知
    - 體驗光直線前進與影子如何形成
  - 情意
    - 引發好奇與探究行動
    - 培養解決問題能力
  - 技能
    - 培養創造能力
- **如何做？**
  - 工具
    - 剪刀
    - 美工刀
    - 膠水
    - 透明膠帶
  - 材料
    - 各種紙材（圖畫紙、卡紙等）
    - 各種筆（彩色筆、螢光筆等）
    - 各種發亮物（亮片、金蔥等）
    - 各種效果紙（金箔紙、玻璃紙等）
    - 各種握把材料（冰棒棍、竹筷等）
  - 技術
    - 剪裁
    - 切割
    - 黏貼
    - 清晰投影技法

種植不受天候影響；再如：水耕技術、魚菜共生技術、自動灑水裝置等，擴展與方便諸多種植活動。最重要的是，當代運用無人機、感測器等科技的智慧農業，可觀察、紀錄、分析、評估種植的光照、空氣、土、水、肥料等生長要素以及防治病蟲害，帶給農夫生活很大的便利性與效率性。而探究或參觀有機農場，則可讓幼兒理解不當科技的使用（如過度施肥、殺蟲等），讓生態環境失去平衡，為了地球環境的永續發展，適當的補救措施是必要的。

工廠的裝配線生產系統、貨品傳輸設備、切割或組裝機具等，很多都是涉及滾軸、輪軸等「科學」原理的「技術」產物，對人類社會的貢獻無庸置疑。此外，讓幼兒探究工廠與遊樂設施外，有哪些機具或設施也會轉動，對幼兒理解領域間相互依賴及各領域對社會生活影響，也頗有助益，例如：在海岸旁風力發電的大型風車、街道上大樓建築時常見的混凝土攪拌車、機場運送旅客行李的滾筒式行李轉盤等，這些機具設施都是「工程」師為解決人類社會需求，運用「科學」原理所設計的機具或「技術」，不僅各領域間相關，而且對人類社會的貢獻甚大。

又如：在「光影好朋友」主題中（圖 6-1-3）的「閉眼體驗無光世界」、「光的好處探查！」、「光源大蒐集」系列活動，可讓幼兒感受光對人類社會的重要性以及各種不同光源科技的價值。「補光捉影繽紛秀」、「創作光影交織藝術」的探究與創作，可深刻體驗當代科技對人類美好生活的影響，尤其是在藝術層面上；同時，也能理解這些是「工程」師運用「科學」原理而發明的「技術」。不過，科技也是兩面刃，會形成過度的城市光害。

二、主題課程之 STEM 活動實例

「庄進夢想遊戲場」主題是大庄國小附幼薰衣草班的主題探究課程，大約進行二個學期，其主題概念網絡活動圖如圖 7-2-4 所示。整個主題源自於園方戶外遊戲場即將拆除遊具與整建，教師期望透過幼兒們參與構思，設計自己喜歡的遊戲場，包含遊具設施與地貌景觀。在教師大致繪製主題概念網絡活動圖後，

圖 7-2-4　「庄進夢想遊戲場」的主題概念網絡活動圖

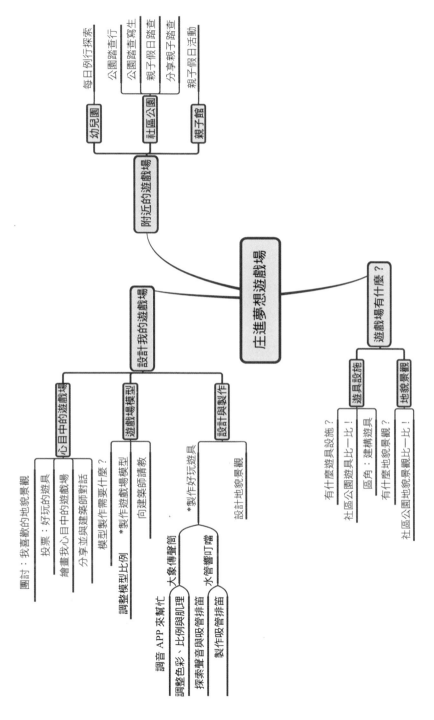

選定「製作遊戲場模型」與「製作好玩遊具」為本主題的二個 STEM 活動（圖左方打*號者），並開啟了整個主題的探究。

引起動機，從踏查幼兒園附近的社區公園遊戲場開始，讓幼兒發現遊戲場的重要元素，再經過票選與團討後，選出好玩遊具，於是開始設計地貌景觀與製作遊具，並且也建構立體的空間配置模型。其後，在與建築師對談、溝通孩子對遊戲場地貌景觀想法後，學期末孩子終於完成二樣遊具——大象傳聲筒（圖7-2-5a、圖 7-2-5b）、水管響叮噹（圖 7-2-5c、圖 7-2-5d）的製作。而整個遊戲場的工程約在二個月後完成，含有幼兒設計的地貌景觀——哎唷喂哎步道、踩踩跳跳樂、小山坡獨木橋、大洞洞小山坡、嘩啦嘩啦水彩牆、叮叮叮叮叮、藤蔓圍牆、椅子樹、躲貓貓綠帳篷，圖 7-2-6a 至圖 7-2-6i 是幼兒們的原設計圖。

圖 7-2-5a　第一代大象傳聲筒

圖 7-2-5b　第二代大象傳聲筒

圖 7-2-5c　第一代水管響叮噹

圖 7-2-5d　第二代水管響叮噹

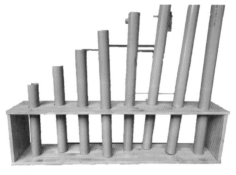
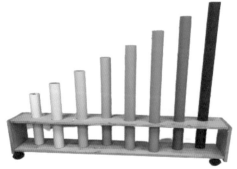

圖 7-2-6a　幼兒的地貌景觀設計　　　　圖 7-2-6b　幼兒的地貌景觀設計

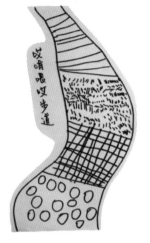 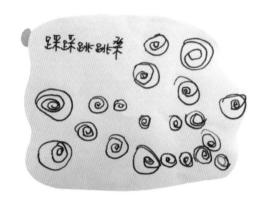

圖 7-2-6c　幼兒的地貌景觀設計　　　　圖 7-2-6d　幼兒的地貌景觀設計

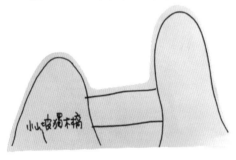 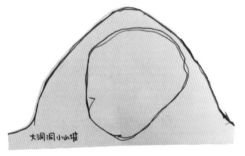

圖 7-2-6e　幼兒的地貌景觀設計　　　　圖 7-2-6f　幼兒的地貌景觀設計

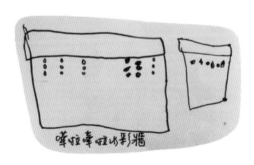 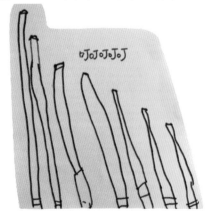

圖 7-2-6g　幼兒的地貌景觀設計

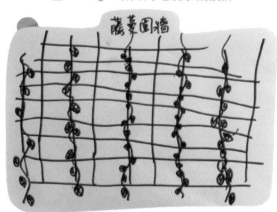

圖 7-2-6h　幼兒的地貌景觀設計　　　　圖 7-2-6i　幼兒的地貌景觀設計

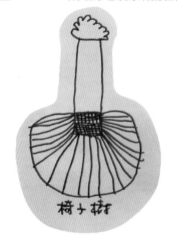 

　　選定二個 STEM 活動（打星號）後，教師探究了這二項活動的內涵，圖 7-2-7、圖 7-2-8（教師原繪）顯示其一「製作好玩遊具」STEM活動的二個遊具——大象傳聲筒、水管響叮噹之探究內涵，此舉增加教師實施的信心，並及早準備幼兒探究所需；而且教師也分析遊具製作的STEAM成分，如表 7-2-5（教師原製）所示，據以微調活動內涵。整個 STEM 課程活動延伸發展好一段時間

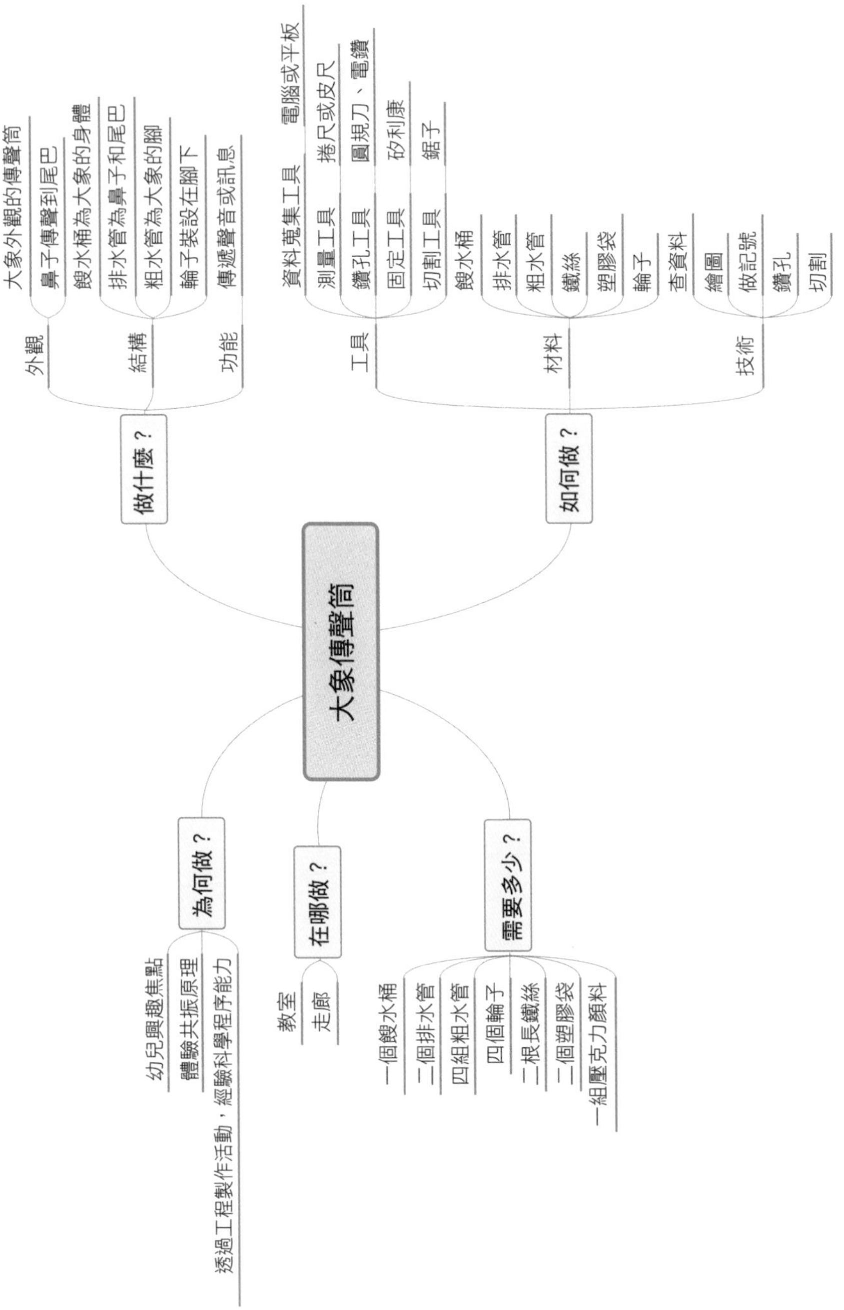

圖 7-2-7　教師探究問題內涵圖（「大象傳聲筒」）

大象傳聲筒

做什麼？
- 外觀：大象外觀的傳聲筒
- 結構
  - 鼻子傳聲到尾巴
  - 饅水桶為大象的身體
  - 排水管為鼻子和尾巴
  - 粗水管為大象的腳
  - 輪子裝設在腳下
- 功能：傳遞聲音或訊息

如何做？
- 工具
  - 資料蒐集工具：電腦或平板
  - 測量工具：捲尺或皮尺
  - 鑽孔工具：圓規刀、電鑽
  - 固定工具：矽利康
  - 切割工具：鋸子
- 材料
  - 饅水桶
  - 排水管
  - 粗水管
  - 鐵絲
  - 塑膠袋
  - 輪子
  - 查資料
- 技術
  - 繪圖
  - 做記號
  - 鑽孔
  - 切割

為何做？
- 幼兒興趣焦點
- 體驗共振原理
- 經驗科學程序能力，透過工程製作活動

在哪做？
- 教室
- 走廊

需要多少？
- 一個饅水桶
- 二個排水管
- 四組粗水管
- 四個輪子
- 二根長鐵絲
- 一個塑膠袋
- 一組壓克力顏料

189

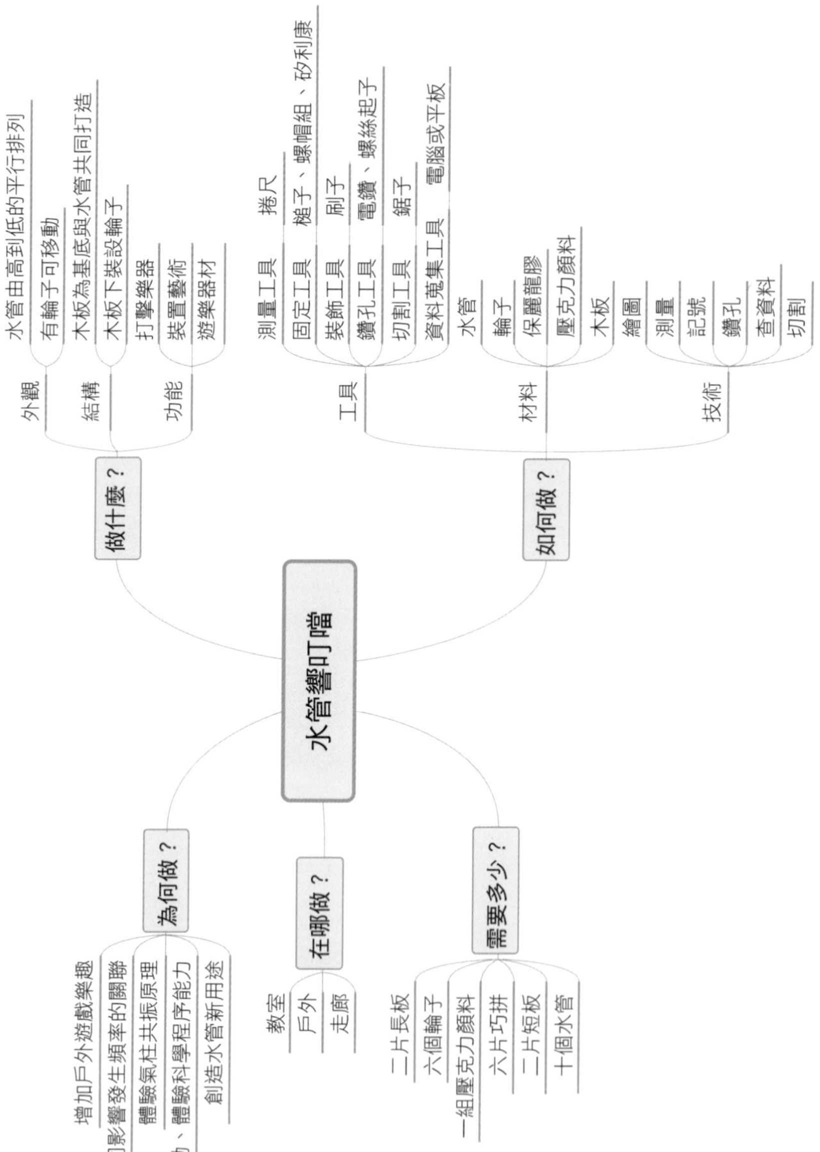

圖7-2-8　教師探究問題內涵圖（「水管響叮噹」）

190

水管響叮噹

做什麼？
- 外觀
  - 水管由高到低的平行排列
- 結構
  - 有輪子可移動
  - 木板為基底與水管共同打造
  - 木板下裝設輪子
- 功能
  - 打擊樂器
  - 裝置藝術
  - 遊樂器材

如何做？
- 工具
  - 測量工具：捲尺
  - 固定工具：槌子、螺帽組、矽利康
  - 裝飾工具：刷子
  - 鑽孔工具：電鑽、螺絲起子
  - 切割工具：鋸子
  - 資料蒐集工具：電腦或平板
- 材料
  - 水管
  - 輪子
  - 保麗龍膠
  - 壓克力顏料
  - 木板
- 技術
  - 繪圖
  - 測量
  - 記號
  - 鑽孔
  - 查資料
  - 切割

為何做？
- 增加戶外遊戲樂趣
- 比較水管長短不同影響發生頻率的關聯
- 體驗氣柱共振原理
- 透過工程製作活動、體驗科學程序能力、創造水管新用途

在哪裡做？
- 教室
- 戶外
- 走廊

需要多少？
- 二片長板
- 六個輪子
- 一組壓克力顏料
- 六片巧拼
- 二片短板
- 十個水管

表 7-2-5　「庄進夢想遊戲場」主題製作好玩遊具與立體模型活動的 STEAM 要素分析

涉及領域	活動之 STEAM 要素分析
S（科學）	• 體驗共振、聲音要素（響度、音階、音色等）、作用力與反作用力、平衡等原理 • 運用科學程序能力（觀察、預測、推論、溝通、實作、驗證、比較等）
T（技術）	• 運用電腦或平板上網查找資料、繪製設計圖 • 運用製作技法：測量、裁切、鑽孔、固定、卡隼、上漆、綁、繞等 • 使用人類智慧產物：捲尺、鋸子、電鑽、膠類、建築模型紙、調音 APP
E（工程）	• 設計與製作戶外遊戲裝置──大象傳聲筒、水管響叮噹、遊戲場模型 • 製作成品經歷改良、精進，以優化
A（人文藝術）	• 繪製設計圖 • 透過比例、對稱等美感要素於製作大象傳聲筒，並顯現肌理之美 • 運用漸層、韻律等美感要素於製作水管響叮噹 • 運用比例、尺度、平衡、對比等美感要素於製作夢想遊戲場立體模型 • 展現合作解決問題的精神
M（數學）	• 計算與估算：製作各個戶外遊戲裝置會使用到的素材數量 • 空間推理及比例關係：各遊具裝置、地景地貌與建築物在整體空間中的配置、分布與比例 • 測量：各遊戲裝置零件裁切尺寸、各零件之間的距離 • 序列：水管從長到短排序，顯現音階

（圖 7-2-4 左方粗體顯示的活動），主要原因是幼兒熱衷於製作與精進他們喜歡的二個教具，再加上園方正參與美感計畫，筆者建議要多著墨於美感元素的運用，如平衡、比例與尺度、重複與韻律、統一與變化、對比與張力等，尤其是與 STEM 有關且涉及數學的「比例」元素，同時也要反映科學求真精神，所以幼兒也調整了大象耳朵與身體的比例，以及器官部位的色彩與肌理。另外，傳聲筒涉及聲音的傳送，在運用 APP 調整正確音階（涉及 STEM 面向中的技術層面）後，引發幼兒對聲音的探索（響度、音階）與吸管排笛的製作。其次，遊戲場空間配置立體模型因與實際空間比例出入稍大，也想更加落實美感元素，所以在建築師的鷹架下，教師也花了一段時間引導幼兒探究與調整。精進是工

程的重要步驟，在 STEM 教育中是很重要的程序。

三、三切入點之 STEM 活動實例

在設計主題課程的 STEM 活動時，有三個切入點——幼兒生活、遊戲、繪本或假想情境中的問題，這三個切入點不僅可讓幼兒以產生製作物來解決問題，而且在解決問題歷程中，同時也能探究主題下的概念、次概念，或促進該些概念的理解。因此，思考此三切入點成為設計 STEM 活動的重要任務，以下針對這三切入點舉例，以利幼兒教師規劃 STEM 活動。重要的是，這些例子都必須符應本書 STEM 教育定義或 STEM 教育四特徵——解決問題、探究、工程程序、領域統整。

（一）生活中問題

以生活中問題設計的 STEM 活動其實不難，因為幼兒生活中的問題很多，只要稍加留意並匯集或確認幼兒興趣，就可發展成課程（萌發課程）；若是預設課程，則盡量配合所進行的主題課程中概念，例如：在第六章三個主題課程中，以生活中問題設計為 STEM 活動有「轉啊轉！」主題「輪子」概念與「滑輪」次概念下的「如何將重物運閣樓？」；「種子的一生」主題「發芽成植物」概念與「播種種植」次概念下的「瓜苗蔓爬怎麼辦？」；「光影好朋友」主題「光影功用」概念與「光影牽手」次概念下的「創作情調午休燈」等。

筆者曾輔導的盛世江南幼兒園，有一個 STEM 課程非常生活化，那就是原本幼兒園門口停車（電動車）紊亂擋住出入，形成交通上的混亂與不安全，如何使停車整齊並恢復安全狀態成為重要問題。幼兒們至園門口觀察電動車與交通亂象後，在教師引導下探究一般停車場是如何處理停車問題、機車車身的寬度、園門口空間可停多少電動車等問題，以及哪種素材能經得起雨水沖刷考驗而不掉色，最後劃上黃顏色的停車格線，使電動車停放整齊、出入園門安全無虞（圖 7-2-9a 至圖 7-2-9d）。

圖 7-2-9a　園門口停車問題

圖 7-2-9b　園門口停車問題

圖 7-2-9c　園門口停車問題

圖 7-2-9d　園門口停車問題

　　另一所輔導園是雅正幼兒園，幼兒發現半戶外的座椅座面有一些破損，想重做一把替代舊椅，以解決問題。於是從非標準測量、作記號開始，歷經鋸木條、釘製、組裝步驟，過程中發現所鋸木條長短不一、椅面木條間距也不同、木條及框面與框架黏接也有問題；在不斷調整、修正後，又發生許多問題……；快要完成之際，發現椅背太軟不能用背靠著，幼兒說可以用椅子靠牆自然支撐方式解決（即不用處理）；又發現椅子座面木條太軟坐著會明顯下凹，在教師鷹架引導下，幼兒以多加幾根腳（木條）支撐座面來解決問題，最後終於完成可數人同時入坐的長條椅（圖 7-2-10a 至圖 7-2-10f）。

圖 7-2-10a　椅子破損問題

圖 7-2-10b　椅子破損問題

圖 7-2-10c　椅子破損問題

圖 7-2-10d　椅子破損問題

圖 7-2-10e　椅子破損問題

圖 7-2-10f　椅子破損問題

　　以下舉出一些生活中可加以運用並設計成 STEM 活動的問題，例如：平時蒐集了成堆四溢的回收物（如塑膠瓶子、橡皮筋、竹筷等），如何運用這些回收物成為問題，其實可以配合「交通工具」主題，引導幼兒運用這些回收物做成玩具（如打槳快艇、彈力車等），無論是讓幼兒自己玩或贈送偏鄉孩子皆可。又如：放數日長假，教室中的植物沒人澆水怎麼辦？其實可以配合「水」或「形形色色的植物」主題，將之設計為 STEM 活動，讓幼兒設法解決（解決方法之一是運用水桶中的棉線輸水至盆栽中——毛細現象）。與此有關的是，走廊各處的盆栽要怎麼樣才看起來整齊，又可在假日時方便澆水（解決的方法之一是製作集中擺放、也方便運用水桶與棉線澆水的層架）。

（二）遊戲中問題

　　以遊戲中問題設計的 STEM 活動其實也不難，因為遊戲就是幼兒的主要生活，只要稍加留意室內外遊戲情境並匯集或確認幼兒興趣，就可發展成課程（萌發課程）。若是預設課程，則盡量配合所進行的主題課程中概念，例如：在第六章三個主題課程中，以遊戲中問題設計為 STEM 活動有「轉啊轉！」主題「遊樂器物」概念與「玩教具」次概念下的「自製陀螺如何轉得穩又久？」；「種子的一生」主題「對人類功用」概念與「遊戲」次概念下的「製與玩沙鈴」；「光影好朋友」主題「光影戲劇」概念與「影偶特效」次概念下的「如何做出發亮寶劍？」等；而在本章「庄進夢想遊戲場」主題中，「設計我的遊戲場」概念與「設計與製作」次概念下的「製作好玩遊具」——「大象傳聲筒」、「水管響叮噹」，皆屬之。

　　親仁科園幼兒園的「說故事布幕立架」，就是源起於平日說故事時，幼兒須手持布幕感到手酸，遂興起製作不必手持之布幕，這是一個生活中問題、也是遊戲中問題。幼兒首先挑戰如何解決布幕固定站立問題，在尋找適當材料製作後，發現底盤不穩問題，遂裝上二塊木板作為底座；在解決後，繼而思考如何解決布幕立架自由推動問題，在製作類似輪軸的裝置後，發現輪子容易脫落

問題；在解決後，又面對解決布幕立架捲動收放問題，在諸多嘗試後，發現運用長夾可卡進水管中兼當轉軸把手；最後終於完成能夠四處推動且布幕能收放自如的說故事布幕立架（圖 7-2-11a 至圖 7-2-11d）。

圖 7-2-11a　說故事布幕立架問題

圖 7-2-11b　說故事布幕立架問題

圖 7-2-11c　說故事布幕立架問題

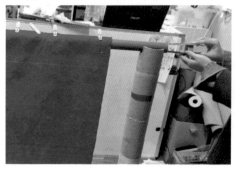

圖 7-2-11d　說故事布幕立架問題

　　以下舉出一些可加以運用並設計成 STEM 活動的遊戲中問題，例如：夏日幼兒在戶外豔陽下遊戲，教師可拋問：「你們又熱又累，但又想繼續玩，怎麼辦？」，因勢利導讓幼兒就地取材運用自然物（如樹枝、竹條、芭蕉葉等），或加入回收物（如紙箱、布塊、垃圾袋等），建蓋可休憩的小屋。同樣在戶外

遊戲時，教師可提出問題挑戰幼兒：「大樹下好涼快，如果我們想在這邊盪鞦韆，怎麼辦？」，讓幼兒解決樹下盪鞦韆問題；或者是：「戶外實在太好玩了，如果今天我們要在戶外烹煮用餐，怎麼辦？」，讓幼兒解決野外烹煮問題；又或者是：「我們做了很多小船，可是沒有小河可賽船，怎麼辦？」，引導幼兒在戶外挖渠引水成小河，或設法在其他地方蓋出河道或小水塘。圖 7-2-12a、圖 7-2-12b 是大庄國小附幼幼兒在「水道工程師」課程中於走廊用積木與垃圾袋所建蓋的賽船河道。歷程中，水道由室內搬到室外走廊，發生注水後漏水問題，不斷修補後終於可以賽船（本課程紀實請見拙著《幼兒 STEM 教育：課程與教學指引》），而水道、河道的活動可配合水的主題而規劃。

圖 7-2-12a　建蓋賽船水道問題　　圖 7-2-12b　建蓋賽船水道問題

（三）繪本或假想情境問題

　　幼兒很容易入戲，可資運用發展為 STEM 活動的繪本很多，在設計時選定問題方面，基本上問題的來源有二，一是教師可直接摘取自繪本情境，二是改變延伸自繪本情境，表 7-2-6 顯示繪本中可直接摘取與延伸改變的情境問題。另外，問題的屬性也有二種，本身具有多元解決方式，可擇一方式解決，或本身

表 7-2-6　可發展為 STEM 活動的繪本情境問題

繪本名稱		可發展為 STEM 活動的情境問題
機械如何運轉：逃出動物園	直接摘取	如何幫助小動物設計機關逃出動物園？
	延伸改變	如何設計好玩遊具裝置，讓小動物想留在動物園裡？
三隻小豬	直接摘取	如何幫豬大哥蓋不會被風吹倒的房子？
	延伸改變	如何幫豬小弟在屋外搭蓋遊戲場，讓房子更完美？
母雞蘿絲去散步	直接摘取	如何能幫蘿絲的農莊設計對付狐狸的防衛機關？
	延伸改變	蘿絲表兄即將來訪，如何幫牠製作立體地圖引導呢？
100 層的房子	直接摘取	如何幫小土蓋一棟有電梯的五層樓高樓房？
	延伸改變	如何幫小土朋友蓋一座容納很多人的社區／遊樂園？
金髮女孩和三隻熊	直接摘取	如何幫小熊重新製作一張椅子？
	延伸改變	如何幫小熊家蓋一個有小坡與水道可散步的大院子？

是由多個部分組成，可擇一部分處理，如蓋遊戲場，有變化的地貌（山洞、山坡、河流等）、不同的景觀（涼亭、眺望台、小花圃等）、多元的遊戲設施（大型組合裝置、個別遊具、操作牆面等），可讓幼兒分組解決，或是只擇其中一部分進行。

　　如上一節所提及「某個王國乾旱須從鄰國輸水救急」的戶外玩土玩水假想情境般，此種情境問題在預設課程或萌發課程都可運用，也就是教師可運用此種問題讓幼兒面對設法解決，例如：上面所提及的戶外遊戲場樹下盪鞦韆問題，還有如何將重物運到小山坡上等都是。而無論是繪本情境或假想情境問題，若想設計成 STEM 活動，還是必須遵守上一節所提及的設計步驟——在主題課程網絡圖中選定問題，接著來回地探究問題內涵與分析 STEAM 要素，最後調整修正，寫成教案。圖 7-2-13 是以繪本情境為例，說明完整的設計步驟。

圖 7-2-13　繪本情境問題的設計步驟

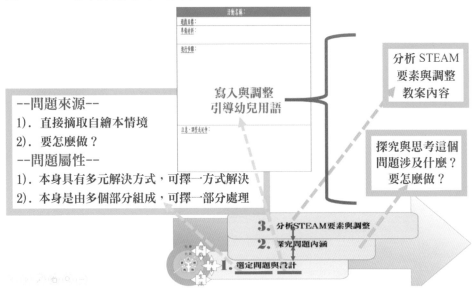

四、小結

　　本節舉了第六章主題課程的二個 STEM 活動與「庄進夢想遊戲場」主題中的 STEM 活動實例，來說明 STEM 課程設計的三個步驟。同時，也就 STEM 活動的三個切入點，舉了實例與建議來具體說明 STEM 課程的問題來源，包括生活中問題、遊戲中問題與繪本或假想情境問題。總之，STEM 附著於幼兒教育一向尊奉實施的具探究性與統整性的主題課程中，必須先依據此類課程的設計原則繪製課程網絡圖，然後在其中選定問題（也是切入點）去設計 STEM 活動，而在選定問題後則須來回地探究問題內涵、分析 STEAM 要素，並據以調修成教案，讓教師更有信心面對教學。

8

幼兒科學課程的實施

第六、七兩章探討幼兒科學的課程設計與活動示例，在善定主題課程的主題與繪製主題網絡圖規劃活動後，則首要預備情境、營造氛圍，激起探究動機與熱情，以利於主題開展，即在科學課程實施前要預備主題的探究情境；而在課程實施與幼兒互動時，則要適時善搭鷹架，引導幼兒探究、鞏固與運用新知能，以利主題實施。本章著重在科學課程實施前與實施中的重要任務，即所謂的教學實務，並以上面兩章的四個主題課程，來說明如何預備情境與搭構教學鷹架。

第一節　科學課程實施要務

本節分兩個部分，首先說明課程實施前如何引導幼兒進入主題的情境，並舉主題課程例子說明；接著，探討在課程與教學實施中鷹架搭構的意涵與運作架構，以利理解下一節的鷹架引導實務——鷹架引導的種類與實例。

一、課程實施前的要務——預備情境

課程實施前的主要任務是預備情境，此處說明如何預備情境，並提出幾個主題課程的例子。

（一）預備情境的內涵

課程與教學實施前必須預備進入主題的情境，包括規劃探索性環境、籌備探索性資源、激發幼兒對主題的探究動機，以利後續主題的順利開展。

1. 規劃探索性環境

在原有基本區角環境的基礎下，為了新的主題，在室內空間宜配合主題調動區角（微調部分空間或調整區角空間）、準備主題相關教材（含採購、向家長募集或借用、回收物、教師自製等）；在園內戶外空間宜調度附加材料（含採購、向家長募集或借用、回收物、教師自製等）、考察與準備主題相關遊戲環境。

2. 籌備探索性資源

在原有幼兒園資源的基礎下，為了新的主題，宜籌備相關探索性資源，包括查詢、評估、聯繫、考察園外適合教學、參訪的地點或活動，以及查詢、聯繫與邀請園外（包含家長）與主題相關的專家。而有時為了課程進行順利與具有成效，必須與該地點、活動或專家溝通一些彼此相互配合的事項。

3. 激發幼兒探究動機

激發幼兒探究動機即是運用一個亮點來引發幼兒投入主題探究中，通常會以一個有趣且吸睛的玩教具、內有神秘物件的神秘箱、與主題相關的好吃食物等，來吸引幼兒興趣投入關注；或者是有趣好玩的活動或影片、故意製造的認知衝突情境、能引起好奇想一解疑惑的活動，以激發幼兒探究或製作的動機，開啟整個主題探究之旅。至於採用哪一種方式，教師得充分了解班上幼兒的習性，選擇與安排最有利引起整個主題探究動機的物件或活動。

（二）預備情境示例——「轉啊轉！」主題

　　「轉啊轉！」主題旨在探究各種可轉動的事物或現象，也包含人體，以下說明此主題的探索性環境宜如何規劃、探索性資源宜如何籌備，以及如何引起幼兒對整個主題的探究動機。

1. 規劃探索性環境

配合主題調動區角

　　筆者建議在進行偏向科學性主題課程時，為聚焦幼兒的興趣，在原本科學區盡量擴張或加添一「焦點興趣角」，它可以是一張平臺桌子或類似第四章介紹的可移動沙與水箱容器，立於科學角入口或教室顯眼處，置放各類可轉動物品（將於準備主題相關教材中介紹），以吸引幼兒探究。此外，建議在有電腦或平板的圖書區或電腦區，特別標示一觀賞角落，讓幼兒隨時可自行按壓觀賞教師所拍攝幼兒自創的轉轉舞、人物共轉秀影片，以供修正精進。另外，也建議在教室內外較大牆面裝置齒輪鑲嵌板，讓幼兒自由探索，如上節所述「如何帶動遠處齒輪？」活動給予幼兒挑戰。又此主題的作品偏大，如設計輪盤教具、製作故事卷軸、設計遊樂園設施模型等，需要較大陳列空間，也要合宜地規劃，因為作品均與轉動主題相關，可製造情境氛圍，吸引幼兒投入主題探索中。

準備主題相關教材

　　配合主題，盡量增加可轉動的各類物品，當然原本就屬於某區角的可轉動物品就仍留於該區角，如圖書區的削鉛筆機、地球儀；益智區的輪盤遊戲、釣魚遊戲、齒輪組、螺絲釘帽組；藝術區的手搖鑽等。可準備的相關轉動物品，如壞了的發條玩具、白色修正帶（內有齒輪）、古老唱盤或 CD 片轉盤、玩具小車、溜溜球、扯鈴、竹蜻蜓、廚房紙捲、Pizza 輪刀、帶齒輪與旋轉握把的開罐器、走馬燈、餐桌轉盤、畫作卷軸、旋轉門把、水龍頭、滑輪、有螺旋紋路

的瓶蓋與瓶罐等。此外，亦可準備舞蹈、溜冰、跳水、國術、雜耍（頂盤旋轉、旋轉特技）等 CD，或可查找網路資料的電腦，擴增幼兒對身體部位旋轉的經驗；以及相關繪本，例如：《機械如何運轉：逃出動物園》（*How Machines Work: Zoo Break*）就是一本關於動物如何逃出動物園的操作性繪本，內容涉及輪軸、齒輪、滑輪、螺旋等原理的運用，所建置的逃跑簡易裝置含轉動、滑動、扯動等效果。

由於人體部位的探索也是本主題重點，建議可準備關節可動的人體骨骼模型或立體教具，讓幼兒探索、思考，以產生遷移效果。此外，教師可自製或與幼兒共構教具，如圖 4-1-5b 船槳可旋轉的「打槳快艇」、表 6-2-1d-1 運用輪軸原理的自製透明車輛等，以拓展幼兒對轉動的經驗；亦可與幼兒共同備製觀察（實驗）紀錄表，如圖 7-2-2b 的影響陀螺運轉因素紀錄表，幫助幼兒在主題中更有焦點、系統地觀察或實驗。

考察與準備戶外遊戲空間

除了戶外遊戲場原有的固定旋轉遊具、三輪車、扭扭車、球類等外，可增添採購、向家長募集或借用一些遊具或附加零件，如飛盤、腳踏車、滑板車、健腹滾輪、帶輪溜冰鞋等；也可由教師自製或與幼兒共製吸睛的大型風車。當然教師也需事先了解戶外哪一區較為適合，如多人參與的轉轉舞、人與物共轉創意秀的肢體活動。

2. 籌備探索性資源

聯繫園外參訪地點

遊樂園中會轉動的設施太多了，如摩天輪、旋轉木馬、咖啡杯、雲霄飛車等遊樂器物，可運用親子學習單請家長於假日帶幼兒前往（非強迫性）並記錄，然後讓幼兒於團討中分享。也可聯繫有切割、拋光研磨等轉動機具或有轉動的裝配線（流水線）工廠，讓幼兒參觀，以理解轉動機具、設施等科技對人類的

功用。或者可帶幼兒至街道探查，因為街道上有飯店或百貨公司的大型旋轉門、警消車輛的旋轉警示燈、理髮廳的三色旋轉燈，或招牌上不斷閃爍旋轉的 LED 燈飾等。如果園方所在地有大型風車（發電用）、水車，則盡量安排參訪。

邀請園外相關專家

　可邀請學過舞蹈、溜冰的專家前來示範身體部位的各種轉動技巧；也可邀請扯鈴達人、溜溜球達人、陀螺達人等來園示範轉動技巧與效果。有時家長本身就是資源，學過舞蹈、溜冰或很會扯鈴、打陀螺等，應善加運用。

3. 激發幼兒探究動機

　「轉啊轉！」主題可以用許多幼兒喜愛的陀螺來引起動機，可請幼兒從家中帶來陀螺（如指尖陀螺、戰鬥陀螺等）分享，從而引發如何讓陀螺轉得又穩又久的競賽，開啟對影響陀螺轉動因素的一系列探究。如果幼兒對陀螺沒有興趣，可以找他們的興趣之物切入，如風車、竹蜻蜓都是製作起來很簡單的小玩具，當孩子看到自己製作的東西會轉動時，通常興緻高漲，就可激發幼兒探究是什麼力量或因素讓其轉動，甚至想自製其他會轉動的玩具或物件，開啟對轉動的一系列探究，例如：還有什麼東西會轉動？靠什麼力量轉動？如何讓它轉得更快？人體部位也會轉動嗎？人體部位要怎麼轉動？當然也可運用舞蹈、溜冰或扯鈴等影片，直接激發與挑戰幼兒可否做到？有什麼不同的轉動方法？其實本主題內所有的探索性活動——認知衝突、探索未知、解決問題活動，均能誘發幼兒對主題的探究動機，端看教師如何善加運用。

（三）預備情境示例——「種子的一生」主題

　「種子的一生」主題旨在探究種子的奧妙與發芽成植栽之生命旅程，以下說明此主題的探索性環境宜如何規劃、探索性資源宜如何籌備，以及如何引起幼兒對整個主題的探究動機。

1. 規劃探索性環境

配合主題調動區角

　　配合主題，宜增加各式各樣的種子，如內有種子的毬果、長刀形種夾，各種瓜果、豆類的種子等，建議在科學區加添一「焦點興趣角」，置放各式各樣種子並備有放大鏡，以吸引幼兒探究或種植。其次，也建議擴增科學區中的種植角空間，運用櫃架平臺或延伸至窗外走廊，讓幼兒播種，以觀察種子發芽的情形。此外，宜準備一烹飪空間，上置電鍋、微波爐或果汁機，供烹煮或料理簡單的豆製食物，讓幼兒更加理解種子的功能。另外，建議圖書區或電腦區，特別標示一觀賞角落，讓幼兒隨時可自行按壓電腦或平板，觀賞幼兒所種植黃瓜的各階段生長狀態——孵苗、育苗、定植、搭架引苗、開花、結果；也可自行查詢種植相關資訊，或是查找種子傳播方式的影片。

準備主題相關教材

　　科學區除了焦點興趣角的各式種子外，宜多準備放大鏡、測量工具、孵苗的回收小容器、孵苗用棉花、分類豆子用小瓶罐等，以供觀察與種植用；也需準備種子、植物圖鑑或百科全書，以供查找與比對（母株與種子）。除科學區外，藝術區也需增添各式各樣的種子，可供幼兒多元創作，更加理解種子的功用。在圖書區則準備如《小種籽》等繪本。此外，教師可自製母株與種子圖片配對的「種子尋親」教具，影印小黃瓜生長各階段照片的「生長序列」教具等，以及與幼兒共同備製觀察（實驗）紀錄表，如生長條件相關實驗紀錄表，幫助幼兒在主題中更有焦點、系統地觀察或實驗。

考察與準備戶外遊戲空間

　　建議教師預先找尋幼兒園戶外空間中牆角、地縫的小苗芽，以利幼兒探索與理解種子傳播的概念；並且事先確認與準備好園內一塊可種植區域，以供幼兒種植與照顧小黃瓜或其他蔬菜。

2. 籌備探索性資源

聯繫園外參訪地點

　　教師預先查詢與聯繫農場，確認有種植小黃瓜或是有幼兒所種植的蔬果。另外，苗圃、種苗店也可安排去參觀，以利理解種子與植物種類繁多，以及孵苗、育苗、定植等相關事宜。更重要的是，查詢與聯繫智慧農場、生態農場等與科技或環保有關的農場，並事先與農場主人溝通配合或解說事項。此外，教師也可事先查詢與考察附近有多元種子或野草的公園、野地，在確認安全無虞後，帶幼兒去撿拾與找尋各種種子、草籽。

邀請園外相關專家

　　在參訪以上農場、苗圃、種苗店時，就可安排讓幼兒訪問農夫、苗圃主人或種苗店店主，以解答種植、種子或農業科技、環保等相關問題。此外，有些家長本身就是種植達人或植物專家等，亦可邀請其進入教室與幼兒互動。

3. 激發幼兒探究動機

　　因為幼兒非常喜歡甜食，「種子的一生」主題可透過分食各種水果與種子食物，如花生糖、爆米花、紅豆湯等，引發幼兒對各式各樣種子和其與植物關係的一探究竟行動——種子內部有什麼奧秘可讓它變成植物？種子播種後要如何照顧？種子是靠什麼傳播到土壤中生長？種子除了吃以外可以做什麼？種子從植物哪個部位生長出來？也可以透過單純的綠豆發芽，引發幼兒也想自己播種讓種子發芽，或運用教師自製的「百變種子偶」，讓幼兒將播種後的樣貌加以創造變化，從而探究種植後的植物生長狀態。當然，也可以透過現成的《小種籽》繪本，引導幼兒探索小種子的一生。其實本主題內所有的探索性活動——認知衝突、探索未知、解決問題活動，均能誘發幼兒對主題的探究動機，端看教師如何善加運用。

（四）預備情境示例——「光影好朋友」主題

「光影好朋友」主題旨在探究光、影的形成，以及光與影合作的藝術，以下說明此主題的探索性環境宜如何規劃、探索性資源宜如何籌備，以及如何引起幼兒對整個主題的探究動機。

1. 規劃探索性環境

配合主題調動區角

配合主題，除在教室內增加各種人造光源，最重要的是要準備一個小空間，讓幼兒可探索或實驗光、影、光與影合作的藝術。建議挑選教室裡面較不受打擾的一個角落，師生共構一個可稱之為「黑暗角」、「小暗房」的空間，裡面除有白色銀幕（白色大壁報紙、大棉布等）與固定及各種移動燈源外，尚有帶角架鏡子數面、填充玩具偶、立體積木、各種程度透光材質與反射光材質等，以供幼兒探索。此外，建議與幼兒在活動室的較寬敞空間，共構一個有白幕的大型影偶臺，激發幼兒製作影子棒偶與演出。

除了以上兩個重要的光影探索角落外，建議圖書區或電腦區特別標示一觀賞角落，讓幼兒隨時可自行按壓電腦或平板，觀賞光影藝術，如教師拍攝的光雕展影片，或查找各國光影藝術（博物館）影片；同時，幼兒也可自行檢視教師所拍攝的幼兒自創光影交織藝術，以供下次創修精進。此外，為因應本主題，可能必須準備從天花板向下懸掛（吊）的繩索，像是「描邊繪影藝術創作」、「再現情影大挑戰！」、「彩繪玻璃：玻璃紙混色」等活動的成品都是大幅的，均需適當空間或牆面懸掛（吊）。其實，整個教室必須具有銀幕與光源，能隨時在團討時讓全班幼兒探索光、影與光影藝術，也要能隨時投影，將網路上所查詢的光影藝術影片、幼兒自創的光影交織藝術、幼兒自創的影偶戲等播放出來。

準備主題相關教材

　　向家長募集的各種燈具，如日光燈、電燈、LED 燈、崁燈、螢光燈等，在確認安全無虞下與幼兒溝通安全規則後，可以擺置在室內各區角適當處，或置於科學區，讓幼兒比較其光照特性與差異。而在科學區等其他較空曠區域可擺置光桌或彩色光影積木，讓幼兒盡情探索。建議在上述黑暗角、大型影偶臺與光桌鄰近處，擺置各種不同程度透光材質，如各色與透明玻璃紙、透明壓克力板（或軟膠質）、霧面壓克力板（或軟膠質）、硬卡紙、棉紙等，以及各種不同程度反射光材質，如鏡子、錫箔紙、金屬盤、CD 片、陶盤、填充玩具偶、立體積木等，當然要設置如手電筒、頭燈等移動光源、可自行開關的固定光源與銀幕。

　　圖書區則可增加如《小花園》的操作性繪本，體驗光透過有色彩的玻璃紙與顏色混合效果。當然，教師亦可自製由彩色玻璃紙黏成的「彩色光影棒」教具，讓幼兒盡情探索其混色；以及自製含形狀圖卡與形狀握棒的「影子配對」教具（也可改成可愛動物圖卡與握棒，更為有趣），置於益智區角讓幼兒從配對行動中體驗影子如何變大變小。

考察與準備戶外遊戲空間

　　建議教師預先找好戶外場地中有明亮陽光照射處，可讓幼兒進行「踩影律動遊戲」活動，配合音樂節奏與口令互踩影子；或是產生有趣影子的時間與地點，如網格狀柵欄、樹木枝葉在不同時間的影子變化，讓幼兒可以進行「描邊繪影藝術創作」活動，除描繪影子輪廓外，還可以加以延伸創造。

2. 籌備探索性資源

聯繫園外參訪地點

　　教師預先查詢與聯繫燈具店，讓幼兒透過參訪該店，了解人為光源的多元種類與各種類的特性。有關自然光源部分，盡量於不同時間帶幼兒外出觀察太陽光照與影子的變化效果。

<u>邀請園外相關專家</u>

　　在參訪燈具店時，就可安排讓幼兒訪問店主，不過在事先聯繫時，就要提出訪問的要求。此外，也可安排光影藝術工作者入園分享光影藝術。

3. 激發幼兒探究動機

　　此主題可運用「小手有大影？」、「影子如何配成對？」等認知衝突活動，或者是「什麼物品可反光？」、「哪些東西會有影子？」等探索未知活動，激發幼兒想解答疑惑或了解為什麼的探究動機，從而對影子的形成更深入的探討；又或者是運用「如何用鏡子把光送出？」的解決問題活動，引發幼兒試圖解決問題。當然也可運用顯現大大亮眼、閃亮皇冠效果的影偶戲，詢問幼兒為什麼公主身影中會有大大亮眼？是如何做到的？請幼兒在棒偶（尚未挖洞開光）上嘗試，引發一系列探究。甚至也可運用讓幼兒驚艷的光影藝術影片，引發幼兒想要仿效製造效果，自然進入一系列與光、影有關的探索活動中。

（五）預備情境示例──「庄進夢想遊戲場」主題

　　「庄進夢想遊戲場」主題旨在進行幼兒園遊戲場的設計與小型自製遊具的探究與製作，以下說明此主題的探索性環境宜如何規劃、探索性資源宜如何籌備，以及如何引起幼兒對整個主題的探究動機（此部分由大庄國小附幼李如澄主任敘寫，筆者潤修）。

1. 規劃探索性環境

<u>配合主題調動區角</u>

　　為因應大型遊具的製作與各項工具、材料的擺放，臨時開關較為寬闊的走廊作為製作場地；又製作遊具必須使用切割鑽的工具，遂事先向家長借來這些工具。此外，為配合主題的二項與聲音有關的遊具製作，在科學區中添置特色

角「聲音探索角」，提供許多自製教具（如以下相關教材），其他教室區角也做了一些配合，如積木區展示幼兒的假日親子公園探遊照片與社區公園踏查紀錄及照片，以製造主題情境氛圍。

準備主題相關教材

科學區特色角「聲音探索角」提供與聲音相關的自製教具，如聲音對對碰（將物品放入瓶中，製作數組以辨識與配對聲音）、旋轉氣球的聲音（將物品放入充氣氣球中旋轉發聲）、猜猜看聲音從哪裡來（運用漏斗、紙杯、塑膠杯與各式線材，設計傳聲遊戲）、小小鼓手（將奶粉罐增加各種不同素材做為鼓面，探究異材質震動的聲響）。鋪排區則整理果實、樹枝、吸管、小網片等，進行半立體創作，以表徵幼兒的遊戲場設計，其後於美勞區方才展開遊戲場立體模型的製作。至於語文區也搭配主題特色，提供與聲音相關的圖書，如《哪裏來的聲音》、《聽！那是什麼聲音？》、《點點玩聲音》等。

因為所進行的是遊戲場主題，教師得先補充相關先備知識，在與幼兒互動過程中才能在現實條件與幼兒的想像間取得平衡，並能以貼近幼兒的角度展開課程。於是在 Pinterest 與其他網站蒐集新近遊戲場設計概念的資料、圖片，如冒險性遊戲場、低結構遊戲場，以及國內遊戲場相關法規，以了解目前遊戲場規劃的趨勢及規範，並思考如何連接幼兒原有的經驗。

考察與準備戶外遊戲空間

觀察幼兒園戶外遊戲空間的地形、地貌、鄰近處可連結或能加以活用的空間，如遊戲場與活動室接壤的過度空間，可讓幼兒實際規劃地貌與景觀；又如鄰近原遊戲場的閒置壁面，也可將其定義為遊戲場的一部分，以用來與幼兒一起腦力激盪「可利用牆面設計什麼遊戲？」，二者均能做為課程發展的起始點或改造的重點環節。

2. 籌備探索性資源

聯繫園外參訪地點

因為主題是遊戲場，所以鎖定踏查附近市區的三座公園，教師對這些公園基本上都很熟悉，而且可自由出入，所以教師間只是就印象中的公園景觀、地貌與遊具討論了踏查當天應注意事項，並事先聯繫家長於當天陪同與支援踏查行動。此外，事先聯繫家長運用假日親子時間，帶幼兒去公園或遊戲場，並將紀錄上傳於班級群組。

邀請園外相關專家

由於大型遊具製作必須向家長借用切割鑽的電動工具，為確保教師本身會使用這些工具，先請家長教會教師使用，再拍攝教學影片，好讓幼兒在教師示範下，也可看著影片強化使用步驟與安全事項。此外，幼兒除了對遊具設計有興趣外，對景觀、地貌也有設計想法，如踩踩跳跳樂、大洞洞小山坡、椅子樹、小山坡獨木橋等，教師遂邀建築師入園與幼兒對話。孩子看著自己的設計圖與建築師溝通想法，並且把這些設計在遊戲場的配置位置也與建築師討論，希望建築師能將他們的夢想設計具體地實現出來。最後，在幼兒製作立體模型時，建築師也來與孩子對話並鷹架他們的製作。

3. 激發幼兒探究動機

遊戲場是每個幼兒都非常喜愛的地方，尤其是一聽到要改造、設計遊戲場，無不燃起滿滿的熱情，因此在前期安排社區公園踏查時，雖是剛開學不久，但幼兒對於上學充滿期待，即使是行走遠路到公園，再累也能堅持繼續走下去！而到了設計階段，當與一起查找網站資料時，教師提出除罐頭遊具之外，還能做些什麼的問題，這個挑戰打開幼兒對於遊戲場的想像，特別是知道建築師可以滿足他們的願望，這一來一往的對談過程中，幼兒彷彿也成為一位建築師。由此可知，善用幼兒的興趣能引發幼兒對主題的探究熱忱。

二、 課程實施中的要務──搭構鷹架

　　筆者綜合文獻指出，幼兒科學教育實施引導式遊戲／探究教學，在幼兒遊戲／探究中施以鷹架引導。以下說明「鷹架教學」的意涵與鷹架運作的架構。

（一）鷹架教學意涵

　　鷹架（Scaffolding）最早由 Wood 等人 （1976）所提出，乃基於 Vygotsky 社會文化論的「近側發展區」概念（Zone of proximal development），意指教師在教學互動中提供各樣支持，以協助知能建構中的孩子，使其提升潛能與發展，猶如建築房屋時所搭的鷹架般。而所謂近側發展區係指一個兒童現在的實際心理年齡層次，與在他人協助下所表現的解決問題層次，二者之間的差距區域（Vygotsky, 1991），即兒童存在著目前正在成熟過程中的能力。對 Vygotsky 而言，教學應在發展之前，而非坐等能力成熟；即教學在創造兒童的近側發展區，喚醒並激發生命中正在成熟中的功能，提升其認知發展（Vygotsky, 1978）。換言之，教育的目的就是提供落於孩子近側發展區間內的挑戰性經驗，在成人引導下使其向前發展 （Berk, 2001）。

　　孩童的概念與各項發展既有近側發展區間存在，教師應如何幫助孩子向前發展，成為教學上關注的重大課題。在科學教育中為幼兒搭建鷹架的理由如下。

1.幼兒具有迷思概念

　　首先，最重要的有如第一章所指，幼兒有自發的、似是而非的迷思概念，它與正式的科學概念交錯作用，影響後續的探究與建構，亟需成人關注其如何形成與加以引導（周淑惠，2003；Fleer, 1993）。正因為幼兒受到成人用語與生活直觀經驗的影響，以及本身現階段知能的限制，才出現瑕疵推理與合理化認知衝突的現象，而形成迷思概念。因此，教師因應之道，除了了解幼兒的迷思

概念與慎用教學用語外，提供鷹架引導幼兒觀察、推理與探究，或是促動同儕間互動，就顯得相當重要，方能使幼兒脆弱、不穩定的能力向上發展與提升。

2. 科學探究或實踐有賴社群共構

科學即探究，探究或實踐的運作高度依賴社群與鷹架支持（Duncan & Cavera, 2015），對於觀察、比較、測量、預測、實驗等科學程序能力，教師扮演著示範、引導與支持的關鍵角色（Gelman et al., 2010）。Worth（2020）所言甚是，孩子的好奇與想了解之心帶來遊戲性的投入，但是為了更深與更挑戰性的探究，有知識與能力的成人就很重要了，如科學探究實踐技巧的示範引導。其實，不僅幼兒科學程序能力的發展需要教師搭構鷹架引導，而且科學工具的使用，如平板電腦與上網查找資料、數位顯微鏡、放大鏡、計時器、測量用尺等，也需教師的鷹架支持（Guarrella, 2021）。

3. 幼兒的特性有賴成人搭鷹架引導

不僅是探究技巧的發展，或是探究工具的掌握與精熟，甚至由於正在發展中幼兒的特性，在專注力、記憶力、思考力等均較為脆弱、不甚穩定，在整個學習歷程上都需要成人的引導，如引起注意力、提示關鍵點、組織經驗、調節資訊難度等（NSTA, 2014）。

4. STEM 課程對幼兒是全新的經驗

再者，科學教育中的 STEM 課程，無論是工程或是技術，對幼兒而言都是嶄新的經驗，尤其是工程的設計、製作與精進的歷程是 STEM 之關鍵，各領域得以整合的要素，特別需要教師的協助與引導。Lippard等人（2017）曾探討目前還很少量（約 27 篇）的學前工程文獻發現，如果成人在工程原理上給予引導或提問，學前孩子就能更佳地促進工程思維。

　　綜上所述筆者認為，在科學教育上搭構鷹架時，應引導幼兒從不同面向、角度、時間或地點去深度觀察，並統整考量各種面向，盡量去除表面知覺的影響；同時，教師也應提供充分經驗以擴展其認知，並透過故意安排的認知衝突情境，引起幼兒意識本身似是而非的觀點，並進而修正之。更重要的是，要以言談對話，如提問、質疑或提出挑戰，促使幼兒運用探究能力於科學探究中，以促進幼兒建構、發現科學知識；並在幼兒探究歷程中提供互動與語文表徵機會，以發揮語文能促進思考及澄清思緒的「心智工具」作用。以觀察技巧為例，教師可提示或提問幼兒，某一現象在一天中的不同時間、好幾天中的同一時間、不同的空間地點等，是否都一樣？請幼兒預測答案、說明為何如此預測、推論是什麼原因形成、比較並具體指出異同、以各種方式（如圖、表、塗鴉、語言等）溝通結果。

　　探究工具的運用也需教師引導如何使用，例如：讓幼兒可以查找網路資料解答疑惑的電腦或平板；讓幼兒可以用不同尺度清晰觀察的放大鏡或望遠鏡；讓幼兒可觀察及比較前後或不同時空變化的照相紀錄及投影機具等；此外，還有各種 APP、計時、計量工具等，都可能是幼兒意想不到的方法，但都能更深入或精確地探究，都具鷹架幼兒探究與學習的作用。然而以上的運用，都需伴隨教師的言談對話或語文鷹架，並促使幼兒運用各種形式的語文表徵。此外，也很重要的是，教師必須持續觀察與動態評量，才能針對具個別差異性的近側發展區提供合宜適切的鷹架策略（周淑惠，2003）。

　　值得注意的是，在教學互動中的鷹架支持，必須提供可在成人協助下完成的「挑戰性經驗」，它對幼兒而言是「有點難又不會太難」。因此，鷹架搭建時要注意二件事：一是按幼兒的表現，調整活動的難易度（提供合宜的挑戰）；二是按幼兒的表現，裁量成人協助的程度。至於鷹架搭建若要成功有五個要件：(1)藉由觀察與了解，與幼兒建立交互主體關係；(2)提供近側發展區內的共同解決問題活動；(3)提供孩子最後能自我掌控的協助策略，如提示、暗示、提問、示範、回溯記憶等；(4)給予溫暖回應與鼓勵，以激發幼兒信心；(5)教師逐漸褪

除引導協助，使幼兒在體驗中逐漸掌控（Berk, 2001）。第五項逐漸褪除引導協助在提升孩子的潛能上很是重要，這樣才能漸進地自我體驗與掌控。

（二）科學課程的鷹架運作架構

幼兒科學教育是透過具整合與探究特性的主題課程，以提供聚焦性經驗而實現的，因此以下探討整個主題課程進行時的鷹架搭建。鷹架運作架構或原則是基於第二章所提及美國NRC《探究與國家科學教育標準：教與學的指引》的探究教學五個共同成分或步驟（NRC, 2000, p. 35）——投入、探索、解釋、擴展與評量，將其置於以社會建構論為基礎的幼兒教育情境中思考，筆者將其簡化為以評量為核心的「探究、表徵、鷹架」彼此交疊且循環歷程（周淑惠，2017a），如圖 8-1-1 所示。

圖 8-1-1　科學課程鷹架運作 1：以評量為核心之「探究、表徵、鷹架」交疊且循環歷程

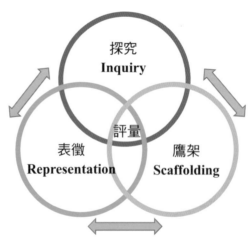

詳言之，當孩子投入於探究（Inquiry）行動之際，教師在旁搭構各種引導鷹架（Scaffolding），提供挑戰與協助；在此之時，孩子可能以各種方式表徵（Representation）（解釋或分享）其現階段的探究結果、發現或理解，與探究

行動部分重疊；而當孩子在表徵之際，教師也須搭構鷹架支持或挑戰，所以用三個部分重疊的圓圈表示其間交織的密切關係，簡稱 IRS 歷程。然而很重要的是，教師搭建鷹架必須基於緊密觀察與評量幼兒的表現，方能在孩子表徵與探究時，做出最合宜的鷹架介入或協助。整體而言，就是所謂的「引導式遊戲／探究教學」。

至於此探究、表徵、鷹架如影隨形，有如三位一體、交疊且不斷循環，熟先熟後，都有可能，因此以外圍雙向箭頭示之，例如：教師想了解幼兒的起點行為，可讓幼兒先行以繪圖、肢體語言表達其舊經驗，再視幼兒的表徵狀況，提出能激發反省性思考的問題或製造認知衝突的狀態，並於其後的探究行動中，接續搭構合宜的鷹架，此乃先表徵再探究，鷹架則隨行之。而有時教師對幼兒的起點行為已瞭如指掌，知道認知所待強化處，遂在幼兒的探究行動中以合宜的鷹架協助，再於其後的幼兒表徵中伺機對話引導。很重要的是，「探究、表徵、鷹架」的核心是教師的評量或觀察，教師依據評量結果，隨時調整其在幼兒探究與表徵中的教學鷹架與互動，如此三者交疊且循環不斷地互動，在各個活動陸續開展下，擴展了孩子的知能。

以上「探究、表徵、鷹架」交疊互動，透過無數次的循環歷程，讓知能於主題初始、發展與結束中得以「加深加廣暨統整」。因為任何的概念發展都不是一個活動就一蹴可幾的，孩子在初探概念後，其初建概念仍處於模糊或不穩固狀態，必須經過主題中數個不同活動的洗禮，或是從不同領域與面向的切入探索，才能漸漸地理解該概念，或讓初建概念趨於穩固，繼而能加深加廣。如圖 8-1-2 所示，透過無數次的循環歷程（漸層而擴的虛線三角形），逐次貫穿整個主題開展的三階段。

例如：在「光與影」主題中，幼兒一開始從「有光就有影子」的迷思想法，即無法意識到光必須有物體擋住其行進，才會出現影子，直到第三個活動才初步具有影子概念，知道影子的產生除了光外必須還有物體；然後經歷幾個概念運用的活動，如影子臉譜、影子偶等，到第八個活動才能用語言說出：「東西

圖 8-1-2　科學課程鷹架運作 2：知能於主題情境「加深加廣暨統整」

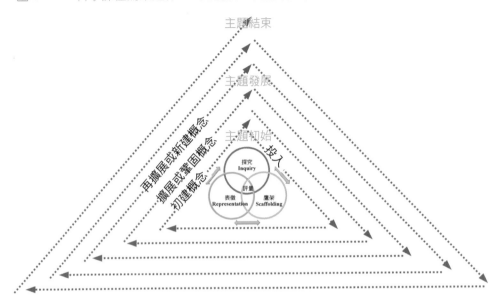

擋住光，形成了影子」，而且真正了解物體一定要在燈光前面，這樣燈光照到它才會在它後面產生影子（曾慧蓮，2007）。有關「影子變大變小」的概念也是一樣，從一開始沒有意識到影子變大變小現象，中間經歷向後退影子會變大、靠近燈影子會變大兩種想法更迭交纏，最後才真正理解影子變大的原因（曾慧蓮，2007）。可以說，影子概念是在無數個「探究、表徵、鷹架」交疊的循環歷程中，逐漸獲得的；而主題課程正好提供情境，讓幼兒得以多方面、多領域地切入探究，在交叉累積下，確實可達概念或知能加深加廣之效。更重要的是，在探究過程中所獲得的知能，得以立即運用於新情境中，例如：知道影子可變大變小後，在其後的光影戲劇中就能運用於投影一隻大怪獸，讓學科領域有機融合，臻抵真正統整的境界，是非常有意義的學習。

（三）STEM 課程的鷹架運作架構

科學課程的內涵除傳統三領域外，尚包括 STEM 領域。STEM 課程的鷹架

運作架構是在幼兒工程歷程大框架下，教師搭建上述所言以評量為核心的鷹架，也就是在「設計（Design）、製作（Make）、精進（Elaboration）」（DME）的工程框架下，教師運作以評量為核心的「探究、表徵、鷹架」（IRS）交疊且循環的歷程。換言之，STEM 課程的鷹架運作就是在「工程架構下的引導式遊戲／探究教學」。其教學互動有如圖 8-1-3 所示。

根據第五章定義，STEM 教育的目標是解決生活中問題或滿足生活的需求，其核心歷程涉及設計、製作與精進的工程活動，至於主要方法則是探究；職是之故，幼兒 STEM 教育之實施指導原則主要是讓幼兒體驗「以探究為核心的DME 歷程」。也就是說，必須讓幼兒面對待解決的問題，並引導幼兒歷經工程的設計、製作與精進程序；而在此工程大架構的DME階段，幼兒不斷地運用觀察、推論、驗證、溝通等「探究」能力，也不時地「表徵」其探究所得；同時，教師也在運作著以評量為核心的 IRS 交疊且循環互動歷程，最後則產生製作物解決了原本的問題。教師執行以評量為核心之IRS互動歷程（圖8-1-3的中央三個交疊且循環小圈圈），是在支持幼兒的工程製作，即撐起 DME 大架構（圖8-1-3 的三個小圓圈外三個大圓圈），以協助幼兒產生製作物，解決問題。換言之，整個 STEM 課程鷹架的運作也強調幼兒探究與表徵之必要性及教師鷹架支持之關鍵角色。

幼兒在設計、製作與精進三階段的工程程序中，均要持續地進行探究。首先在設計階段，幼兒即要運用「查詢資料」（平板、電腦、雜誌等）、「觀察」、「比較」（如製作物的各種圖片或各種解決方案）、「推論」（如推斷是如何設計、製作、連接等）、「訪談」（有經驗者或專家）、「紀錄」（將探究結果繪圖）、「溝通」（如製作的外觀形式、結構或各種解決方案）等能力去探究，以確認與了解製作標的、計畫擬製作的方案，並在現有資源與限制下，選擇合適的方案。在製作階段，幼兒也須運用探究能力，例如：發現斜屋頂無法與房屋主體黏合時，再度「查詢資料」、「觀察」、「比較」其製作物與電腦圖像有何不同？「推論」可能要如何調整？將自己的推論與組員「溝

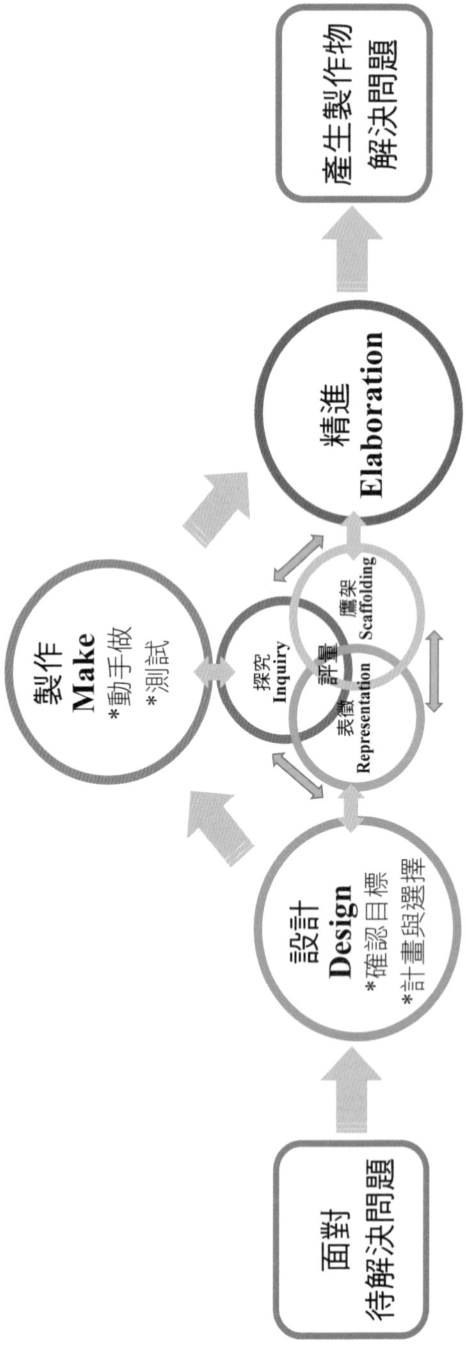

圖 8-1-3　STEM 課程鷹架運作：工程架構下的引導式探究教學

產生製作物
解決問題

精進
Elaboration

製作
Make
*動手做
*測試

探究
Inquiry

鷹架
Scaffolding

評量

表徵
Representation

設計
Design
*確認目標
*計畫與選擇

面對
待解決問題

通」、以行動調修後測試或「驗證」自己的想法等。最後，在精進階段則要不斷「觀察」、「推論」、「預測」、「比較」、「溝通」、「驗證」等，甚至再度「查詢資料」或「訪談」，以達優化製作物的目的，即整個精進程序也脫離不了探究能力的運用。

而當探究進行中，可能會一面探究、一面表徵，或探究每告一段落，立即表達現階段探究所得，即表徵結果，例如：以塗鴉與小圖加註於探究架構網絡圖、繪畫製作物的設計圖、向組員溝通或說明製作方式或步驟、以製作行動顯示製作物、以行動調整某部分製作方法、與其他幼兒協商修正改善方式等，因此探究與表徵有部分會是重疊的。很重要的是，無論是在探究或是表徵階段，教師都必須密切注意幼兒的狀態，評量其表現，據以搭構合宜的鷹架，因此教師的鷹架與幼兒的探究、表徵有部分是重疊的，形成三者交相互疊狀態，其交集處就是教師對幼兒的評量了，代表教師要隨時緊密觀察幼兒的表現，方能適時介入協助。

三、小結

為了協助幼兒探究、建構與運用科學相關知識，於科學課程實施前必須引導幼兒進入主題的情境，包含規劃探索性環境、籌備探索性資源，以及激發幼兒探究動機；本節提供了一個實施過的課程實例與三個課程示例，說明課程實施前的準備事宜。而在科學課程實施中則必須為幼兒搭構鷹架，即運作著以評量為核心的「探究、表徵、鷹架」（IRS）交疊且循環的歷程，讓知能於主題情境中加深加廣暨統整，此即所謂的「引導式遊戲／探究教學」。

而在 STEM 課程中，則必須在幼兒「設計、製作、精進」（DME）的工程歷程中，運作著以評量為核心的「探究、表徵、鷹架」（IRS）交疊且循環的歷程，也就是在幼兒確認目標、計畫與選擇方案、製作、測試與完善製作物時，協助其探究與表徵，此即「工程架構下的引導式遊戲／探索教學」。不過很重要的是，鷹架是協助與引導作用，它的最終目的是提升孩子的潛能——促進理

解與具有獨力運作的能力，所以教師要逐漸拆架，好讓孩子能從體驗中逐漸掌控。至於有關鷹架的種類、運用與課程實例將於下節敘述。

第二節　鷹架引導的種類與實例

　　鷹架引導是幼兒探究時的明燈，當情境或問題超越幼兒現階段知能或有些複雜和難度，致使幼兒行動失敗、偏離或幾乎放棄時，可在教師適度引導協助或裁剪為合宜挑戰下，重燃探究熱情、回到常軌或完成任務，甚至因此拓展其知能。職是之故，善用鷹架以協助幼兒獲得獨力運作的知能，很是重要，特別是在科學教育。本節即是介紹教師可資運用的鷹架種類，並舉實例說明。

一、鷹架的種類

　　筆者曾基於國科會實徵研究提出多元鷹架：回溯鷹架、架構鷹架、示範鷹架、同儕鷹架、材料鷹架、語文鷹架（周淑惠，2006），其後又提出時間鷹架、空間鷹架、氛圍鷹架、情境鷹架（周淑惠，2011），均為好用的引導策略，有益幼兒的探究行動與學習，並提升其潛能。特別一提的是，「語文鷹架」為所有鷹架的核心，因許多鷹架皆須借重語文的媒介。

（一）回溯鷹架

　　即以回憶舊經驗方式，協助記憶短淺的幼兒喚起塵封記憶、勾勒出印象，尤其是在後續的探究或設計必須運用先前的經驗或知能去類化、遷移或統整時。協助回憶的方式，如使用科技媒體攝影機、照相機、電腦等播放所攝製之影片、照片；或是將幼兒於主題歷程中的探索發現或紀錄張貼或再度呈現；當然，教師也可僅以口語回溯，但其效果不如具體物與影片、照片，若能相互搭配，則能彰顯效果，例如：在「轉啊轉！」主題「繪製工廠機具轉動小書」活動時，教師拿出幼兒與父母一起探究的日常用品親子學習單、參訪工廠所拍攝的照片

等，回憶有哪些機具用品，以利幼兒繪製；在「光影好朋友」主題「創作光影交織藝術」活動中，教師與幼兒一起運用實體作品（如彩繪玻璃、有大亮眼棒偶）與作品照片，回溯這個主題所探究內涵——光源、反射、影子形成、光影戲劇等，以利此創作活動順利開展與呈現；在「種子的一生」主題「種子嘉年集市」活動中，教師與幼兒一起回溯這個主題所探究內涵——種類與構造、生命散播、對人類功用等以及所曾進行活動，以協助此集市活動順利規劃與舉辦。

（二）架構鷹架

即提供思考或做事的框架或方向，引領較缺乏專注力或系統化行動的幼兒專注於眼前行動，讓探究行動聚焦，或有方向依循，使探究行動或表徵順暢持續。此框架可由教師主動提供，甚至可與幼兒共同討論製成，例如：全班於「種子的一生」主題「種子嘉年集市」活動中，預先規劃並分配各組任務於組別分工表，提醒幼兒完成目標待做事項；於「轉啊轉！」主題「自製陀螺如何轉得穩又久？」活動中，預先繪製如圖 7-2-2b 的實驗紀錄表，讓幼兒的探究行動有序可循；或者是於「光影好朋友」主題「哪些東西會有影子？」活動中，提供預測與驗證的實驗紀錄表，讓幼兒的實驗行動有焦點。

此外，期初與幼兒共同討論整個學期所欲探討主題的內涵，並以網絡圖形式把相類似的歸在同類目下，張貼於教室醒目處，此網絡圖不僅能讓幼兒學到如何計畫、分類，而且能讓幼兒隨時可查詢已經與有待探究的內涵，也是一種架構鷹架，指引幼兒後續的探究行動。其他如檢核表、異同比較圖（交集圖）、流程圖（步驟圖）、票選紀錄表等，均是具框架引導作用的協助。上一章提及大庄國小附幼「庄進夢想遊戲場」主題的活動中，教師也常運用共同討論的製作步驟圖、公園踏查結果網絡圖與票選紀錄圖等架構鷹架，幫助孩子聚焦探究經驗，使行動有所遵循或統整探究結果，如圖 8-2-1a 至圖 8-2-1c。

圖 8-2-1a　架構鷹架──票選紀錄圖　　　圖 8-2-1b　架構鷹架──製作步驟圖

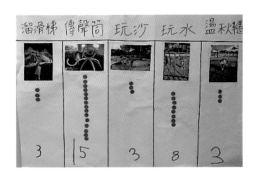

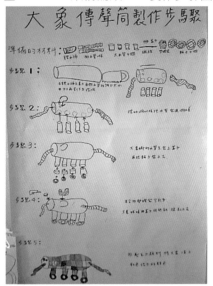

圖 8-2-1c　架構鷹架──社區公園踏查結果網絡圖

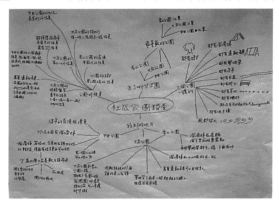

（三）示範鷹架

即以適度的言行、材料、實物為參照，讓幼兒可以仿效或運用，幫助經驗、技巧或理解力較欠缺的幼兒，抓住重要技巧或做事方法，例如：在「轉啊轉！」

主題「自製陀螺如何轉得穩又久？」活動中，幼兒不會使用計時器，教師可以運用問答方式讓幼兒先思考計時的意義與要素，再示範如何操作，讓幼兒體會如何運作起始與結束的計時方法。上一章提及雅正幼兒園的製作椅子活動中，幼兒發現椅面木條座面太軟坐著會下凹，在教師拿出小塑膠椅子做為參照並提問的鷹架下（圖8-2-2a、圖8-2-2b），結果幼兒多加幾根腳支撐座面，改善了座面下凹問題。

師：什麼東西讓小椅子這麼有力氣，李老師坐下去都不會凹下去？

生：因為有腳頂住了！

師：所以特別的（頓住）……

生：堅硬。

師：那我們來看這個中間為什麼會凹下去？（指著做好的椅面）

生：因為沒有腳！

圖 8-2-2a　示範鷹架——製作椅子的參照　　圖 8-2-2b　示範鷹架——製作椅子的參照

　　此外，更開放的作法是以實物、作品或行動做為比較與探究的基礎，引導一時未領會或無法成功的幼兒透過觀察、比較、推論、驗證等，完善作品或行動，其目的是引發幼兒進一步探究或優化作品、行動，而非單純的模仿。以「轉啊轉！」主題「輪軸是什麼？」活動中的區角製作小汽車STEM探究活動為例，

當幼兒以竹筷穿過鑽洞的寶特瓶身，再於兩端加上瓶蓋做成小車子，可是無法行走或行走不順，幾度嘗試後幾乎瀕臨放棄階段；此時，老師也特意做好一輛小車在旁行駛，引發幼兒關注，接續鼓勵幼兒操作及比較老師的車和他的車有何不同。幼兒在檢視兩輛車後，推論出無法行駛的原因，於是將寶特瓶身的洞挖大些讓輪軸順暢轉動，車子終於可以行駛。這是一個伴隨「語文鷹架」提問的「示範鷹架」，教師在示範一輛可以行駛的自製小車並合宜地提問後，結果讓幼兒改進作品。

還有一種也是比較開放的示範鷹架，即教師出示簡單設計，以引發各種遷移或變化的設計，例如：在親仁科園幼兒園「運動中心」主題中，幼兒希望於教室中開一間有各種運動遊戲的運動中心，教師遂將乒乓球、呼拉圈與雙面膠結合成「乒乓黏黏蜘蛛網」、將足球與疊球結合成「足疊球」，希望以此來激發幼兒的創造力，結果引發幼兒的多元設計，如寶球快籃球、保齡足球大賽（圖8-2-3a）、翻滾棒球、叮叮叮跳跳跳彩虹氣球傘（圖8-2-3b）、乒乓滑滑盪鞦韆等運動遊戲。

| 圖 8-2-3a | 示範鷹架——示範激發幼兒創造 | 圖 8-2-3b | 示範鷹架——示範激發幼兒創造 |

（四）同儕鷹架

即分組活動中借助混合年齡或混合能力的舉措，讓較有能力或年齡較大的同儕發揮激發與協助其他幼兒的作用，例如：在「轉啊轉！」主題「身體哪些部位可轉動？」活動中，教師可在各組安排有學過舞蹈、溜冰或國術的幼兒，以激發組內其他幼兒嘗試與創新動作。此外，在團討情境中，較有能力與見解的幼兒就能經常透過發言或分享，發揮鷹架其他幼兒的作用，這樣的「同儕鷹架」是協助幼兒進階發展的很好方式，教師可多加運用。

還有一種狀況是於分組活動中，混合不同專長能力的幼兒，例如：混合專長於發想設計、善於動手製作、精於塗鴉記錄的幼兒於一組中，讓他們分工且合作，也能彼此互為鷹架、相互成就，尤其是每組均需產生具美感製作物的STEM活動，最好有不同專長幼兒參與。類似狀況諸如「種子的一生」主題「種子嘉年集市」活動中，有關集市活動其實包含製作物與包裝、節目內涵與流程、鋪位布置與招牌、邀請卡製作等，教師可特意安排不同專長幼兒於各組內，以發揮同儕鷹架功效，讓教師能較輕鬆地遊走於各組間，關注各組狀況。

（五）材料鷹架

即教師提供多元材料或工具讓幼兒表徵、探究，以幫助幼兒更加理解、建構概念或行動。首先，「探究材料」或工具，如相關繪本、圖鑑、小百科全書、電腦、平板、手機 APP、照相機、放大鏡、顯微鏡、望遠鏡、計時器等，可協助幼兒以不同方式或尺度觀察、查詢資料，以及紀錄、分類、比較等做更深入或精確的探究，例如：在「轉啊轉！」主題「自製陀螺如何轉得穩又久？」活動中，教師提供計時器，讓幼兒得以客觀地比較陀螺轉動的秒數，發現影響轉動的因素；在「身體哪些部位可轉動？」活動中，教師提供溜冰 CD 片或引導幼兒查找電腦網上舞蹈影片，激發幼兒創新轉動身體的動作；在「種子的一生」主題中，教室備有可上網的電腦、種子圖鑑、《小種籽》繪本、放大鏡、手機

APP 等，利於幼兒探究、發現答案的材料或工具，都可發揮鷹架效用。

至於「表徵材料」最好是具開放性的，可創意運用與表達的，讓幼兒可將每次探究後的結果如實且多元表達，如各式積木、各種黏土、各樣連接建構材料、各種回收材料，如木棒、木棍、紙箱、寶特瓶、塑膠桌布、布料、麻繩、毛線等。此外，一些有助於幼兒表徵的工具，如照相機、錄音機等，也應提供讓幼兒得以記錄與比較其表徵，例如：在「光影好朋友」主題「創作光影交織藝術」活動中，教師引導幼兒自行拍攝光影藝術創作，將每次創作記錄下來，以供後續精進、創新之用。不過，材料鷹架通常要透過語文鷹架的仲介，如「這個材料可以做什麼？」、「有不同的用法嗎？」。

（六）語文鷹架

即透過讀寫及言談對話，幫助幼兒思考、推理與探究，因為語文就是「心智工具」（Bodrova & Leong, 2007）。語言鷹架包含言談鷹架與讀寫鷹架，「言談鷹架」可以是教師與幼兒的言談對話，也可以是安排小組同儕間的對話，使具同儕鷹架作用，例如：在「種子的一生」主題「種子大比拚」活動中，教師提問：「所有水果都有它嗎？」、「它們都長得一樣嗎？」、「這些種子是做什麼用的？」、「種子都不能吃嗎？」、「有可以吃的種子嗎？」，這些問題都會引發幼兒進一步的思考與探究。而在「轉啊轉！」主題「衛生紙轉軸壞了怎麼辦？」活動中，教師提問：「紙捲是怎麼捲出衛生紙？」、「怎麼樣才能讓紙捲轉動？」、「這讓紙捲轉動的機器長得怎麼樣？」，也會引發幼兒進一步探究與設法做出。

至於「讀寫鷹架」有如在「種子的一生」主題「種子大比拚」、「如何種植小黃瓜？」活動中，查詢電腦資料、種子圖鑑、小百科全書，以獲得解答；或以塗鴉方式記錄探究結果，如製作幼兒版的種子圖鑑。而在「轉啊轉！」主題「哪些遊樂設施可轉動？」、「哪些一般用品會轉動？」活動中，「繪製遊樂器物轉動小書」、「繪製日常用品轉動小書」，以供記錄與統整探究所得等，

均屬之，皆可協助幼兒在讀、寫歷程中思考、澄清或統整其思緒，都是讀寫鷹架。

顯而易見的是，以上所述「轉啊轉！」主題「輪軸是什麼？」活動中的區角製作小汽車 STEM 探究活動，雖然教師是提供自製小汽車的示範鷹架，但是它必須以語文鷹架為媒介，因為鼓勵幼兒操作、觀察並比較，都需要透過語言的傳遞與啟發，例如：「我的車為什麼會走？」、「我的車在走時，是什麼東西在動？」、「你覺得你的車跟老師的車有什麼不一樣？」、「仔細看，只有輪子在動嗎？」、「我的輪軸跟你的輪軸有什麼不一樣的地方？」、「我的輪與軸看起來怎麼樣？怎麼和瓶身組裝在一起？」、「你的呢？你是怎麼組裝的？」、「你覺得你要修改哪裡？才能跟我的一樣能走？怎麼修改？」等。

如上舉例，很多鷹架都需要語文的媒介，才能發生作用，例如：提供探究行動框架與方向的「架構鷹架」（如圖 8-2-1b 製作步驟圖），即是以書寫語文、圖像呈現內涵的；運用科技媒體或圖片以回憶情境、喚起印象的「回溯鷹架」，需伴隨相關對話或提問等。因此，教師的提問與對話為幼兒探究的助燃劑，熟用提問與對話對幼兒的探究與學習無往不利，不僅具鷹架作用，而且也具引起動機之效，例如：在「光影好朋友」主題製作影偶戲的 STEM 活動中，提問如：「有什麼方法可以讓影偶戲臺有不同的背景效果出現？」、「如何讓布幕上顯現各種顏色的花叢或讓樹上開滿了花？」、「如何顯現大亮眼？」、「戲臺空間要多深多大才能將投影效果變大、變小？」、「只有一種方法嗎？」，這些都會激發幼兒好奇、進一步探究與解決問題。

（七）其他鷹架

以上六種鷹架是較為常用的鷹架，此外還有時間鷹架、空間鷹架、氛圍鷹架、情境鷹架，也是很好運用的鷹架。

1. 時間鷹架

時間鷹架乃指在幼兒進行探究時，教師提示（問）不同時間或階段探究結果的樣貌是否一致，它有賴語文的媒介，例如：在「種子的一生」主題「如何種植小黃瓜？」活動中，教師提問幼兒剛種後一星期、兩星期、一個月、一個月半、兩個月等，小黃瓜植栽的樣貌如何變化？以協助幼兒比較後統整植物生長歷程或生命週期概念。而在「光影好朋友」主題「不同時間影同嗎？」或「踩影律動遊戲」活動中，教師詢問幼兒早上晨操時間、午飯前、下午點心後的影子看起來是否一致，以協助幼兒探究不同時間影子的樣貌及為何影子的樣貌不同。此外也是很重要的，教師在幼兒探究或製作前，提醒幼兒時間限制與預作規劃，幫助幼兒善為分配與運用時間以完成任務，也是一種時間鷹架。

2. 空間鷹架

空間鷹架乃指在幼兒探究進行時，教師提示（問）不同空間或地點探究結果的樣貌是否一致，它有賴語文鷹架的媒介，例如：在「種子的一生」主題「如何種植小黃瓜？」活動中，教師在定植時可提示幼兒：「如果把這苗芽種在不同的地方，他們會長得一樣嗎？」（如種植在建物背面長年陰暗處與有適當日照處），可引發幼兒進一步的探索行動。其他例子，如在「好玩的水」主題中，當幼兒發現灑落於遊戲場地面的水一下子就乾了，教師可提問：「如果把這水灑落在不同的地方，他們也會一下子就乾嗎？」（如將水灑落於走廊地面），可激發幼兒想一探究竟之心。或者教師提供合宜的探究地點，也是一種空間鷹架，例如：在「種子的一生」主題中，教師提供充滿各式種子的公園或有野草處的野外，就比只在有限戶外的園內，更有利於種子採集與探究行動。

3. 氛圍與情境鷹架

氛圍鷹架是指教師刻意營造民主、思考、創新、激勵的氣氛，引發幼兒積

230

極投入於探究與共構行動中，它看起來似乎是無形的情境，但身處於其內者卻能感受到正向、激發人心的氣氛，有別於有形的情境鷹架——運用陳列物、圖片、懸掛物等形成具體看得見的有形情境。如前一節提及，教師於各個主題課程進行前必須預備情境，如規劃探索性環境、籌備探索性資源等，都是在提供有形的情境鷹架，有利幼兒投入主題探究中。

　　值得注意的是，年紀愈小所搭構的鷹架可能要愈深或愈多，例如：同樣是斜坡行車 STEM 探究活動，小班幼兒初次接觸斜坡遊戲，教師可能要準備好幾種墊高物，引導幼兒試圖架上形成不同高度的斜坡；教師可能也需先行製作得分的大張方格紙，讓幼兒意識到可以依照車子溜下斜坡的遠近距離計算得分，並以提問的語文鷹架引導幼兒探索不同高度斜坡與車行遠近、得分的關係。然而，對於大班幼兒則可放手讓其探索，例如：自行決定墊高斜坡的物品（以架設不同高度的斜坡）、滾落斜坡的物體（如小球、大彈珠、圓柱體等）；並依其遊戲需求自行製作顯示物體滾落遠近得分的盤面（如用大壁報紙畫上方格寫上不同分數、用巧拼地板拼組方陣貼上不同分數、直接在戶外硬表層區用粉筆畫上方格等），以計算遊戲得分。不過，切記任何的鷹架都要逐漸褪除，讓幼兒能獨力運作新獲得的知能，這樣才能達到鷹架引導的真正目的。

二、鷹架的實例

　　以上乃分別介紹各種鷹架，並舉一些科學活動例子說明如何運用這幾種鷹架。以下將以大庄國小附幼在「庄進夢想遊戲場」主題「製作好玩遊具」活動中的遊具——大象傳聲筒 STEM 活動，說明教師所搭建的所有鷹架，包括從主題預備與發想階段開始，歷經設計、製作到精進階段的工程歷程，讓讀者更加理解工程大架構下的鷹架運作，如表 8-2-1 至表 8-2-4 所示（註：此四張表是由大庄國小附幼李如瀅主任所整理，筆者加以潤修）。

表 8-2-1 「大象傳聲筒」預備階段的教師鷹架

大象傳聲筒	鷹架種類
預備階段—— 假日親子遊及社 區公園踏查	**1. 情境鷹架** ☆請家長在假日帶幼兒到特色公園遊玩，拍照上傳班群；教師將照片投影供幼兒口語分享，並張貼於教室作為主題的情境，也供票選「我最喜歡的遊具」之用。 ☆教師與幼兒共同規劃社區公園踏查行程，展開三次踏查行動；於公園當下繪圖記錄後，教師將其投影供幼兒分享、比較，並張貼於教室作為主題的情境。 **2. 回溯鷹架** ☆投影假日親子遊照片及社區公園踏查圖畫，讓幼兒回溯分享與比較，加深與統整對遊具設施、地貌的認識。 **3. 語文鷹架** ☆幼兒以口語分享假日親子遊、社區公園踏查，在教師引導下比較各公園地貌與遊具異同及各自特色，更加深入地思考與統整遊戲場探究所得。 ☆票選「我最喜歡的遊具」時，幼兒說明喜歡的理由，作為後續全班製作大型遊具的依據。 **4. 同儕鷹架** ☆透過同儕分享假日親子遊，彼此互搭鷹架。 **5. 架構鷹架** ☆公園踏查結果網絡圖、遊具票選海報圖定調接續行動——決定擬製作的教具與思考遊戲場地景、地貌的設計，形成行動指引框架。 **6. 氛圍鷹架** ☆透過遊具票選行動決定遊具製作物，營造民主參與及表達的正向氛圍。

表 8-2-2 「大象傳聲筒」設計階段的教師鷹架

大象傳聲筒	鷹架種類
設計階段—— 傳聲筒的外觀、 結構與製作步驟	**1. 語文鷹架** ☆票選結果，幼兒對公園中章魚造型的傳聲筒最感興趣，教師提出挑戰希望幼兒做與公園不同造型的傳聲筒，在思考、討論與表決後決定製作大象造型的傳聲筒。 ☆在師生共同討論與思考後，確定傳聲筒的外觀與結構，接著繪畫大象傳聲筒的設計圖與製作步驟圖。 ☆用步驟圖向全班說明與分享設計想法及步驟，讓大家更加清楚製作標的與行動。 ☆製作前，與幼兒共同討論大象傳聲筒各部位可行的製作材料與如何蒐集，以利順利製作。 ☆製作前，與幼兒討論大象身體挖洞的各種可能工具。

表 8-2-2　「大象傳聲筒」設計階段的教師鷹架（續）

大象傳聲筒	鷹架種類
	2. 架構鷹架 ☆教師希望幼兒製作與公園造型不同的傳聲筒，提出一個創新的架構方向。 ☆大象傳聲筒的設計圖與製作步驟圖是接續製作的參照，可提供行動方針。 **3. 同儕鷹架** ☆教師安排有STEM經驗的舊生與新生混合分組，發揮同儕鷹架之效。 **4. 氛圍鷹架** ☆教師營造民主氛圍，在共同討論與表決後，決定製作大象造型的傳聲筒，並在討論決定後，繪畫造型設計圖與製作步驟圖。

表 8-2-3　「大象傳聲筒」製作階段的教師鷹架

大象傳聲筒	鷹架種類
製作階段——我的大象傳聲筒	**1. 回溯鷹架** ☆與幼兒回溯上學期所運用的各種切割、挖洞工具，並討論哪一種合適於將大象身體挖洞。 **2. 語文鷹架** ☆製作時，與幼兒討論具體而微的步驟順序，如測距與劃記、挖洞、組裝、調整等，並與步驟圖比較。 ☆桶子挖洞後組裝水管時，在幼兒測試數次後，發現水管會掉落無法固定，教師與幼兒對話討論如何讓水管固定。 ☆上色時，與幼兒討論合宜的大象色彩。 **3. 材料鷹架** ☆與幼兒共同赴店鋪挑選並且蒐集合宜的製作材料，如排水管、餿水桶、硬式大口徑水管、鐵絲、螺絲、壓克力顏料、噴漆等。 **4. 架構鷹架** ☆參照設計圖與製作步驟圖，依序展開製作行動。 **5. 同儕鷹架** ☆讓舊生（前一學年有STEM經驗）與新生混合分組，有經驗幼兒多分擔製作工作，並發揮同儕鷹架作用。 **6. 示範鷹架** ☆教師示範工具的使用，如熱熔槍、刷具、電動工具等。 ☆教師示範技巧的應用，如黏貼、角度調整、鐵絲彎摺、調色、測量、做記號等。 **7. 空間鷹架** ☆由於室內空間有限，騰出較寬闊的走廊空間，讓幼兒在探究與解決問題中製作大型遊具，有利多數幼兒的參與行動。

表 8-2-4 「大象傳聲筒」精進階段的教師鷹架

大象傳聲筒	鷹架種類
精進階段——調整大象傳聲筒的色彩、肌理與比例	**1. 語文鷹架** ☆製作完成後，大象傳聲筒的身體容易掉漆，教師詢問幼兒該怎麼辦？引發後續查找網路資料、詢問有經驗的家長。 ☆與幼兒對話討論大象傳聲筒有何需要完善之處，教師提出對耳朵顏色、肌理與整體比例的不同意見，請幼兒設想辦法加以完善。 **2. 材料鷹架** ☆與幼兒討論後，提供粗砂紙、噴漆、毛根、鐵絲等材料，讓幼兒顯現肌理。 **3. 示範鷹架** ☆筒身：運用粗砂紙打磨以及操作噴漆的技法。 ☆耳朵：彎摺鐵絲、剪貼毛根的技法。

三、小結

　　本節提出十種有助幼兒探究與學習的鷹架——回溯、架構、示範、同儕、材料、語文、時間、空間、氛圍、情境鷹架，並舉第六章三個主題的科學活動例子與其他課程或活動實例來說明如何實施鷹架引導，而且也舉一個完整的STEM課程說明如何在工程架構下運作鷹架。從此STEM課程所搭構的鷹架中，可以看出在幼兒「設計階段」中，教師有協助幼兒確認目標，雖然目標製作物傳聲筒是大家票選出來，在教師挑戰與共同討論後，確定傳聲筒的外觀與結構；接著繪畫設計圖與製作步驟圖，並向全班分享，以更加確定與認識製作目標；其後則協助幼兒計畫與選擇材料、工具等，即整個過程與幼兒共構。而在幼兒「製作階段」中，教師以各種鷹架協助幼兒動手做與測試歷程，包括示範、回溯、語文、同儕鷹架等；而且在精進階段時，教師也不時地搭構鷹架，協助幼兒優化製作物，改善狀況。總之，誠如本章第一節所言，由於正在發展中幼兒的特性與具迷思概念，再加上科學探究有賴社群共構與 STEM 對幼兒是全新的經驗，因此教師的鷹架引導，就顯得特別重要。幼兒教師可視幼兒的發展與學習狀況，彈性搭配與運用這十種鷹架，以利幼兒建構科學知識。

9 幼兒科學教育的結論與建議

本章主要目的在總結全書有關幼兒科學教育的重要觀點，並且探討幼兒科學教育在實務界的實施樣貌，最後提出一些相關的具體建議，主要是在幼兒科學教育的落實面向，含括在職與職前師資培育、學術研究、政策，以及有關當局層面。

第一節 本書結論──應然與實然

本書《幼兒科學教育：邁向 STEM 新趨勢》綜合諸多文獻及實徵研究，在結論前共有八章，從幼兒的科學經驗與概念、科學教育的發展趨勢，論至幼兒科學教育的基本要素、環境規劃、課程內容、課程設計，最後探討課程的實施準備與協助幼兒探究的鷹架，在許多章節都提出具體實例說明或映證，這是幼兒科學教育「應然」之道。然而，現實層面幼兒科學教育的「實然」現象，又是如何？與以上應然之道是否有出入？是本章第一節主要的探討內容。

一、科學教育應然之道

綜合全書共計八項重點，歸納如下。

（一）科學就在生活中，幼兒有能力學習、也有迷思概念，教師宜正向以對

根據研究，一些學前教師對於科學感到知能不足、缺乏信心，甚至較少進行科學活動。然而，幼兒的生活與遊戲中充滿著科學經驗，況且幼兒具好奇心與喜歡探究，能理解一些簡單的因果關係，也能運用工程思考，是個小科學家、小工程師；但受限於知能，在試圖意義化認知衝突下，也會建構有趣的迷思概念，它與正式科學概念是交互影響而發展的，所以教師應克服心理障礙，正視幼兒的迷思概念，提供科學教育活動，並施以鷹架引導。

（二）強調實踐、重視解決問題與納入 STEM 已蔚為當前科學教育趨勢

自 1960 年代進入建構主義後，在科學教育上日漸確立探究教學的重要地位。當前科學教育的最新發展包含三方面：(1)在教育目標上著重運用與解決問題；(2)在教育內容上納入 STEM 於科學領域中；(3)在教育方法上強調於實踐中建構科學知識。世界各國的幼兒科學教育也大致反映科學探究或實作科學，以及重視解決問題與運用的目標；許多國家或多或少已投入大量經費與人力，將 STEM 向下延伸至幼兒園階段。

（三）幼兒科學教育是具探究性與統整性主題課程中的一部分

幼兒教育一向崇尚全人發展、社會建構、遊戲／建構的理念。在課程上，傾向採用來自生活中且幼兒感興趣的探究取向主題課程，透過網絡圖的繪畫，整合諸學科領域與活動，而科學是其中一部分。在教學上，主張實施遊戲／探究性教學，不過在社會文化論下，強調師生共構遊戲及鷹架引導，重視「引導式遊戲／探究教學」。基本上，具探究性與整合性的主題課程符合強調探究、實作的科學教育精神。

（四）幼兒科學教育的重要元素——目標、內容、方法

　　幼兒科學教育的目標分為認知、情意、技能三方面。認知目標有三：獲得科學知識、認識 STEM 及運用知識、解決生活中問題；技能目標有二：培養科學程序能力、培養創造力；情意目標有三：喜歡探究與欣賞愛護自然、具正向科學態度、喜歡關注生活中問題並願意運用相關知能去解決問題。教育內容包含生命科學、地球科學、物理科學，以及 STEM 領域。教育方法為引導式遊戲／探究，具體實施方法為規劃探索性環境、提供聚焦性經驗、確保實作性探究、提供引導性鷹架。

（五）提供探索性的區角與戶外環境是（幼兒）科學教育的第一步

　　環境是第三位教師，提供探索性環境對於科學教育尤為重要。在室內區角方面，首推科學區的規劃，內涵廣泛包括植物角、動物角、沙水角、焦點興趣角、探究工具與材料角等。因為科學教育已經納入 STEM，其他每個區角或多或少與科學教育均有相關，尤其是涉及物理科學的積木區（如搭建坡軌、橋樑、高樓、高速公路等），或者是產生製作物的藝術創作區。至於各區所涉及的相關素材有以下幾類：(1)各類玩教具——建構、科學原理、編程、AR 等；(2)探究及製作的工具與材料——探究工具、製作工具、多元製作材料；(3)運用科學原理的自製玩教具；(4)相關圖書——科學原理、STEM 相關繪本或圖鑑等。

　　至於戶外空間亦可規劃成多元區域以供幼兒探索，如自然種植區、沙土水與地形變化區、組合遊具區、草坪嬉戲區、硬表層多功能區、動物觀察區等。值得注意的是，戶外除自然環境外，附加零件在科學或 STEM 教育上，具有靈魂角色，包含人造物（含回收物）、自然物，可以放在任何區域，尤其是地形變化區、組合遊具區等，讓幼兒遊戲玩出多元變化與複雜性。

（六）適合幼兒探究的科學內涵頗多，宜慎選幼兒感興趣者預設或萌發課程，因為興趣方能驅動探究，有如探究的引擎

適合幼兒探究的科學內容為：生命科學（動物、植物）、地球科學（石沙、土、水、空氣、天氣）、物理科學（電、光、聲音、磁鐵、簡易機械），以及第四個領域——工程、技術與科學運用（STEM，含各領域與社會連結、各領域整合與運用）。值得注意的是，並非所有的概念都要在學前階段涵蓋，幼兒教師必須從中找出幼兒感興趣的現象與所牽涉的概念以設計課程，或者是順應幼兒正在萌發中的興趣以生成課程。

（七）幼兒科學課程的設計原則——依據主題課程設計原則

幼兒科學課程的設計原則包含：依幼兒興趣善定主題、繪製主題網絡圖規劃課程內涵、嵌入探究性活動、正視實驗性活動，以及伴隨課程設計能激發幼兒探究動機的預備情境。基本上，即是以具探究與整合性的「主題課程」設計方式來組織課程，以提供聚焦性的經驗；至於活動的設計盡量是能產生認知衝突、探索未知或解決問題的活動，每個活動可讓幼兒運用觀察、推論、比較、訪談、查找資料、預測、驗證（實驗）、溝通等探究能力，體驗科學探究歷程。而即使是預設課程，教師在選定主題設計內涵後，也可以彈性地視幼兒興趣加以發展，才是一個更有意義、更接地氣的科學課程。

至於STEM課程的設計原則，第一個步驟和幼兒科學其他領域的設計相同，必須依據主題課程的設計原則設計——依幼兒興趣善選主題、繪製網絡圖規劃課程內涵、最後嵌入探究性和實驗性活動。設計好主題課程後，第二個步驟是在主題課程中選定三類型問題——幼兒生活中問題、遊戲中問題、繪本或假想情境問題，這三類問題也是STEM活動的重要切入點。最後步驟則建議來回地交叉進行所選定問題內涵的探究、STEAM要素的分析，據以設計成較為具體可

行的教案（含引導鷹架）。若能遵循此三步驟，教師就能增加教學信心，備好幼兒探究的舞臺。換言之，STEM 課程的設計依附於具探究性與統整性的主題課程，不必另起爐灶。

（八）幼兒科學課程的實施要務——實施前預備情境、實施中以鷹架引導

有關幼兒科學課程的實施，首先於課程實施前宜準備可引領幼兒進入主題探究的情境，包含規劃探索性環境、籌備探索性資源，以及激發幼兒探究動機。其次，在課程實施互動中則必須為幼兒搭構探究的鷹架，即在「探究、表徵、鷹架」（IRS）交疊且循環歷程中，運作著以評量為核心的鷹架。而在STEM活動中，則必須在幼兒「設計、製作、精進」（DME）的工程歷程中，運作著「探究、表徵、鷹架」交疊且循環並以評量為核心的鷹架，也就是在幼兒確認目標、計畫與選擇方案、動手做、測試與完善製作物時，協助其探究與表徵。至於有助幼兒探究與學習的鷹架，約有數種——回溯、架構、示範、同儕、材料、語文、時間、空間、情境、氛圍鷹架。而綜合 STEM 課程的設計與實施要務，如圖 9-1-1 所示。

二、科學教育實然之貌——幼兒科學教育常見問題

筆者綜合多年輔導幼兒園的行動研究，顯示幼兒園在開展或實施科學教育時有幾項挑戰或問題：因迷思或誤解導致行動遲疑不前、表現於課程設計上的問題、表現於課程實施上的問題（周淑惠，2016，2019，2021），其實這些問題或挑戰也為其他研究所報導，分別說明如下。

（一）因迷思或誤解導致行動遲疑不前

有些教師一直持有迷思或認知上的誤解，導致遲疑不前或不願實施的心態。首先，對於傳統三個科學學科領域，一般教師常誤認「科學就是做實驗」，再

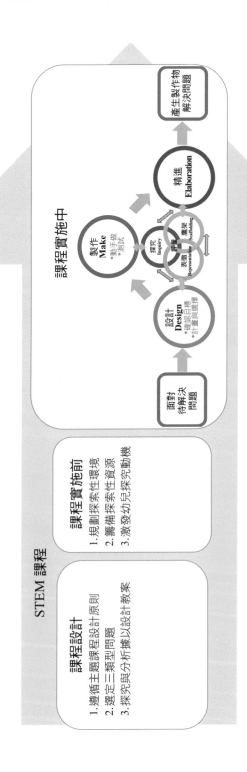

圖 9-1-1　幼兒 STEM 課程之設計與實施要務

加上對科學與實驗的知識不足與害怕心理，導致鮮少實施科學活動，大多數的活動都是圍繞在語文、美勞或律動等。而對於 STEM 教育遲疑不前大致由兩種迷思所造成：第一種是誤認 STEM 教育重視理工領域，遠離遊戲精神，與幼兒教育所遵奉的原則不符；第二種現象是因為新冠疫情發生後，大家對自然、生命教育特別重視，有些教師誤認 STEM 教育僅重視現代科技，與自然教育悖離。

在一次次教學專業對話與 STEM 課程案例解說中，筆者試圖攻破 STEM 教育迷思的重點如下：幼兒教育重視全人教育，強調在統整各領域的主題課程基礎上強化 STEM 諸領域，絕非僅僅重視現代科技或理工領域。再者，探究與遊戲是密切交織，幼兒在遊戲中探究、也在探究中遊戲，而且室內、外遊戲都能體現遊戲／探究精神，尤其是大自然的陽光、空氣、水、土、沙、石、動物、植物等是最棒的遊戲／探索元素。當幼兒在自然環境中遊戲／探究時，可能會遭遇某些問題，若允許其從中體驗如何解決問題，即與 STEM 教育連結，亦即大自然提供無盡的遊戲／探究或方案探究機會（Mendoza & Katz, 2020），讓 STEM 概念萌生（Selly, 2017; Wiedel-Lubinski, 2020），例如：豔陽天在戶外遊戲時，如何運用樹枝、落葉等搭蓋遮陽休憩的小屋？

（二）表現於課程設計上的問題

在幼兒科學課程的設計上，大致顯現三類問題，說明如下。

1. 因迷思、誤解引發的課程設計問題

因迷思、誤解除導致課程行動遲疑不前外，也會引發課程設計上的問題。首先，對於傳統三個科學學科領域，一般教師常誤認「科學就是做實驗」，加上教學上灌輸主導習性，因此所設計的活動美其名多是實驗性活動，但卻完全沒有實驗之實——教師完全操控整個實驗、幼兒在旁觀看；再加上專業知識不足，以致混雜所有實驗變項於實驗中，無法得知是哪一個變項發生作用。此外，還有一種現象是教師誤認科學太難、也無信心教學，因此仰賴坊間良莠不齊的

科學教材，完全與主要課程分離，悖離幼兒教育所重視的統整性課程設計。

而因迷思、誤解對於 STEM 課程設計形成四種現象：(1)誤認 STEM 就是科學活動──僅設計科學、實驗性活動，沒有整合其他學科領域，如工程、數學；(2)為科技而科技，並非為解決問題而設計──如過度依賴與運用艱深的 Micro Bit、編程軟硬體，以顯示課程強調技術層面；(3)為製作而製作，並非為解決問題而設計──如將活動重點放在產生具體可見的製作物成果，猶如一般美勞活動般，沒有探究性；(4)忽略統整性課程設計──如將重點置於凸顯個別活動，非為主題課程中的一部分，缺乏脈絡或整合性。筆者以為，這四種現象都是源於對 STEM 教育的定義與特徵不甚清楚之故，故而因應之道是不斷重複強調 STEM 教育的意涵與特徵，並輔以課程實例說明。

2. 因知能限制引發的課程設計問題

首先，對於傳統三個科學學科領域，如上所述的一般教師常誤認「科學就是做實驗」，然而對科學實驗認識不清，所以教案中混雜變項，無法得知是哪個變項使然；而且也未能引導幼兒於實驗前預測、實驗中記錄、比較實驗前後結果等。也有一些教師是因科學教學知能有所限制，再加上教學主導習性，造成所設計的科學活動缺乏任何的探究性，較少是解決問題、認知衝突或探索未知的活動，幼兒在整個歷程中沒有機會運用觀察、推論、比較、驗證、溝通等科學程序能力，失去科學活動最主要的探究精神。最後，有部分教師對幼兒發展水平無法正確拿捏，以致造成所設計的教學內容不是太簡單就是太難。

而對於 STEM 教育，有些教師因為有限的專業知識或能力，導致無法合宜地設計課程內涵，基本上有五種情況：(1)錯認製作物結構或不諳所涉科學原理，使教案內容有誤；(2)不了解幼兒發展水平，致活動內涵或難度不合宜──如釀製米酒、製作輪軸原理的車輛（小班）、繪畫家到學校的路線圖（小班）、製作可以摺疊的椅子；(3)對主題課程之設計不熟，致忽略統整性或統整設計不佳；(4)教案以灌輸傳授為主，缺少探究性內涵；(5)未能在教案中置入合宜的引導鷹

架，以利教學互動。以上對 STEM 教育認識不清或知能有限，多為中外研究所認同（林坤誼，2018；張新立等人，2019；鄭德禮，2018；Geng et al., 2018; Margot & Kettler, 2019）。STEM 教學知能涵蓋科學、技術、工程與數學等知識，幼兒教師一向懼怕科學、數學，現又涉及甚少觸及的工程與技術，而且又是統整性的設計，挑戰性確實很大，再加上長久受傳統灌輸教育的洗禮，無怪乎課程與活動設計缺乏探究性與顯現其他偏差。

3. 因急欲展現成效引發的課程設計問題

筆者發現有趣的現象是，有些教師遲疑不前，也有些教師卻急於展現STEM教育成效，從二種狀況可見端倪：(1)設計成人主導的熱鬧大型活動或較易落實及呈現的個別活動，以大舉周知家長與社區民眾，然而已經脫離 STEM 的探究與整合精神；(2)略過教師先行探究與分析 STEAM 成分的設計步驟，或以分工未加協調方式分析與設計活動，以求快速展現，致使相關教案內容矛盾、不一致，或未能植入如何適切引導幼兒探究。

（三）表現於課程實施上的問題

在幼兒科學課程的實施上，大致顯現四類問題，說明如下。

1. 活動缺乏探究精神教學主導性強

無論是一般科學活動或是 STEM 活動，課程實施上最大的問題是教師的主導性偏強，教學互動中很少給予幼兒思考、探究與嘗試錯誤的空間，常直接告訴幼兒答案或具體製作步驟。此乃因為活動設計中沒有探索未知、認知衝突與解決問題的活動，也和教師長久習於灌輸性教學有相當關係，例如：在「可愛的動物」主題「哺乳動物」活動中，教師出示一張張牛、羊、狗等哺乳動物圖片，伴隨詳細、冗長的解說，整個過程都是幼兒被動聽講，完全無運用探究能力的事實。而實驗性的活動幾乎是教師包辦操作實驗工作，幼兒僅是觀看或照

樣操作，也並無探究事實。又如：在STEM活動「製作清潔工具——拖把」時，教師以PPT依步驟順序教導幼兒如何製作，完全沒有讓幼兒面對問題並探究如何解決，例如：查閱電腦資料有關清潔工具的種類、拖把的外形與結構、製作所需的材料與工具、所涉及的科學原理與技術，以及初步繪製設計圖、實際製作與測試效果，最後針對瑕疵加以完善優化。

2. 未能搭構合宜鷹架引導幼兒探究

　　由於教師的教學主導性，經常習於直接告訴幼兒答案或如何製作，再加上觀察、推論、比較、實驗等科學程序能力都是專業知能，很多教師自然不知如何搭構鷹架去引導幼兒探究，例如：觀察時盡量運用五種感覺、推論要說明原因、實驗前需先預測與控制變項等。在此舉課程實例說明，為讓幼兒理解聲音是因物體震動而形成，教師期望透過提問的「語文鷹架」引發幼兒探究，藉由提問：「教室裡有什麼東西可在鼓上跳舞？」，於是幼兒紛紛尋找物品放在鼓面上並打鼓，焦點變成什麼物品在鼓面上會跳動？而不是聲音是如何產生？其實，教師可藉由讓幼兒以各種感覺（聽覺、視覺、觸覺等）「預測」、「比較」打鼓前與打鼓時的不同，而帶出打鼓時有聲音、鼓面震動、鼓面上物品跳動……。值得注意的是，能力是日久積累的，無法在短期內上升，尤其是提問需善用聚斂性與擴散性問題，並要經常練習，方能熟而生巧；在筆者的輔導經驗中，筆者發現即使經過一至二年還是很難完全消除教師的教學主導性，建議園方不斷地透過教學觀摩與研討，讓教師逐漸建立能力。

3. 經常傳達似是而非概念或快速略過概念

　　教師知能上的限制不僅無法設計合宜的教案，致使教學互動時傳遞錯誤概念；而且有時在與幼兒互動時，也會不自覺地傳輸似是而非的概念，例如：將蜘蛛、蜈蚣與皮球蟲視為昆蟲，影子是光折射出來的，蠶結繭是住進小屋子休息等。有時候則是幼兒提問時，由於教師對概念本身不甚理解，無法向幼兒解

釋或邀幼兒一起探究，就快速帶過或略過，留下一臉茫然的幼兒，例如：毛細現象、大氣壓力、反作用力等。其實，當教師面對自己也不熟悉的科學知識時，可以對幼兒說：「這個問題確實很有趣（或很值得探究），老師目前也不太清楚，讓我們一起來探究吧！」，接著可以說：「要怎麼樣才可以知道答案？有什麼方法？」。然後，跟著幼兒一起找尋答案，如上網查找資料、查閱百科全書、長期觀察與紀錄、訪談專家或達人、做實驗來驗證等，這樣的應對方式也在引導與示範幼兒如何面對問題與探究。也就是說，教師並不需要知道所有的事，一起探索與尋找答案是學前幼兒科學的核心（Lange et al., 2019）。

4. 過分重視成果與展現

園方與教師們似乎都很重視成果的展現，歷程中給予過多的指導或規定，限制了幼兒的創造力，就會形成各組一致的作品、相似的科學紀錄內容，例如：全班所繪畫花園中的蝴蝶幾乎一模一樣；或者是歷程中為幼兒代勞製作物、修飾美化作品，例如：製作小車子活動的輪與軸全是教師代為裝上、建築物模型是教師按專業建築模型技法改製。這種現象可能是誤解 STEM 教育僅為產生製作物所致，也可能是急於展現成效的心態所致，更有可能是慣於主導習性使然，無疑地都顯現教師的主導性。

三、小結

本節歸納本書《幼兒科學教育：邁向 STEM 新趨勢》的八項重要觀點，涵蓋幼兒能力與學習科學關係、新近趨勢、環境規劃、課程設計、課程實施、鷹架引導等層面；並且指出探究、運用與解決問題的主要理念，以及納入 STEM 教育的趨勢，此即幼兒科學教育應然之道，可作為幼兒科學課程與教學實施之參照。同時，本節也探討坊間幼兒科學教育的實然面貌，即常見的課程與教學問題，包含迷思與誤解導致行動不前、課程設計上的問題、課程實施上的問題，顯然與應然之間有些落差，將於下一節提出因應落差的策略。

第二節　本書建議——因應實然的策略與結語

上一節除了整合全書提出幼兒科學教育的應然觀點外，也探討坊間幼兒科學教學的實然樣貌，發現原有科學領域的教學仍有不少問題外，在新納入的 STEM 教育方面，挑戰更大，似乎與應然之道有些距離，頗值吾人深思。其實這些問題與挑戰源於多元因素，本節試圖研擬因應實然現況之策，並且提出總結之語，期望能裨益新趨勢下的幼兒科學教育之實施。

一、因應實然之策

針對幼兒科學教育實務層面的挑戰或問題，筆者提出因應對策如下。

（一）重構專業發展系統

學前課室關注科學是必要的（Greenfield et al., 2009），已無庸置疑。學前科學、數學或 STEM 教學的障礙之一就是教師專業發展不足（Clements & Sarama, 2016），筆者以為最直接導致學前教師科學知能有限（含STEM）與教學主導之因，在於專業發展機制較為有限。相較於語文或藝術等領域，職前培育與在職進修體系似乎較少涉及科學相關課程（含 STEM），幼兒教師少有機會發展這方面的專業知能。針對教學知能有限與教學主導，研究指出：教師認為良好設計與經常可及的專業學習機會，會促進成功的 STEM 教學行動（Margot & Kettler, 2019）；Nadelson 的研究顯示，當教師有足夠的學科內容知識與領域教學知識時，STEM 教學即能提升（Kelley & Knowles, 2016）。因此，無論是教育部幼兒園輔導計畫、職前培育系統或在職進修系統，當心繫於此重新架設課程內涵或輔導重點。

各師資培育機構宜以培養未來世界所需能力的師資為主要考量，勇於開創新局面與新課程，例如：除了開設幼兒科學與數學之探索與遊戲一科外，幼兒

科學運用與生活、幼兒 STEM 教育、生活科技與幼兒教育、幼兒工程與遊戲、區角遊戲中的 STEM、STEM 課程設計與實施等科目，都可考量增設於課程中。同時，在職進修機構也要針對時代趨勢與現場教師的需求，統整規劃與設計一系列含 STEM 的科學相關課程。尤其，工程是 STEM 各領域能夠整合的核心要素，是 STEM 教育的關鍵，工程的設計、製作與精進歷程以及如何引導幼兒是教師必須積極關注的，無怪乎有學者提出它也是幼教工作者的專業學習需求（Bagiati & Evangelo, 2015; Lottero-Perdue, 2020）。同時，職前與在職培訓不僅要關注於理論理解，而且也要著重實際教學能力，即理論與實務並重；誠如 Kelley 與 Knowles（2016）指出，培訓 STEM 教師的關鍵在於：對整合性 STEM 教育具概念理解，並能施行 STEM 教學與在教學中建立信心。

（二）納入 STEM 教育於幼兒園課綱或其他幼教重要文件

筆者強力建議可將 STEM 教育的精神與內涵納入《幼兒園教保活動課程大綱》中，以反映科學教育新趨勢，讓幼兒階段的 STEM 教育可向上銜接。因為十二年國教新設科技領域，並可跨領域實施整合課程，提供 STEM 教育的發展空間與契機（方朝郁，2018；朱珮禎、曾淑惠，2018）。納入 STEM 教育的具體作法，如在認知的科學領域中強調運用知識、解決生活問題的重要，適量整合工程、技術等其他領域於其中；或者是整合數學與科學二個領域，提出 STEM 教育架構。重要的是，於修訂公布後宜普遍宣導與溝通，並配合以上所述專業發展系統的重構以及以下的活動與獎勵措施，以促進全面施行與落實。

（三）運用獎勵措施與活動促動實施及關注

政府有關當局可以運用多元方式，鼓勵幼兒園落實 STEM 教育，鼓勵方式可以是精神上的獎勵，或是物質、權利上的優惠等，例如：鼓勵與補助各園以行動研究生成在地化的 STEM 課程，舉辦 STEM 教育相關獎項比賽，對績優幼兒園提供經費補助購置 STEM 教材或完善 STEM 探索環境，提供實施 STEM 教

育有成的幼兒園觀摩機會等。其次，大量進行宣導與舉辦相關活動也是必要的，例如：全面舉辦親子或社區 STEM 活動，藉機宣揚親子互動與 STEM 相關理念；運用新聞媒體及配合相關活動，如自製STEM玩具競賽等，大力宣揚STEM理念與內涵，使 STEM 素養日漸普及全民。

（四）大舉培養 STEM 研究與教育人才

職前與在職進修系統鮮少開設 STEM 相關課程，其實也顯示 STEM 教育相關人才匱乏的事實。因此，有關當局積極地大量培養 STEM 研究與教育人才，實為當務之急，例如：可補助大專校院設置 STEM 學院、科系、研究中心，或特別設立專門的 STEM 教育研究院等，聘請國內外優秀的 STEM 教育研究專家，以進行 STEM 相關研究，並培育 STEM 教育人才；甚至編寫有現場實驗基礎、具體可行的 STEM 教案，以供有意願實施的幼兒園參考。值得注意的是，STEM 教育人才除了具備科學等學科領域知能外，還必須擁有各級教育的教學知能與素養，例如：在幼兒園階段的 STEM 人才必須嫻熟幼兒教育特性與幼兒發展及學習；此外，尚須具備課程整合知能，因領域整合是 STEM 教育的重要特徵之一。

二、結語──全力推展以探究為精神並納入 STEM 的幼兒科學教育

當前是一個資訊爆炸的時代，永遠有新資訊取代舊知識，學習所有的知識不再可能，尤其是科學領域，因此我們培養幼兒的方式，不能再使用舊有填塞灌輸的處方，如何讓幼兒能從探究或實踐行動中獲得知識，使其具有「求知探究」能力，是當今科學教育之道。STEM 教育是科學教育的新趨勢，也是當前各國非常重視的教育政策，各國為了國力與競爭力，莫不投入龐大經費培養學子的 STEM 素養，甚至已經向下延伸至嬰幼兒階段。STEM 的運用、整合與解決問題特性不僅可培養幼兒對科學的興趣，而且也能發展科學等領域相關知能，

更能激發幼兒的探究、創造力，孕育未來創造發明潛質並培養解決社會萬象問題能力，是未來人工智能時代的重要素養，也為科技自立自強的國家發展目標奠基。職是之故，值得身為教師者與有關當局全力以赴。

最後值得再提的是，幼兒 STEM 教育存在於具探究與整合特性的主題課程中，與《幼兒園教保活動課程大綱》的遊戲／探究精神一致，教師不必另起爐灶重新設計課程。只要教師願意讓幼兒運用探究能力於工程歷程，並將原有主題課程內的活動導向以製作物解決問題，就自然整合諸學科領域與 STEM 接軌。重要的是，教師必須先協助幼兒找到生活、遊戲、繪本或假想情境中的問題（即切入點），並在實施歷程中鷹架幼兒的探究行動。衷心期望以上所提出當前科學教育的解套策略，得以受到重視而付諸行動，最終實現能培養具探究、解決問題能力的人工智能時代公民，讓我們的國家具立足世界的強大競爭力。

參考文獻

中文部分

中國教育部（2012）。**3-6 歲兒童學習與發展指南**。http://www.moe.gov.cn/srcsite/A06/s3327/201210/t20121009_143254.html

中國教育科學研究院（2017）。**中國 STEM 教育白皮書**。http://mp.weixin.qq.com/s/Pjlxk3Y0WP5qdgSfh8pShw

方朝郁（2018）。自造者教育在十二年國教校定課程之發展模式：學校本位課程的觀點。**教育研究月刊，288**，69-84。

田育芬（1987）。幼稚園活動室空間安排與幼兒社會互動關係之研究。載於中華民國學校建築研究學會（主編），**幼稚園園舍建築與學前教育**（頁264-293）。台灣書店。

台中愛彌兒教育機構、林意紅（2013）。**甘蔗有多高？幼兒測量概念的學習**（第二版）。信誼。

朱珮禎、曾淑惠（2018）。創課教育實踐於 12 年國教課程之評析。**臺灣教育評論月刊，7**（3），160-163。

林坤誼（2018）。STEM 教育在臺灣推行的現況與省思。**青年研究學報，21**（1），107-115。

周淑惠（1998）。**幼兒自然科學經驗：教材教法**（第二版）。心理。

周淑惠（1999）。**幼兒數學新論：教材教法**（第二版）。心理。

周淑惠（編）（2002）。**幼稚園幼兒自然科學課程資源手冊**。教育部。

周淑惠（2003）。**幼兒自然科學概念與思維**。心理。

周淑惠（2006）。**幼兒園課程與教學：探究取向之主題課程**。心理。

周淑惠（2008）。**幼兒學習環境規劃：以幼兒園為例**。新學林。

周淑惠（2011）。創造力與教學：幼兒創造性教學理論與實務。心理。

周淑惠（2013）。遊戲 VS. 課程：幼兒遊戲定位與實施。心理。

周淑惠（2016）。幼兒的科學教育：基本概念、重要認識與常見問題。科學大眾·STEM，**879**，2-5。

周淑惠（2017a）。面向 **21** 世紀的幼兒教育：探究取向主題課程。心理。

周淑惠（2017b）。STEM 教育自幼開始：幼兒園主題探究課程中的經驗。臺灣教育評論月刊，**6**（9），169-176。

周淑惠（2018a）。具 **STEM** 精神之幼兒探究課程紀實：「一起創建遊戲樂園」主題。心理。

周淑惠（2018b）。嬰幼兒 **STEM** 教育與教保實務。心理。

周淑惠（2019）。幼兒 STEM 教育之定位、實施與挑戰。載於張芬芬、謝金枝（主編），課程與教學學會（策劃），十二年國教 **108** 課綱實施與問題因應（頁 300-323）。五南。

周淑惠（2020）。幼兒 **STEM** 教育：課程與教學指引。心理。

周淑惠（2021）。幼兒園 STEM 教育開展之常見問題。臺灣教育評論月刊，**10**（10），152-161。

馬瑞連·弗里爾（Fleer, M.）（2019）。概念性遊戲世界：推動遊戲與兒童學習結合的新途徑。學前教育研究，**299**，73-79。亦見 https://www.monash.edu/conceptual-playworld/about

曾慧蓮（2007）。幼兒科學教學模式之行動研究：以光影方案為例（未出版之碩士論文）。臺北市立教育大學。

教育部（2017）。幼兒園教保活動課程大綱。https://www.ece.moe.edu.tw/ch/preschool/.galleries/preschool-files/NEW1.pdf

張新立、朱萌、胡來林（2019）。幼兒 STEM 教育現狀的調查與分析。中國教育信息化，**2**，35-38。

鄭德禮（2018）。在香港幼兒園推行 STEM 教育的挑戰之初探。香港教師中心

報，**17**，223-239。

英文部分

Abruscato, J. (1988). *Teaching children science.* Prentice-Hall.

Ahn, W., Gelman, S. A., Amsterlaw, J. A., Hohenstein, J., & Kalish, C. W. (2000). Causal status effects in children's categorization. *Cognition, 76*, 35-43.

Australian Government Department of Education, Skills and Employment (2019). *Belonging, Being and Becoming, The Early Years Learning Framework forAustralia.* https://www.dese.gov.au/national-quality-framework-early-childhood-education-and-care/resources/belonging-being-becoming-early-years-learning-framework-australia

Bagiati, A., & Evangelo, D. (2015). Engineering curriculum in the preschool classroom: The teacher's experience. *European Early Childhood Education Research Journal, 23*(1), 112-128. https://doi.org/10.1080/1350293X.2014.991099

Barbre, J. G. (2017). *Baby steps to STEM: Infant and toddler science, technology, engineering, and math activities.* Redleaf Press.

Beane, J. (1997). *Curriculum integration: Designing the core of democratic education.* Teachers College Press.

Berk, L. E. (2001). *Awakening children's minds: How parents and teachers can make a difference.* Oxford University Press.

Bodrova, E., & Leong, D. J. (2007). *Tool of the mind: The Vygotskian approach toearly childhood education* (2nd ed.). Prentice-Hall.

Bosse, S., Jacobs, G., & Anderson-Topete, T. L. (2013). Science in the air. In A. Shillady (Ed.), *Spotlight on young children: Exploring science* (pp. 5-10). NAEYC.

Bredekamp, S. (2017). *Effective practices in early childhood education: Building afoundation* (3rd ed.). Pearson.

Bybee, R. W., Taylor, J. A., Gardner, A., Van Scotter, P., Powell, J. C., Westbrook, A., & Landes, N. (2006). *The BSCS 5E instructional model: Origins and effectiveness.* https://media.bscs.org/bscsmw/5es/bscs_5e_executive_summary.pdf

Campbell, C., Speldewinde, C., Howitt, C., & MacDanald, A. (2018). STEM practice in the early years. *Creative Education, 9*, 11-25. https://doi.org/doi:10.4236/ce.2018.91002

Carin, A. A., & Sund, R. B. (1989). *Teaching modern science.* Merrill.

Cecil, L. M., Gray, M. M., Thornburg, K. R., & Ispa, J. (1985). Curiosity-exploration-play-creativity: The early childhood mosaic. *Early Child Development and Care, 19*, 199-217.

Charlesworth, R. (2016). *Math and science for young children* (8th ed.). Cengage Learning.

Chi, M. H., & Koeske, R. D. (1983). Network representation of a child's dinosaur knowledge. *Developmental Psychology, 19*, 29-39.

Clements, D. H., & Sarama, J. (2016). Math, science, and technology in the early grades. *The Future of Children, 26*(2), 75-94. https://doi.org/10.1353/foc.2016.0013

Cliatt, M. J. P., & Shaw, J. M. (1992). *Helping children explore science.* Macmillan.

Day, D. E. (1983). *Early childhood curriculum: A human ecological approach.* Scott, Foresman and Company.

Dietz, G. A., & Sunal, D. W. (1976). Science. In C. Seefeldt (Ed.), *Curriculum for the preschool-primary child: A review of the research.* Charles E. Merrill.

Donaldson, M. (1978). *Children's minds.* W. W. Norton.

Duncan, R. G., & Cavera, V. L. (2015). DCI, SEPS, and CCs, Oh My!: Understanding of the three dimensions of the NGSS. *The Science Teacher, 82*(7), 67-71.

Edwards, S., Cutter-Mackenzie, A., & Hunt, E. (2010). Framing play for learning: Professional reflections on the role of open-ended play in early childhood education.

In L. Brooker & S. Edwards (Eds.), *Engaging play* (pp. 137-151). Open University Press.

Edwards, C., Gandini, L., & Forman, G. (Eds.) (2012). *The hundred languages of children: The Reggio Emilia experience in transformation* (3rd ed.). Praeger.

English, L. (2018). An introduction to young children's potential. In L. English & T. Moore (Eds.), *Early engineering learning* (*early mathematics learning and development*) (pp. 5-10). Springer. https://doi.org/10.1007/978-981-10-8621-2_1

Englehart, D., Mitchell, D., Albers-Biddle, J., Jennings-Towle, K., & Forestieri, M. (2016). *STEM play: Integrating inquiry into learning centers.* Gryphon House.

Essa, E. (1992). *Introduction to early childhood education.* Delmar Publishers.

Evangelou, D., & Bagiati, A. (2020). Engineering in early learning environments. In L. E. Cohen & S. Waite-Stupiansky (Eds.), *STEM in early childhood education: How science, techonology, engineering, and mathematics strengthen learning* (pp. 46-62). Routledge.

Fleer, M. (1993). Science education in child care. *Science Education, 77*(6), 561-573.

Fleer, M. (2010). Conceptual and contextual intersubjectivity for affording concept formation in children's play. In L. Brooker & S. Edwards (Eds.), *Engaging play* (pp. 68-79). Open University Press.

Fleer, M. (2018). Conceptual playworlds: The role of imagination in play andlearning. *Early Years An International Journal of Research and Development, 41*(6), 353-364. https://doi.org/10.1080/09575146.2018.1549024

Forman, G. E., & Kaden, M. (1987). Research on science education for young children. In C. Seefeldt (Ed.), *The early childhood curriculum: A review of current research*. Teachers College Press.

Frost, J. L. (1992). Reflection on research and practice in outdoor play environments. *Dimensions of Early Childhood, Summer*, 6-10.

Gelman, R., Brenneman, K., MacDonald, G., & Roman, M. (2010). *Preschool pathways to science: Facilitating scientific way of thinking, talking, doing and understanding.* Paul H. Brookes.

Gelman, R., & Lucariello, J. (2002). Role of learning in cognitive development. In H. Pashler (Series Ed.) and R. Gallistel (Vol. Ed.), *Stevens' handbook of experimental psychology: Learning, motivation, and emotion* (vol. 3, 3rd ed., pp. 395-443). Wiley.

Geng, J., Jong, M. S. Y., & Chai, C. S. (2018). Hong Kong teachers' self-efficacy and concerns about STEM education. *Asia-Pacific Education Researcher, 28*(1), 35-45. https://doi.org/10.1007/s40299-018-0414-1

Gopnik, A., Meltzoff, A. N., & Kuhl, P. K. (1999). *The scientist in the crib: Minds, brains, and how children learn.* Harper Collins.

Greenfield, D. B., Jirout, J., Dominguez, X., Greenberg, A., Maier, M., & Fuccillo, J. (2009). Science in the preschool classroom: A programmatic research agendato improve science readines. *Early Education and Development, 20*(2), 238-264. https://doi.org/10.1080/10409280802595441

Guarrella, C. (2021). Weiving science through STEAM: A process skill approach. In C. Cohrssen & S. Garvis (Eds.), *Embedding STEAM in early childhood education and care* (pp. 1-20). Pargrave Macmillan.

Heroman, C. (2017). *Making & tinkering with STEM: Solving design challenges with young children.* NAEYC.

Inagaki, K. (1992). Piagetian and post-Piagetian conceptions of development and their implications of science education. *Early Chilldhood Research Quarterly, 7,* 115-133.

International Technology Education Association. [ITEA] (2007). *Standards fortechnological literacy: Content for the study of technology.* Author.

Kambouri, M. (2011). Children's misconceptions and the teaching of early years' science: A case study. *The Journal of Emergent Science, 2*, 7-16.

Katz, L. G. (2010, May). *STEM in the early years*. Paper presented at the STEM in Early Education and Development Conference, Cedar Falls, IA. Retrieved from http://ecrp.uiuc.edu/beyond/seed/katz.html

Kelley, T. R., & Knowles, J. G. (2016). A conceptual framework for integrated STEM education. *International Journal of STEM Education, 3*(11). doi.org/10.1186/s40594-016-0046-z

Krajcik, J., & Delen, I. (2017). Engaging learners in STEM education. *EestiHaridusteaduste Ajakiri, nr 5*(1), 35-38. http://ojs.utlib.ee/index.php/EHA/article/view/eha.2017.5.1.02b/8467

Krogh, S. L., & Morehouse, P. (2014). *The early childhood curriculum: Inquiry learning through integration* (2nd ed.). Routledge.

Lange, A. A., Brenneman, K., & Mano, H. (2019). *Teaching STEM in the preschool classroom.* Teachers College Press.

Linder, S. M., Emerson, A. M., Heffron, B., Shevlin, E., & Vest, A. (2016). STEM use in early childhood education: Viewpoints from the field. *Young Children, 71*(3), 87-91.

Lippard, C. L., Lamm, M. H., & Riley, K. L. (2017). Engineering thinking in prekindergarten children: A systematic literature review. *Journal of Engineering Education, 106*(3), 454-474. https://doi.org/10.1002/jee.20174

Logan, T., Lowrie, T., & Bateup, C. (2017). Early learning STEM Australia (ELSA): Developung a learning program to inspire curiosity and engagement in STEM cincepts in preschool children. In A. Downton, S. Livy, & J. Hall (Eds.), *40 years on: We are still learning! Proceedings of the 40th Annual Conference of the Mathematics Education Research Group of Australasia* (pp. 617-620). MERGA.

https://eric.ed.gov/?id=ED589418

Lottero-Perdue, P. S. (2020). Engaging young children in engineering design: Encouraging them to think, create, try and try again. In L. E. Cohen & S. Waite-Stupiansky (Eds.), *STEM in early childhood education: How science,techonology, engineering, and mathematics strengthen learning* (pp. 99-117). Routledge.

Margot, K. C., & Kettler, T. (2019). Teachers' perception of STEM integration and education: A systematic literature review. *International Journal of STEM Education, 6*(2), 1-16. doi.org/10.1186/s40594-018-0151-2

Marrero, M. E., Gunning, A. M., & Germain-Williams, T. (2014). What is STEM education? *Global Education Review, 1*(4), 1-6.

Mendoza, J. A., & Katz, L. G. (2020). Nature education and project approach. In D. R. Meier & S. Sisk-Hilton (Eds.), *Nature education with young children: Integrating inquiry and practice* (2nd ed.) (pp. 141-157). Routledge.

Moomaw, S. (2013). *Teaching STEM in the early years: Activities for integrating science, techonology, engineering, and mathematics.* Redleaf Press.

Moore, T. J., & Smith, K. A. (2014). Advancing the state of the art of STEM integration. *Journal of STEM Education, 15*(1), 5-10.

Museum of Science, Boston. (2019). EiE for kindergarten: Unit preview. https://cdn2.hubspot.net/hubfs/436006/PDF_Files/EiEK % 20Prep % 20Lessons.pdf?__hstc= 978641280274f76d0e8.79b33312492e9a969c244.1562997404645.1580297110974. 1580298594522.7&__hssc=97864128.17.1580298594522&__hstc=97864128. d3fbcd97f33d7a34df1466008b9a6872.1549572990812.1564059229532.15640642 59754.318&__hssc=97864128.8.1564064259754&submissionGuid=8cf0d4f7-8d23-4b0a-a032-24d27830c5d0

National Academy of Engineering. [NAE] & National Research Council. [NRC] (2014). *STEM integration in K-12 education: Status, prospects, and an agenda for research*. National Academies Press. https://doi.org/10.17226/18612. https://www.nap.edu/read/18612

National Association for the Education of Young Children. [NAEYC] (2009). *NAEYC standards for early childhood professional preparation programs*. https://www.naeyc.org/files/naeyc/file /positions/ProfPrepStandards09.pdf

National Association for the Education of Young Children. [NAEYC] (2020). *Developmentally appropriate practice*. https://www.naeyc.org/sites/default/files/globally-shared/downloads/PDFs/resources/position-statements/dap-statement_0.pdf

National Council of Teachers of Mathematics. [NCTM](2000). *Principles and standards for school mathematics*. https://www.nctm.org/uploadedFiles/Standards_and_Positions/PSSM_ExecutiveSummary.pdf

National Research Council. [NRC] (1996). *National Science Educational Standards*. The National Academies Press. https://doi.org/10.17226/4962. https://www.nap.edu/read/4962

National Research Council. [NRC] (2000). *Inquiry and the national science education standards: A guide for teaching and learning*. National Academy Press. https://doi.org/10.17226/9596. https://www.nap.edu/read/9596

National Research Council. [NRC] (2007). *Taking science to school: Learning and teaching science in grades K-8*. The National Academies Press. https://doi.org/10.17226/11625. https://www.nap.edu/read/11625

National Research Council. [NRC] (2009). *Engineering in k-12 education: Understanding the status and improving the prospects*. National Academy Press. https://doi.org/10.17226/12635. https://www.nap.edu/read/12635

National Research Council. [NRC] (2012). *A framework for K-12 science education: Practices, crosscutting concepts, and core ideas*. The National Academies Press. https://doi.org/10.17226/13165. https://www.nap.edu/read/13165

National Research Council. [NRC] (2013). *Next generation science standards.* https://www.nextgenscience.org.

National Science and Technology Council. [NSTC] (2018). *Charting a course for success: America's strategy for STEM education.* https://www.energy.gov/sites/default/files/2019/05/f62/STEM-Education-Strategic-Plan-2018.pdf

National Science Teacher Association. [NSTA] (2014). *NSTA position statement: Early childhood science education.* http://www.nsta.org/about/positions/earlychildhood.aspx

National Scientific Council on the Developing Child. (2007). *The science of early childhood development* (in brief). http://www.developingchild.harvard.edu

Nicholson, S. (1971). How not to cheat children: The theory of loose parts. *Landscape Architecture, 62*(1), 30-34.

O'brien, F., & Herbert, S. (2015). Colour, magnets and photosynthesis. *Australian Journal of Early Childhood, 40*(1), 42-46. https://doi.org/10.1177/183693911504000106

Pendergast, E., Lieberman-Betz, R. G., & Vail, C. O. (2017). Attitudes and beliefs of prekindergarten teachers toward teaching science to young children. *Early Childhood Educational Journal, 45*(1), 43-52. https://doi.org/10.1007/s10643-015-0761-y

Piaget, J. (1970). *Genetic epistemology* (E. Duckworth, Trans.). Columbia University Press.

Piaget, J. (1976). Piaget's theory. In B. Inhelder & H. Chipman (Eds.), *Piaget and his school: A reader in developmental psychology.* Springer-Verlag.

Piaget, J., & Szeminska, A. (1952). *Child's conception of number* (C. Gattegno and F. M. Hodgson, Trans.). The Humanities Press Inc. (Original work published 1941).

Rivkin, M. (1995). *The great outdoors: Restoring children's right to play outside.* NA-

EYC.

Saxe, R., Tzelnic, T., & Carey, S. (2007). Knowing who dunnit: Infants identify the causalagent in an unseen causal interaction. *Developmental Psychology, 43*(1), 149-158. https://doi.org/10.1037/0012-1649.43.1.149

Selly, P. T. (2017). *Teaching STEM outdoors: Activities for young children.* Redleaf Press.

Sharapan, H. (2012). From STEM to STEAM：How early childhood educators can apply Roy Roggers' approach. *Young Children, January,* 36-41.

Stone-MacDonald, A., Wendell, K., Douglass, A., & Love, M. (2015). *Engaging young engineers: Teaching problem-solving skills through STEM.* Paul H. Brookes.

Tank, K. M., Moore, T. J., Dorie, B. L., Gajdzik, E., Sanger, M. T., Rynearson, A. M., & Mann, E. F. (2018). Engineering in early elementary classrooms through the integration of high-quality literature, design, and STEM+C content. In L. D. English & T. Moore (Eds.), *Early engineering learning: Early mathematics learning and development* (pp. 175-201). Springer. https://doi.org/10.1007/978-981-10-8621-2_9

Tank, K. M., Moore, T. J., Pettis, C., & Gajdzik, E. (2017). *Picture STEM: Design paper basket.* Purdue University Research Foundation. http://picturestem.org/wp-content/uploads/2017/07/PictureSTEM-Designing-Paper-Baskets_July-2017.pdf

Tank, K. M., Pettis, C., Moore, T. J., & Fehr, A. (2013). Designing animal habitats with kindergartners: Hamsters, picture books, and engineering design. *Science and Children, 50*(9), 39-43. http://picturestem.org/wp-content/uploads/2014/12/SciChild_Hamsters2013.pdf

Tank, K. M., Rynearson, A. M., & Moore, T. J. (2018). Examining student and teacher talk within engineering design in kindergarten. *European Journal of STEM Education, 3*(3), 10. https://doi.org/10.20897/ejsteme/3870

Texley, J., & Ruud, R. M. (2018). *Teaching STEM literacy: A constructivist approach for age 3-8.* Redleaf Press.

Tippett, C. D., & Milford, T. M. (2017). Findings from a pre-kindergrten classroom: Making the case for STEM in early childhood education. *International Journal of Science and Math Education, 15*(1), 67-86.

UK Department for Education. (2021a). *Statutory framework for the early years foundation stage: Setting the standards for learning, development, and care for children from birth to five.* https://www.gov.uk/government/publications/early-years-foundation-stage framework-2

UK Department for Education. (2021b). *Development matters.* https://www.gov.uk/government/publications/development-matters--2

UK HM Government. (2017). *Building our industrial strategy: Green paper.* https://assets.publishing.service.gov.uk/government/uploads/system/uploads/attachment_data/file/611705/building-our-industrial-strategy-green-paper.pdf

US Department of Education. (2016). *STEM 2026: A vision for innovation in STEM education.* https://innovation.ed.gov/files/2016/09/AIR-STEM 2026_Report_2016.pdf

US Deapartment of Health and Human Service. (2016). *Let's talk, read and sing about STEM!* https://www.acf.hhs.gov/ecd/learning-about-stem

Vygotsky, L. (1978). *Mind in society: The development of higher psychological process.* Harvard University Press.

Vygotsky, L. S. (1991). *Thought and language* (5th ed.). The MIT Press.

Wiedel-Lubinski, M. (2020). STEM in outdoor learning: Rooted in nature. In L. E. Cohen & S. Waite-Stupiansky (Eds.), *STEM in early childhood education: How science, techonology, engineering, and mathematics strengthen learning* (pp. 182-205). Routledge.

Wood, D. J., Bruner, J. S., & Ross, G. (1976). The role of tutoring in problem solving. *Journal of Child Psychology and Psychiatry, 17*, 89-100.

Wood, E., & Attfield, J. (2006). *Play, learning and the early childhood curriculum* (2nd ed.). Paul Chapman.

Worth, K. (2020). Scince in early learning environments. In L. E. Cohen & S. Waite-Stupiansky (Eds.), *STEM in early childhood education: How science,techonology, engineering, and mathematics strengthen learning* (pp. 3-21). Routledge.

Worth, K., & Grollman, S. (2003). *Worms, shadows, and whirlpools: Science in the early childhood classroom*. Heinemann.

Yelland, N. (2021). STEM learning ecology: Productive partnership supportingtransition from preschool to school growing a generation of new learners. In C. Cohrssen & S. Garvis (Eds.), *Embedding STEAM in early childhood education and care* (pp. 237-260). Pargrave Macmillan.

國家圖書館出版品預行編目（CIP）資料

幼兒科學教育：邁向 STEM 新趨勢／周淑惠著.--初版.
--新北市：心理出版社股份有限公司，2022.06
面；　公分.--（幼兒教育系列；51225）
ISBN 978-986-0744-82-8（平裝）

1.CST：科學教育　2.CST：學前教育

523.23　　　　　　　　　　　　　111006465

幼兒教育系列 51225

幼兒科學教育：邁向 STEM 新趨勢

作　　者：周淑惠

執行編輯：高碧嶸

總 編 輯：林敬堯

發 行 人：洪有義

出 版 者：心理出版社股份有限公司

地　　址：231026 新北市新店區光明街 288 號 7 樓

電　　話：(02)29150566

傳　　真：(02)29152928

郵撥帳號：19293172　心理出版社股份有限公司

網　　址：https://www.psy.com.tw

電子信箱：psychoco@ms15.hinet.net

排 版 者：辰皓國際出版製作有限公司

印 刷 者：辰皓國際出版製作有限公司

初版一刷：2022 年 6 月

I S B N：978-986-0744-82-8

定　　價：新台幣 450 元